AQA French
Higher

GCSE

Corinne Dzuilka-Heywood
Jean-Claude Gilles
Stuart Glover
Steve Harrison
Amandine Moores

Great Clarendon Street, Oxford, OX2 6DP, United Kingdom

Oxford University Press is a department of the University of Oxford. It furthers the University's objective of excellence in research, scholarship, and education by publishing worldwide. Oxford is a registered trade mark of Oxford University Press in the UK and in certain other countries

© Oxford University Press 2016

The moral rights of the authors have been asserted

First published in 2016

All rights reserved. No part of this publication may be reproduced, stored in a retrieval system, or transmitted, in any form or by any means, without the prior permission in writing of Oxford University Press, or as expressly permitted by law, by licence or under terms agreed with the appropriate reprographics rights organization. Enquiries concerning reproduction outside the scope of the above should be sent to the Rights Department, Oxford University Press, at the address above.

You must not circulate this work in any other form and you must impose this same condition on any acquirer

British Library Cataloguing in Publication Data
Data available

978-0-19-836583-9

11

Paper used in the production of this book is a natural, recyclable product made from wood grown in sustainable forests. The manufacturing process conforms to the environmental regulations of the country of origin.

Printed and bound in Great Britain by Bell and Bain Ltd, Glasgow

Approval message from AQA

This textbook has been approved by AQA for use with our qualification. This means that we have checked that it broadly covers the specification and we are satisfied with the overall quality. Full details of our approval process can be found on our website.

We approve textbooks because we know how important it is for teachers and students to have the right resources to support their teaching and learning. However, the publisher is ultimately responsible for the editorial control and quality of this book.

Please note that when teaching the AQA GCSE French Higher course, you must refer to AQA's specification as your definitive source of information. While this book has been written to match the specification, it cannot provide complete coverage of every aspect of the course.

A wide range of other useful resources can be found on the relevant subject pages of our website: www.aqa.org.uk.

Acknowledgements

Cover illustration: © Tim De Waele/TDWsport.com/Corbis
Artwork by: Q2A Media Pvt. Ltd.

The publisher would like to thank the following for permissions to use their photographs/artwork:

p16: Syda Productions/Shutterstock; p16: Nopporn/Shutterstock; p16: Jacek Chabraszewski/Shutterstock; p16: Pearl Media/Shutterstock; p18: Luminaimages/Shutterstock; p18: Creatista/Shutterstock; p18: Sianc/Shutterstock; p18: Creatista/Shutterstock; p20: Aleshyn_Andrei/Shutterstock; p20: SpeedKingz/Shutterstock; p20: Jochen Schoenfeld/Shutterstock; p30: Antonio Guillem/Shutterstock; p30: Mimagephotography/Shutterstock; p30: Subbotina Anna/Shutterstock; p30: MJTH/Shutterstock; p32: Levent Konuk/Shutterstock; p32: Kraska/Shutterstock; p32: Mubus7/Shutterstock; p32: Belushi/Shutterstock; p32: Holbox/Shutterstock; p32: Rawpixel/Shutterstock; p36: Neirfy/Shutterstock; p47: Rawpixel/Shutterstock; p47: Monkey Business Images/Shutterstock; p50: Ross Chandler/Getty Images; p50: Dusan Jankovic/Shutterstock; p50: Everett Historical/Shutterstock; p51: You Can More/Shutterstock; p51: Glenda/Shutterstock; p54: Jordan Siemens/Getty Images; p55: Yvette Cardozo/Getty Images; p55: Nurra/Photocuisine/Corbis; p55: Digital Vision; p55: Africa Studio/Shutterstock; p58: Stuart Elflett/Shutterstock; p58: Ammit Jack/Shutterstock; p58: Ashley Cooper/Corbis; p70: Raksha Shelare/Shutterstock; p76: Africa Studio/Shutterstock; p81: Halfpoint/Shutterstock; p81: Eldad Carin/iStockphoto; p82: Petroos/Shutterstock; p82: V.schlichting/Shutterstock; p82: Strejman/Shutterstock; p82: Canadastock/Shutterstock; p86: Paul Bradbury/Getty Images; p87: Kingarion/Shutterstock; p87: Matthi/Shutterstock; p90: Stocktrek Images/Alamy Stock Photo; p90: Carlos Villoch - MagicSea.com/Alamy Stock Photo; p90: Gil C/Shutterstock; p102: Aleksandr Markin/Shutterstock; p102: Michaeljung/Shutterstock; p113: GQ/Shutterstock; p116: Ekton/iStock/Thinkstock; p116: Pum_eva/iStockphoto; p117: Christian Mueller/iStockphoto; p118: Hemera Technologies/AbleStock.com/Thinkstock; p120: Tommy Trenchard/Alamy Stock Photo; p126: AubergeDeJeunesse.com; p128: Ingram Publishing/Getty Images; p131: Askold Romanov/Thinkstock; p132: Frederic Prochasson/iStockphoto; p138: Songquan Deng/iStockphoto; p143: Monkeybusinessimages/iStockphoto; p143: Myrrha/iStockphoto; p144: Nito/Shutterstock; p144: Emily C. McCormick/Shutterstock; p144: Ditty_about_summer/Shutterstock; p144: Racorn/Shutterstock; p146: Emily Norton/Getty Images; p147: Europhotos/Alamy Stock Photo; p148: John Wollwerth/Shutterstock; p148: Alexxx1981/iStockphoto; p150: Edouard Boubat/Gamma-Rapho/Getty Images; p151: Nancy Honey/Corbis; p151: Monkey Business Images/Shutterstock; p158: Golden Pixels LLC/Alamy Stock Photo; p159: Diane Diederich/iStockphoto; p160: Dragon Images/Shutterstock; p160: www.BillionPhotos.com/Shutterstock; p162: Ozgur Donmaz/Getty Images; p162: Tetra Images/Getty Images; p164: Lighthaunter/iStockphoto; p164: Monkey Business Images/Shutterstock; p164: Moodboard/Corbis; p164: Margarita Borodina/Shutterstock; p175: Moodboard/Thinkstock; p175: Monkeybusinessimages/iStockphoto.

The publisher and authors are grateful to the following for permission to reprint extracts from copyright material: Kaléidoscope 1995 for the French translation of Le refuge de Pierre, by Sally Grindley and Michael Foreman; worldbank.org for Les jeunes et l'emploi en Afrique— Le potentiel, le problème, la promesse, by Jorge Arbache.

Audio recordings produced by Colette Thomson for Footstep Productions Ltd; Andrew Garratt (sound engineer).

Although we have made every effort to trace and contact all copyright holders before publication this has not been possible in all cases. If notified, the publisher will rectify any errors or omissions at the earliest opportunity.

Links to third party websites are provided by Oxford in good faith and for information only. Oxford disclaims any responsibility for the materials contained in any third party website referenced in this work.

Contents

	Page
Introduction	7
Key Stage 3 revision	10

Theme 1 – Identity and culture, Unit 1 – Me, my family and friends — 16
1.1 Relationships with family and friends   1.2 Marriage and partnership

Spread title	Main grammar point	Subsidiary grammar point	Main strategy	Page
1.1 F Ma famille et mes amis (Talking about getting on with others)	Reflexive verbs	Adjective agreement	Ignoring words which are not needed	18
1.1 H La famille et l'amitié (Describing family and friends)	Direct object pronouns	Comparatives and superlatives	Using cognates and near-cognates	20
1.2 F Tu aimerais te marier? (Talking about future relationships)	The immediate future and the future tense	Direct and indirect object pronouns	Understanding near-cognates when listening	22
1.2 H Seul ou en couple? (Discussing future relationship choices)	The future tense	Using *dont*	Answering unprepared questions	24
Grammar practice				26
Vocabulary				28

Theme 1 – Identity and culture, Unit 2 – Technology in everyday life
2.1 Social media   2.2 Mobile technology

Spread title	Main grammar point	Subsidiary grammar point	Main strategy	Page
2.1 F Les réseaux sociaux (Talking about the uses of social media)	The present tense of common irregular verbs	Using *grâce à*	Coping strategies	30
2.1 H Avantages et inconvénients des réseaux sociaux (Discussing pros and cons of social media)	The present tense of regular *-ir* and *-re* verbs	Using *on*	Pronunciation of verb endings	32
2.2 F Tu t'en sers souvent? (Discussing the uses of mobile technology)	*Aller, faire* and other common irregular verbs	The pronouns *moi, toi, lui,* and *elle*	Building your speaking and writing skills	34
2.2 H Bienfaits et dangers (Discussing the benefits and dangers of mobile technology)	Present tense of more irregular verbs	*Il est possible que* + subjunctive	Collecting useful phrases	36
Grammar practice				38
Vocabulary				40

Test and revise: Units 1 and 2	Reading and listening	42
	Writing and translation	44
	Speaking	46

Theme 1 – Identity and culture, Unit 3 – Free-time activities
3.1 Music, cinema and TV   3.2 Food and eating out   3.3 Sport

Spread title	Main grammar point	Subsidiary grammar point	Main strategy	Page
3.1 F Qu'est-ce que tu as fait ce weekend? (Describing free-time activities in the past)	Perfect tense of regular verbs	The perfect tense with *être*	Adding reasons to produce more complex sentences	48
3.1 H Le weekend, qu'est-ce que tu fais? (Talking about leisure activities)	Revision of the future tense	Time phrases	Making use of grammatical markers	50

trois

Spread title	Main grammar point	Subsidiary grammar point	Main strategy	Page
3.2 F Qu'est-ce que tu aimes manger? (Talking about different cuisines and eating out)	Verb + infinitive	The pronoun *en*	Listening for detail	52
3.2 H Que mange-t-on dans le monde? (Discussing world food and eating habits)	Demonstrative pronouns	Using more complex negatives	Translation strategies	54
3.3 F Le sport, c'est ma passion! (Talking about sports you love)	Developing sentences using *quand*, *lorsque* and *si*	Opinion verbs	Using common patterns between French and English when reading	56
3.3 H Les sports extrêmes (Discussing new sports and taking risks in sports)	Using the pronouns *en* and *y*	Emphatic pronouns	Structuring a debate	58
Grammar practice				60
Vocabulary				62

Theme 1 – Identity and culture, Unit 4 – Customs and festivals
4.1 France and customs   4.2 Francophone festivals

Spread title	Main grammar point	Subsidiary grammar point	Main strategy	Page
4.1 F La fête chez nous (Talking about how we celebrate)	Reflexive verbs in the perfect tense	Using *en*, *au / aux / à* + countries and towns	Requesting help	64
4.1 H La fête, c'est quoi pour toi? (Discussing what traditions mean to you)	Using the perfect infinitive	Rules of agreement with the perfect infinitive	Using a word which refers to a similar item	66
4.2 F La fête pour tout le monde! (Describing international festivals)	Imperfect tense of common verbs	Deciding between the perfect and imperfect tenses	Making use of social and cultural context when reading	68
4.2 H Les fêtes en famille, tu aimes? (Describing an event)	Using the perfect and imperfect tenses together	Revision of the imperfect tense	Developing knowledge of French-speaking countries	70
Grammar practice				72
Vocabulary				74

Test and revise: Units 3 and 4	Reading and listening	76
	Writing and translation	78
	Speaking	80

Theme 2 – Local, national, international and global areas of interest, Unit 5 – Home, town, neighbourhood and region
5.1 Home   5.2 Where I live

Page 82

Spread title	Main grammar point	Subsidiary grammar point	Main strategy	Page
5.1 F Des maisons différentes (Describing your home)	Negative phrases followed by *de*	Partitive articles	Recognising key topic words in reading and listening tasks	84
5.1 H Ma maison idéale (Describing your ideal home)	The conditional of regular verbs	The conditional of irregular verbs	Building longer sentences	86
5.2 F Trouver ta ville jumelée idéale (Describing what a town is like and what there is to see / do)	Demonstrative adjectives	Prepositions	Simplification and paraphrasing	88
5.2 H Ma région (Describing a region)	Recognising possessive pronouns	Revision of comparative and superlative adjectives	Using intensifiers	90
Grammar practice				92
Vocabulary				94

Theme 2 – Local, national, international and global areas of interest, Unit 6 – Social issues
6.1 Charity and voluntary work   6.2 Healthy and unhealthy living

Spread title	Main grammar point	Subsidiary grammar point	Main strategy	Page
6.1 F Mon travail bénévole (Describing charity work)	The conditional of *vouloir* and *aimer*	*En* + present participle	Using verbal context when listening	96
6.1 H Pourquoi a-t-on besoin d'associations? (Understanding the importance of charities)	*Vouloir que* + subjunctive	Using *ce que*	Using questions to formulate answers	98
6.2 F Mon mode de vie avant et maintenant (Comparing old and new health habits)	The imperfect tense of *être*, *avoir* and *faire*	Expressions of quantity Recognising the pluperfect tense	Recognising common patterns in French when listening	100
6.2 H Opération 'remise en forme'! (Describing health resolutions)	*Il vaut / vaudrait mieux*	Revision of negative constructions	Using negatives to add complexity	102
Grammar practice				104
Vocabulary				106

Test and revise: Units 5 and 6	Reading and listening	108
	Writing and translation	110
	Speaking	112

Theme 2 – Local, national, international and global areas of interest, Unit 7 – Global issues
7.1 Environment   7.2 Poverty and homelessness

Spread title	Main grammar point	Subsidiary grammar point	Main strategy	Page
7.1 F Les problèmes de l'environnement (Discussing environmental problems and their solutions)	Using *si* + present tense	*Si* clauses + present + future	Making use of social and cultural context when listening	114
7.1 H Planète en danger (Discussing global issues)	Recognising and using the pluperfect tense	Revision of *en* and *y*	Tackling 'Positive, Negative or Positive + Negative' tasks	116
7.2 F Les inégalités (Discussing inequality)	Verbs of possibility	*Permettre de* + infinitive	Agreeing and disagreeing in a discussion	118
7.2 H La pauvreté (Discussing poverty in the world)	The subjunctive	Present-tense forms of the subjunctive	Dealing with longer texts	120
Grammar practice				122
Vocabulary				124

Theme 2 – Local, national, international and global areas of interest, Unit 8 – Travel and tourism
8.1 Holidays and travel   8.2 Regions of France

Spread title	Main grammar point	Subsidiary grammar point	Main strategy	Page
8.1 F Moi, je préfère … (Talking about holiday preferences)	Sequencing words and phrases	*Depuis* + the present tense The pronoun *y*	Paraphrasing	126
8.1 H Quelles vacances! (Describing holidays in detail)	Revision: using the imperfect and perfect tenses together	*Après avoir / être* + past participle, *venir de* + infinitive	Adding complexity to written and spoken language	128
8.2 F Découverte de la France (Talking about visiting different places in France)	Revision of the imperfect tense of *-er* verbs	Revision of the imperfect tense of *avoir*, *être* and *faire*	Recognising cognates and near-cognates when reading	130
8.2 H Les vacances en ville (Talking about visiting French towns and cities)	Using three time frames: past, present and future	Revision of the imperfect tense	Reading for gist	132

cinq 5

Grammar practice				134
Vocabulary				136
Test and revise: Units 7 and 8	Reading and listening			138
	Writing and translation			140
	Speaking			142

Theme 3 – Current and future study and employment, Unit 9 – My studies, Unit 10 – Life at school and college — 144
9.1 School and subjects   10.1 Life at school and college

Spread title	Main grammar point	Subsidiary grammar point	Main strategy	Page
9.1 F La journée scolaire (Describing a day in school)	Revision of the perfect tense of regular -er verbs	Emphatic pronouns Adverbs of time and place	Describing physical properties	146
9.1 H Des écoles différentes (Describing school life in different countries)	Revision of the perfect tense of -ir and -re verbs	Revision of the perfect tense of irregular verbs Revision of the perfect tense with être	Pointing and demonstration	148
10.1 F Le règlement scolaire (Talking about school rules and uniform)	Revision of pouvoir, vouloir and devoir	Revision of il faut	Using visual and verbal context in reading	150
10.1 H Améliorer son école (Talking about your ideal school)	Revision of the conditional	Time phrases	Using more than one tense in the same sentence	152

Grammar practice	154
Vocabulary	156

Theme 3 – Current and future study and employment, Unit 11 – Education post-16, Unit 12 – Jobs, career choices and ambitions
11.1 University or work?   12.1 Choice of career

Spread title	Main grammar point	Subsidiary grammar point	Main strategy	Page
11.1 F L'orientation (Talking about future options)	Revision of si clauses in the present tense	Si clauses with the future tense	Ignoring words which are not needed in listening tests	158
11.1 H Université ou apprentissage? (Discussing university and apprenticeships)	Using quand clauses with the future tense	Two-verb structures	Being aware of faux amis when translating into English	160
12.1 F Comment obtenir un emploi (Discussing how to get a job)	The passive voice in the present tense	Revision of comparatives and superlatives	Using qui and que to help you refer to something	162
12.1 H Métiers: les avantages et les inconvénients (Talking about the advantages and disadvantages of jobs)	Avoiding the passive	Recognising the passive in the past and the future	Using French idioms	164

Grammar practice				166
Vocabulary				168
Test and revise: Units 9–12	Reading and listening			170
	Writing and translation			172
	Speaking			174
Grammaire				176
Verb tables				196
Glossaire				201

Introducing AQA GCSE French

Understanding how the specification works

The AQA GCSE French specification is divided into three main subject areas, called **Themes**. This book is divided up in the same way, with colour-coding to help you know where you are.

| Identity and culture | Local, national, international and global areas of interest | Current and future study and employment |

Each Theme is divided into four **Topics**, making a total of twelve Topics to study during the course. The exam is divided up according to the four **Language Skills**: Listening, Speaking, Reading and Writing. Each one of these has its own separate exam, in the form of an end-of-course paper.

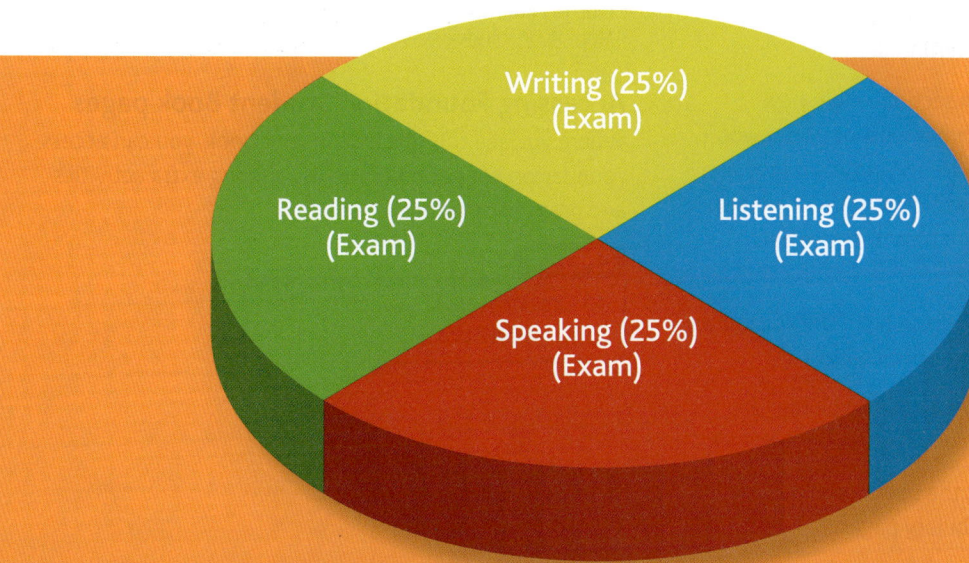

AQA GCSE French

Key Stage 3 revision
The Reference section at the beginning of the book provides an opportunity to recap and practise important grammar and vocabulary from Key Stage 3.

📖 Reading
The Student Book contains plenty of French reading material on the themes and topics included within the specification. The activities that follow the reading passages help develop your comprehension skills so that you can access unfamiliar texts in the future.

🎧 Listening
Activities with a listening icon next to them help you to improve listening comprehension skills. The audio can be accessed through Kerboodle or on the audio CDs accompanying the course.

💬 Speaking
The speaking activities are designed to build your confidence in speaking French and to practise using the vocabulary you've learned in the spread or unit. There are also practice role plays and photo card activities throughout the book.

✏️ Writing
The writing icon indicates an activity that will help you to use the language you've learned to build sentences and paragraphs of written French.

🅣 Translation
Translation activities throughout the book develop your ability to tackle translation tasks.

🅥 Learning vocabulary
Vocabulary support is provided in various ways throughout the book and on Kerboodle:

- Vocabulary lists – for each section where new language is introduced there is a list of useful words that come up in the tasks. Items printed in grey are in the AQA GCSE 2016 specification. There are also recordings to help you learn to pronounce each word correctly.
- Vocabulary tasks – these help to build the vocabulary required in each topic of the specification.
- Interactive activities – the vocabulary builder on Kerboodle provides activities with instant feedback.*
- Glossary – the glossary at the back combines the vocabulary from the vocabulary pages.

🅖 Building grammar knowledge
Understanding grammar is key to building your own phrases. *AQA GCSE French* helps you to consolidate your grammar knowledge in a logical way.

- Grammar boxes outline key grammar points, with accompanying activities on the same page to put theory into practice.

> **Using *avoir* (to have) and *être* (to be)**
> Use *avoir* when you mean 'have' or 'has':
> *J'ai un frère.*
>
> *Grammaire*

- Grammar boxes for the subsidiary grammar points can be found on the Grammar practice pages at the end of the unit, along with practice activities.
- Worksheets on Kerboodle for each main and subsidiary grammar point help to reinforce understanding.*
- Interactive activities on Kerboodle provide further consolidation with instant feedback.*
- There is a grammar section at the back of the Student Book, to refer to whenever you need to.

Language structure boxes
These tables provide you with the building blocks you need to construct sentences for Speaking and Writing.

Oui, j'ai un(e) petit(e) ami(e). Il / Elle s'appelle …	Il / Elle
Non, je n'ai pas de petit(e) ami(e).	Il / Elle
Mon / Ma partenaire idéal(e) est fantastique.	Il / Elle bleus ..
Oui, je voudrais me marier à l'âge de … ans.	
Non, je ne voudrais pas me marier	

Accessing Foundation Student Book pages
Where you see this link icon in your book, you can access Foundation pages on Kerboodle, offering extra activities and grammar practice.

>
> 4.1 Groundwork is available in the Foundation book.

Developing learning strategies

Strategy boxes are provided throughout the book to develop the skills required for effective language learning. These are supported by further activities on Kerboodle.*

Learning vocabulary

Learn vocabulary regularly. When you learn a new French noun, learn it with *le, la, un* or *une* in front of it. Try also to remember how it is pronounced. Test

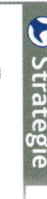

Revision

There are regular revision opportunities throughout the book, in the five test and revise sections. Each section includes tasks and strategies on:

- Reading and listening
- Writing and translation
- Speaking role plays and photo cards

Kerboodle for *AQA GCSE French* includes resources focused on developing key grammar, vocabulary, listening, reading, speaking, translation and writing skills. These resources include videos, self-marking tests, listening activities with downloadable transcripts, interactive vocabulary builders, practice questions and comprehensive teacher support.

Our *AQA GCSE French* Kerboodle resources are accompanied by online interactive versions of the Student Books. All your Kerboodle resources are embedded to open directly from the book page.

Find out more at www.kerboodle.com

Dictionary skills

At the beginning of each theme, there is a page of activities to help you acquire dictionary skills.

*These resources are not part of the AQA approval process.

KS3 revision

Nouns

The gender of nouns

There are two genders in French: masculine and feminine.

- It's best to try to learn nouns with their gender but there are some useful guidelines to help you work out the gender of a new noun. There are some exceptions, but knowing these general guidelines will help you get it right most of the time.
- Have a look at the examples in the table.

masculine	examples	feminine	examples
	le / l' / un		la / l' / une
male people	frère / oncle	female people	mère / tante
days, months	lundi / avril	fruit / veg ending in e	pomme / carotte
seasons	hiver / automne	-aison endings	maison / saison
languages	français / allemand	-euse endings	vendeuse / chanteuse
weights / measures	kilo / litre	-esse endings	vitesse / gentillesse
-ien endings	musicien / mécanicien	-tude endings	attitude / habitude
-et endings	jouet / billet	-ise endings	chemise / bêtise
-ing endings	shopping / camping	-trice endings	actrice / institutrice
-isme endings	tourisme / socialisme	most -lle endings	ville / salle
-oir endings	soir / trottoir	most -sion endings	occasion / version
-ou endings	cou / genou	most -tion endings	action / natation
-ment endings	monument / bâtiment	most -ine endings	piscine / routine
-eur endings	chanteur / coiffeur	most -ure endings	nature / lecture
most -age endings	village / voyage	most -nne endings	panne / personne
most -eau endings	cadeau / château	most -té / -tié endings	difficulté / amitié

1 Work out the genders of the following words and then check your answers using a dictionary. Write M or F.

1. sœur
2. avantage
3. église
4. valise
5. jeudi
6. médecin
7. fermeture
8. jogging
9. bateau
10. grec
11. raison
12. décembre
13. jeunesse
14. monument
15. voiture
16. bijou
17. pression
18. cuisine
19. promesse
20. couloir

The plural of nouns

Most French nouns simply add *s* to form their plural, as happens in English.

- *le / la / l'* change to *les* and *un / une* change to *des*.

  le professeur → *les professeurs*, *la banane* → *les bananes*, *l'église* → *les églises*, *le livre* → *les livres*
  un homme → *des hommes*, *une table* → *des tables*, *un crayon* → *des crayons*

There are a few exceptions to the *-s* rule.

- If a noun ends in *-x / -s / -z*, you do not add an *-s*.

  le mois → *les mois*, *le nez* → *les nez*, *la voix* → *les voix*
  un cours → *des cours*, *un prix* → *des prix*, *une fois* → *des fois*

- Most nouns which end in *-al* have the plural ending *-aux*.

  le journal → *les journaux*, *le mal* → *les maux*
  un animal → *des animaux*, *un cheval* → *des chevaux*
  but *un festival* → *les festivals*, *un carnaval* → *des carnavals*

- Most nouns which end in *-eau* or *-ou* add *x* to form their plural.

  le bureau → *les bureaux*, *le chapeau* → *les chapeaux*, *le gâteau* → *les gâteaux*
  un genou → *des genoux*, *un chou* → *des choux*, *un bijou* → *des bijoux*
  but *le trou* → *les trous*

A few nouns have irregular plurals.

l'œil → *les yeux*, *le ciel* → *les cieux*, *le travail* → *les travaux*
monsieur → *messieurs*, *madame* → *mesdames*, *mademoiselle* → *mesdemoiselles*

A few nouns are always used in the plural.

les vacances, les cheveux, les maths, les ciseaux

Some nouns – especially abstract nouns – have no plural.

la patience / la paix / le courage / l'honnêteté / la fidelité

2 Work with a partner to find the French for all these words in the notes about plurals.

1. newspapers
2. eyes
3. cabbages
4. teachers
5. works
6. lessons
7. prices
8. holidays
9. gentlemen
10. offices
11. animals
12. scissors
13. times / occasions
14. books
15. knees
16. carnivals
17. bananas
18. heavens / skies
19. cakes
20. festivals

KS3 revision

Articles

Definite and indefinite articles

An article ('the' and 'a' / 'an' in English) is the short word which precedes a noun. In French it shows the noun's gender (masculine (m) or feminine (f)) and number (singular or plural).

- The French **definite articles** ('the' in English) are *le* (masculine singular), *la* (feminine singular), and *les* (plural).

- *Le* and *la* both become *l'* with a noun that starts with a vowel or a silent *h*.

  l'eau, l'orange, l'ami, l'homme, l'hôpital, l'hôtel

	masculine	feminine
singular	le garçon l'homme	la pomme l'école
plural	les garçons les hommes	les pommes les écoles

- The French **indefinite articles** ('a' / 'an' in English) are *un* (masculine singular), *une* (feminine singular) and *des* (plural).

	masculine	feminine
singular	un garçon un homme	une pomme une école
plural	des garçons des hommes	des pommes des écoles

3 Put the correct word for 'the' in front of these nouns. You may need to check the gender of some of the nouns.

1. fille
2. femme
3. professeur
4. histoire
5. chaise
6. ville
7. ami
8. stylo
9. travail
10. animal

4 Put the correct word for 'a / an' in front of these nouns. You may need to check the gender of some of the nouns.

1. village
2. cours
3. heure
4. avantage
5. banane
6. mois
7. kilo
8. piscine
9. sœur
10. billet

5a Write all the nouns in activity 3 in the plural form. Include the definite article *les*.

5b Write all the nouns in activity 4 in the plural form. Include the indefinite article *des*.

The partitive article

The partitive article is used to talk about indefinite quantities ('some' / 'any' in English).

- In French the partitive article has four forms, which come from combining the word *de* with *le* / *la* / *l'* or *les*, depending on the gender and number of the noun. The four forms are:

  de + le → **du**   *du lait* some milk, *du pain* some bread
  de + la → **de la**   *de la farine* some flour, *de la patience* some patience
  de + l' → **de l'**   *de l'eau* some water
  de + les → **des**   *des pommes* some apples, *des gens* some people

- Use the partitive article in negative expressions and to talk about quantities.

  *Je n'ai pas **de** pain.*
  I haven't got any bread.
  *Il n'y a pas **de** bananes.*
  There aren't any bananas.
  *beaucoup **de** fraises* lots of strawberries
  *plus **d'**eau* more water
  *un kilo **d'**oranges / une bouteille **de** coca / une tasse **de** thé*
  a kilo of oranges / a bottle of cola / a cup of tea

- Note also that we use *de* /*d'* in *Combien de* …?
  How much …? / How many …?

  *Combien **d'**argent as-tu? Combien **de** chaises y a-t-il?*
  How much money have you got? How many chairs are there?

6 Write the correct form of the partitive article (*du* / *de la* / *de l'* / *des*) in front of each noun. Write down their meaning in English.

1. crayons
2. or
3. fromage
4. petits pois
5. salade
6. sandwichs
7. hommes
8. jambon
9. courage
10. vin

7 Complete these sentences with the correct form of *de* or *du / de la / de l' / des*. Watch out for negative phrases and quantities.

1. J'achète _____ pommes, _____ pain et _____ poulet.
2. Nous n'avons pas _____ vin.
3. Il a beaucoup _____ courage.
4. Elle apporte _____ livres et _____ papier.
5. Il y a _____ jambon et _____ salade dans le frigo.
6. J'ai une grande bouteille _____ eau minérale.
7. Je prends un kilo _____ poires et un paquet _____ café.
8. Elle a _____ patience, cette fille.
9. Ma mère ne prend pas _____ sucre.
10. Les enfants mangent _____ pommes et _____ chocolat.

Interrogatives

An interrogative is a word we use to ask a question. Understanding the difference between interrogatives will help you answer questions correctly.

Qui?	Who?
Quand?	When?
Comment?	How? / What … like?
Où?	Where?
Pourquoi?	Why?
Combien?	How much? / How many?
Quel …? Quelle …? Quels …? Quelles …?	Which …?
Que …? Qu'est-ce que …?	What …?

8 Complete the questions with the appropriate question word. Then translate the questions into English.

1. _____ matière préfères-tu?
2. _____ habites-tu?
3. _____ est-elle triste?
4. _____ sports aimez-vous?
5. _____ de frères a-t-il?
6. _____ s'appelle-t-elle?
7. _____ c'est?
8. C'est _____, ton anniversaire?
9. _____ est-il, le prof d'histoire, sympa ou difficile?
10. _____ fleurs achètes-tu?

9 Translate these sentences into French. For 'you', use *tu* or *vous* as indicated.

1. Who is she?
2. Where do you live? (*vous*)
3. What are you called? (*tu*)
4. How old are you? (*tu*)
5. How are you? (*vous*)
6. How much money have you got? (*tu*)
7. Where are the books?
8. Which film do you prefer? (*tu*)
9. When do you arrive? (*vous*)
10. Why is she here?

Numbers

Numbers

French numbers can seem like a challenge, so it's best to revise and learn them in stages.

- Start with the numbers 1–16.

1	un	5	cinq	9	neuf	13	treize
2	deux	6	six	10	dix	14	quatorze
3	trois	7	sept	11	onze	15	quinze
4	quatre	8	huit	12	douze	16	seize

- Then you can combine the numbers you know to make others.

17	= 10 + 7	dix-sept
18	= 10 + 8	dix-huit
19	= 10 + 9	dix-neuf

Remember to link the two numbers with a hyphen, when you write them out as words.

- The next stage is to learn the multiples of 10 up to 60, and continue combining numbers as shown.

20	vingt
30	trente
40	quarante
50	cinquante
60	soixante

21 *vingt-et-un*, 22 *vingt-deux*,
27 *vingt-sept*, 31 *trente-et-un*,
35 *trente-cinq*, 49 *quarante-neuf*,
51 *cinquante-et-un*, 66 *soixante-six*

Remember that all combined numbers are joined by a hyphen.

- The most challenging stage is to learn the numbers above 69. Here, again, it's about combining smaller numbers to make larger ones.

Look at these examples.

70	= 60 + 10	soixante-dix
71	= 60 + 11	soixante-et-onze
75	= 60 + 15	soixante-quinze
80	= 4 × 20	quatre-vingts
81	= 4 × 20 + 1	quatre-vingt-un
88	= 4 × 20 + 8	quatre-vingt-huit
90	= 4 × 20 + 10	quatre-vingt-dix
91	= 4 × 20 + 11	quatre-vingt-onze
93	= 4 × 20 + 13	quatre-vingt-treize
96	= 4 × 20 + 16	quatre-vingt-seize
99	= 4 × 20 + 19	quatre-vingt-dix-neuf

(Watch out for the 's' which appears at the end of *quatre-vingts* only.)

- Finally, you need to know *cent* (100) and *mille* (1000).
  102 (*cent-deux*)
  Note *deux-cents* (200) but *deux-cent-deux* (202).

Numbers are useful to state ages: *J'ai quinze ans. Mon père a cinquante ans.*

And you need numbers for prices: 10€ (*dix euros*), 5,50€ (*cinq euros cinquante*), 8,99€ (*huit euros quatre-vingt-dix-neuf*), 100€ (*cent euros*). Notice that French uses a comma, not a full stop, for the decimal point in prices.

10 Write these numbers in figures.

1. seize
2. quatre-vingt-deux
3. trois-cents
4. vingt-sept
5. trente-trois
6. soixante-et-onze
7. quarante-et-un
8. quatre-vingt-quatorze
9. cent-cinquante-trois
10. quatre-vingt-dix-neuf

11 Write these numbers in words in French.

1. 19
2. 25
3. 31
4. 52
5. 69
6. 76
7. 81
8. 190
9. 500
10. 247

Dates and time

Days and dates

- Remember that the days of the week are written with small letters in French.

  lundi, mardi, mercredi, jeudi, vendredi, samedi, dimanche

- The same is true of the months.

  janvier, février, mars, avril, mai, juin, juillet, août, septembre, octobre, novembre, décembre

- To say the date, simply use *le* + number + month.

  le quatorze février, le six mai

  but use *le premier* for '1st'.
  le premier septembre, le premier juin

12 Write these dates in full in French, as shown in the example.

Exemple: 2.1 *C'est le deux janvier.*

1	3.9	6	31.6
2	11.11	7	19.2
3	15.3	8	27.5
4	1.4	9	14.8
5	20.10	10	25.12

Time

You need to manage two slightly different ways of telling the time: the traditional 12-hour clock method and the 24-hour clock method, which is often used in French, particularly to discuss travel times.

To say what time it is, start with *Il est ...*

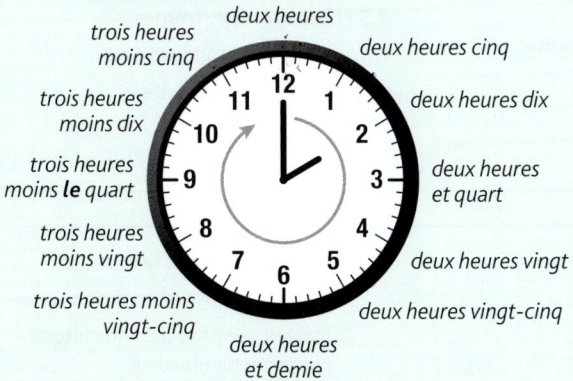

Il est deux heures dix. It's ten past two.
Il est trois heures moins le quart. It's quarter to three.
une heure 1 o'clock, *minuit* midnight, *midi* midday

- To say 'half past twelve' use *midi et demi* or *minuit et demi* depending on which time you mean!

The 24-hour clock is very straightforward to use, as long as you know the numbers: keep counting from 12 to 24 for the pm times: 11.00, 12.00, 13.00 (= 1pm), 14.00 (= 2pm) ... 23.00 (= 11pm).

- For whole hours, simply say the number and *heures*: 13.00 = **treize** *heures* (= 1 pm).

- Where minutes are given too, say:

  the first number + **heures** (where the dot appears) + the second number.
  17.27 → *dix-sept heures vingt-sept*
  21.30 → *vingt-et-une heures trente*

13 Write these times in words in French using the 12-hour clock. Start each answer with *Il est ...*

1. 1.05
2. 3.10
3. 4.15
4. 7.20
5. 5.25
6. 2.30
7. 10.45
8. 6.50
9. 9.55
10. 12.00 (three possible answers)

14 Write out these times in full using the 24-hour clock.

1. 6.15
2. 11.36
3. 12.49
4. 13.45
5. 15.12
6. 17.04
7. 18.30
8. 20.10
9. 22.59
10. 23.00

1 Identity and culture

1 Me, my family and friends

1.1 F Ma famille et mes amis
- Reflexive verbs
- Ignoring words which are not needed

1.1 H La famille et l'amitié
- Direct object pronouns
- Using cognates and near-cognates

1.2 F Tu aimerais te marier?
- The immediate future and the future tense
- Understanding near-cognates when listening

1.2 H Seul ou en couple?
- The future tense
- Answering unprepared questions

2 Technology in everyday life

2.1 F Les réseaux sociaux
- The present tense of common irregular verbs
- Coping strategies

2.1 H Avantages et inconvénients des réseaux sociaux
- The present tense of regular *-ir* and *-re* verbs
- Pronunciation of verb endings

2.2 F Tu t'en sers souvent?
- *Aller*, *faire* and other common irregular verbs
- Building your speaking and writing skills

2.2 H Bienfaits et dangers
- Present tense of more irregular verbs
- Collecting useful phrases

3 Free-time activities

3.1 F Qu'est-ce que tu as fait ce weekend?
- Perfect tense of regular verbs
- Adding reasons to produce more complex sentences

3.1 H Le weekend, qu'est-ce que tu fais?
- Revision of the future tense
- Making use of grammatical markers

3.2 F Qu'est-ce que tu aimes manger?
- Verb + infinitive
- Listening for detail

3.2 H Que mange-t-on dans le monde?
- Demonstrative pronouns
- Translation strategies

3.3 F Le sport, c'est ma passion!
- Developing sentences using *quand*, *lorsque* and *si*
- Using common patterns between French and English when reading

3.3 H Les sports extrêmes
- Using the pronouns *en* and *y*
- Structuring a debate

4 Customs and festivals

4.1 F La fête chez nous
- Reflexive verbs in the perfect tense
- Requesting help

4.1 H La fête, c'est quoi pour toi?
- Using the perfect infinitive
- Using a word which refers to a similar item

4.2 F La fête pour tout le monde!
- Imperfect tense of common verbs
- Making use of social and cultural context when reading

4.2 H Les fêtes en famille, tu aimes?
- Using the imperfect and perfect tenses together
- Developing knowledge of French-speaking countries

Dictionary skills

Catchwords

Use your dictionary

At the top of the page in your dictionary are the first and last words on the two pages – the catchwords or guidewords. They help you find words faster. On these two pages you'll find any word which is in alphabetical order between *calcaire* and *canette*. On these pages you'll find *cancer* but you won't find *carbone*.

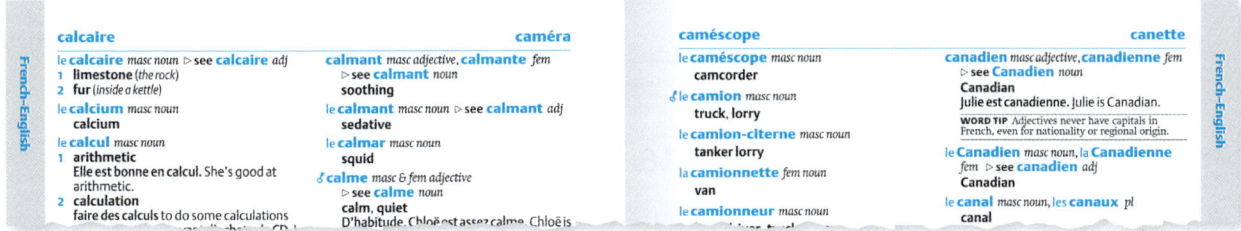

1 Can you find the following six words on these pages of the dictionary? Look the words up and write down what they mean in English.

1. caleçon
2. cadenas
3. camion
4. canard
5. capot
6. canif

2 Break the code by putting the letters of each word in alphabetical order to make a French word. Then look up the French words in your dictionary and write down what they mean in English.

1. JOUBI
2. TOM
3. HUCO
4. TACCEN
5. RHEDOS

Relationships with family and friends

1.1 F Ma famille et mes amis

Objectifs
- Talking about getting on with others
- Reflexive verbs
- Ignoring words which are not needed

1 Choisis les bons adjectifs pour décrire quelqu'un que tu aimes bien.

Choose the right adjectives to describe someone you like.

généreux / généreuse(s)	égoïste(s)	sympa(s)
gentil(s) / gentille(s)	désagréable(s)	amusant(s) / amusante(s)
sévère(s)	jaloux / jalouse(s)	difficile(s)
casse-pieds	méchant(s) / méchante(s)	drôle(s)

Tu t'entends bien avec ta famille et tes amis?

Je m'entends aussi bien avec mes parents qu'avec mes amis. Mes parents et moi nous nous disputons rarement et ils ne se fâchent pas avec moi. Ma mère est plus généreuse et plus gentille que mon père qui est trop sévère. Il ne me laisse pas sortir le soir. *Camille*

Lilou est ma meilleure amie. Elle est mignonne et la plus intelligente de la classe. On s'entend bien toutes les deux. On a les mêmes goûts et j'aime beaucoup sortir avec elle le weekend. *Jade*

Mon petit frère a sept ans. Il est moins gentil et agréable que ma sœur. Il est égoïste et il est jaloux de tout le monde. En plus, il est paresseux et parfois méchant. Je ne m'entends pas bien avec lui et souvent, nous nous fâchons. Je le trouve vraiment difficile. *Louis*

J'ai une petite amie qui s'appelle Emma. Elle a quinze ans comme moi. Elle est un peu timide mais elle est la fille la plus sympa et la plus amusante de la classe. Nous avons beaucoup de choses en commun. Nous nous entendons super bien. Moi, je l'adore. *Arthur*

Stratégie

Ignoring words which are not needed

Even though it is good to understand every word in a text, it is not absolutely essential. Read the task or questions you have to deal with and look for the answers in the text. If you can complete the task, you have done well. If not, try to locate where the answer should be and use the context and your knowledge of English to help you. For example, *agréable* means 'agreeable' or 'pleasant' and *égoïste* means 'egotistical' or 'selfish'.

2a Read the four blog entries. Complete each sentence by writing the name of the person.

1 _____ has a girlfriend the same age as he is.
2 _____ does not get on with his brother.
3 _____ has occasional arguments with her parents.
4 _____ is a little shy.
5 _____ is sweet and very clever.
6 _____ likes going out with her best friend.

Me, my family and friends

2b Fais correspondre les débuts de phrases avec les fins de phrases.

Match the sentence halves.

1. Camille trouve que sa mère est
2. Le frère de Louis est plus
3. Arthur s'entend bien avec
4. La petite amie d'Arthur est
5. Le petit frère de Louis est
6. Camille ne se dispute pas souvent avec

a. Emma.
b. casse-pieds.
c. plus sympa que son père.
d. ses parents.
e. la plus drôle de la classe.
f. désagréable que sa sœur.

3 Complete each sentence using the correct form of the verb in brackets (check your endings and pronouns).

1. Mon petit ami _____ Enzo. (*s'appeler*)
2. Nous _____ bien avec nos parents. (*s'entendre*)
3. Je _____ rarement avec mes copains. (*se disputer*)
4. Elles _____ quelquefois. (*se fâcher*)
5. Vous _____ bien avec vos amis? (*s'entendre*)
6. Tu _____ avec tes frères et sœurs? (*se disputer*)

4a Listen to the conversation between Manon and Lucas. Who is described as being …? Choose the person (a–h).

1. adorable
2. not nice
3. nice
4. selfish
5. understanding
6. strict
7. lazy
8. generous

a. Manon's mother
b. Lucas's father
c. Manon's father
d. Lucas's little sister
e. Manon's brother
f. Lucas
g. Lucas's brother
h. Manon's sister

4b Listen to the conversation again. Who is referred to in sentences 1–6?

1. He gets on Lucas's nerves.
2. She argues a lot with Manon.
3. His parents are divorced.
4. She gets on well with her father.
5. They can be critical of Manon.
6. Lucas sometimes argues with her.

5 Travail de groupe: C'est qui? Chaque membre du groupe écrit la description d'un personnage d'un feuilleton télévisé, sans le / la nommer. À tour de rôle, lisez votre description à votre groupe. Le groupe essaie d'identifier le personnage.

Group work: Who is it? Each person writes a description of a character from a TV series, without naming him / her. Take it in turns to read your description to the group. The group tries to identify the character.

Grammaire

Reflexive verbs

Some verbs always have reflexive pronouns (*me, te, se, nous, vous, se*) before them. Examples: *se disputer* (to argue), *bien s'entendre* (to get on well), *se fâcher* (to fall out, to get angry), *s'appeler* (to be called).

Je m'entends bien avec mon frère.
I get on well with my brother.

Tu te disputes avec tes parents?
Do you argue with your parents?

Vous vous appelez comment?
What is your name? (What are you called?)

If the verb begins with a vowel or the letter *h*, the pronouns *me, te, se* become *m', t', s'*.

je **m'**appelle	nous **nous** appelons
tu **t'**appelles	vous **vous** appelez
il / elle **s'**appelle	ils / elles **s'**appellent

Also revise adjective agreement. See page 26.

page 186

Relationships with family and friends

1.1 H La famille et l'amitié

Objectifs
- Describing family and friends
- Direct object pronouns
- Using cognates and near-cognates

La famille change

Marie

Quand mes parents ont divorcé, j'avais seulement huit ans et, évidemment, ça m'a rendue triste parce qu'à partir de ce moment-là, je n'ai pu voir mon père qu'une fois par mois. Ma mère s'est remariée et mon beau-père est venu vivre chez nous avec son fils et sa fille, donc, en plus de mes deux frères, j'ai un demi-frère âgé de dix ans et une demi-sœur qui a treize ans. On est sept et on n'a que trois chambres. Avant, j'avais ma propre chambre mais maintenant je dois la partager.

Jules

Moi, je suis dans une famille homoparentale. La partenaire de ma mère est venue s'installer chez nous l'année dernière et ses fils sont bien sûr devenus mes demi-frères. Ce qui m'inquiète, c'est que maintenant, on parle d'adoption. Moi, je suis fils unique et je n'ai pas l'habitude de partager avec des frères et sœurs. Je sais que mon attitude est un peu égoïste mais ce que je trouve le plus difficile, c'est de m'adapter à des changements aussi importants que ça.

Charlotte

Mes parents se sont séparés l'année dernière. Je vis donc dans une famille monoparentale et la vie est moins facile qu'avant. Ma mère a été obligée de trouver du travail. En conséquence, après l'école, c'est moi qui m'occupe de mes deux petites sœurs. Je les aime bien mais elles me fatiguent. Le pire, c'est que ma mère rentre à sept heures, donc je dois aussi préparer le repas et je n'ai pas assez de temps, ni pour faire mes devoirs ni pour me distraire. À l'occasion, je vois mon père mais je ne m'entends pas bien avec lui. Je le trouve super égoïste.

1a Lis le texte et trouve des expressions synonymes aux définitions 1–6.

1. le deuxième mari de ma mère
2. le fils de ma mère et de mon beau-père
3. un garçon sans frère ou sœur
4. le couple n'est plus marié
5. une famille composée de deux partenaires du même sexe
6. une famille où il n'y a qu'un seul parent

1b Relis le texte et réponds à ces questions.

1. Qui n'a plus sa chambre à elle?
2. Qui a une belle-mère?
3. Qui s'entend mal avec un de ses parents?
4. Qui n'a pas de frères?
5. Qui regrette de ne pas voir son père plus souvent?
6. Qui a une famille qui risque de s'agrandir?

Stratégie

Using cognates and near-cognates

Cognates are words that are the same in both languages: *parents*, *moment*, *adoption*, *attitude*, *important*.

Near-cognates are words that are nearly the same in both languages: *divorcé*, *âgé*, *famille*, *partenaire*, *adapter*, *obligé*, *préparer*.

Look for cognates and near-cognates whenever you are trying to make sense of a new piece of text.

Me, my family and friends

2 **G** Replace the underlined words with pronouns.

1. Il voit <u>son amie</u> tous les samedis.
2. Il trouve <u>ses petits frères</u> pénibles.
3. Elle n'aime pas <u>la copine de son frère</u>.
4. Il a décidé d'élever <u>ses enfants</u> lui-même.
5. Portez tout le temps <u>vos lunettes</u>!
6. Je trouve <u>mon frère</u> assez stupide.
7. Hier, j'ai rencontré <u>mon demi-frère</u> pour la première fois.
8. Elle ne fait pas <u>ses devoirs</u>.
9. Maintenant, elle doit partager <u>sa chambre</u>.
10. Il aime beaucoup <u>son père</u>.

> ### Direct object pronouns
> *Grammaire — page 182*
>
> Direct object pronouns (*pronoms*) are *me* (*m'*), *te* (*t'*), *le*, *la l'*, *nous*, *vous*, *les*.
>
> They are placed before the verb in French:
> *Je l'adore*. I love him / her.
>
> With an imperative, however, they follow the verb:
> *Faites-le!* Do it!
>
> In the perfect tense, they are placed before the auxiliary (the part of *avoir* or *être*):
> *Je l'ai rencontré*. I met him.
>
> Also revise comparatives and superlatives. See page 26.

3a 🎧 Listen to the conversation and decide whether Thomas or Julie made each statement.

1. You can confide in a friend.
2. Friends are like a family one has chosen.
3. You have fun with your mates.
4. Friendships last longer than relationships with boyfriends / girlfriends.
5. Mates and friends are quite different.
6. Friendship and love are completely different things.

3b 🎧 Écoute encore une fois. Décide si les phrases 1–6 sont vraies (V), fausses (F) ou si l'information n'est pas mentionnée (PM).

1. Thomas a des amis des deux sexes.
2. Il a une petite amie qu'il aime beaucoup.
3. Avec ses amis, il ne parle pas de choses personnelles.
4. Julie trouve que l'amitié compte plus que l'amour.
5. Elle pense que les relations entre petits amis ne durent pas aussi longtemps que les relations d'amitié.
6. Elle a un amour profond pour sa famille.

4 **T** Translate the following passage into French.

> My best friend is called Jennifer. We get on really well. She is kind, loyal and understanding. We talk about everything: our school work, our problems, our boyfriends. I like her very much.

5 💬 Travail à deux. À tour de rôle, posez les questions et répondez-y.

- Tu as un(e) meilleur(e) ami(e)?
- Il / Elle est comment?
- Tu t'entends bien avec lui / elle?
- Quelles sont les qualités d'un(e) ami(e)?
- Tu as un(e) petit(e) ami(e)?

Mon / Ma meilleur(e) ami(e)	s'appelle … a … ans. est gentil(le) / loyal(e).
Je m'entends bien avec lui / elle	parce qu'il / elle est drôle / sympa. parce que nous aimons les mêmes choses.
Un(e) ami(e) doit être loyal(e) / amusant(e).	
J'ai un(e) petit(e) ami(e). Il / Elle est …	

1.1 Groundwork is available in the Foundation book.

Marriage and partnership

1.2 F Tu aimerais te marier?

Objectifs
- Talking about future relationships
- The immediate future and the future tense
- Understanding near-cognates when listening

1 **V** Classe ces mots en quatre groupes. Chaque groupe traite de quel sujet?

Categorise the words into four groups. What is each group about?

1. le mari
2. le divorce
3. séparé(e)
4. le / la fiancé(e)
5. se séparer
6. se marier
7. divorcer
8. la séparation
9. les fiançailles
10. divorcé(e)
11. le mariage
12. marié(e)
13. le / la marié(e)
14. se fiancer

Comment voyez-vous l'avenir?

Fatima: son avis maintenant

Moi, je suis fille unique. Mes parents sont séparés et je pense qu'ils vont divorcer. Je vis avec ma mère et je ne vois mon père que le weekend. Je l'aime bien et je trouve que la séparation est difficile pour tout le monde. J'ai un petit ami mais je ne me marierai pas avec lui avant plusieurs années. On est trop jeunes pour ça.

Charlotte: son avis maintenant

Moi, je n'ai pas de petit copain mais j'ai beaucoup d'amis de mon âge et je les adore. Je suis libre de sortir avec qui je veux. À mon avis le mariage n'est pas nécessaire pour être heureux.

Louise: son avis maintenant

Moi, je suis assez traditionnelle. Je vis avec mes parents, mon frère et ma sœur et on a une vie familiale stable. Je crois que si on veut avoir des enfants, il est essentiel de se marier.

Projet d'avenir 1
D'abord, je trouverai mon partenaire idéal, puis je lui dirai que j'aimerais me fiancer et je lui demanderai s'il veut se marier avec moi. S'il est d'accord, on fera ça à l'église. Ça sera super. J'espère que nous aurons des enfants et serons heureux ensemble.

Projet d'avenir 2
Je pense que je resterai célibataire. Je vais peut-être adopter un enfant. Après tout, les familles monoparentales, il y en a beaucoup, non?

Projet d'avenir 3
Le mariage, c'est pour toute la vie, donc, c'est important. Je ne veux surtout pas divorcer, comme mes parents. Je vais me marier à l'âge de vingt-cinq ans, pas avant. J'aurai un garçon et une fille, j'espère. Pour moi, c'est ça, la famille idéale.

2a Lis les textes et fais correspondre les trois personnes avec les projets d'avenir 1–3.

Read the texts. Match the three people with the plans for the future 1–3.

2b **T** Relis les textes et tes réponses à l'activité 2a. Choisis une personne pour chaque phrase. Ensuite, traduis les phrases en anglais.

Read the texts again and your answers to activity 2a. Choose one person for each statement. Then translate the statements into English.

1. On est cinq à la maison.
2. J'espère avoir deux enfants.
3. On est deux chez nous.
4. Je ne vais pas me marier.
5. Pour moi, la religion, c'est important.

3a **G** Rewrite the sentences using the immediate future.

Exemple: Ils se séparent. – Ils vont se séparer.

1. Il sort avec Julie.
2. J'ai deux enfants.
3. Ils se marient à l'église.
4. Elle adopte un enfant.
5. Il reste célibataire.
6. Ils ne divorcent pas.

3b **G** Choose the correct future-tense verbs from the list to complete the sentences.

1. Ils _____ en septembre.
2. Nous _____ un enfant.
3. Je me _____ quand j' _____ trente ans.
4. Tu _____ tes études d'abord.
5. Est-ce que vous _____ à l'église pour vous marier?
6. On _____ la fête en famille.

> marierai
> fera
> adopterons
> finiras
> divorceront
> irez
> aurai

4a 🎧 Listen to Sarah, Romane, Karima and Clément. Who …

1. … wants a large family?
2. … does not want to have children or get married?
3. … may adopt a child?
4. … wants a traditional wedding?
5. … wants to travel before getting married?
6. … has not yet decided whether she wants to have children?

4b 🎧 Écoute encore une fois et corrige ces phrases.

Listen again and correct the statements.

1. Sarah va se marier avant l'âge de trente ans.
2. Quarante pour cent des mariages finissent en divorce.
3. La mère de Karima s'est mariée à trente ans.
4. Les parents de Clément sont divorcés.
5. Karima va finir ses études avant de se marier.
6. Karima ne veut pas d'un mariage religieux.

5a ✏️ Write a contribution to an Internet forum on future plans. Include:

- details about your family
- what you would like to do after leaving school (*Je voudrais … / Je vais …*)
- whether you intend to get married and when (*Je veux … / Je vais …*)
- whether you would like to have children (*Je voudrais … / Je ne vais pas …*).

5b 💬 Présente tes réponses à l'activité 5a à la classe.

Present your answers to activity 5a to the rest of the class.

Grammaire — page 188

The immediate future and the future tense

Use the present tense of the verb *aller* (to go) followed by an infinitive (e.g. *finir*) to express future plans. This is called the **immediate future**.

The present-tense forms of *aller* are: *je vais, tu vas, il / elle va, nous allons, vous allez, ils / elles vont*.

Je vais finir mes études.
I am going to finish my studies.

Il va se marier.
He is going to get married.

Note that with reflexive verbs, the reflexive pronoun (*me, te, se, nous, vous*) has to match the subject.

Je vais me marier.
I am going to get married.

The **future tense**, e.g. *je trouverai, j'aurai,* is used to talk about what will happen.

Also revise direct and indirect object pronouns. See page 27.

Stratégie

Understanding near-cognates when listening

Near-cognates are words which are nearly the same in both languages, e.g. *partenaire, commencer*.

For you to understand French people using near-cognates, you have to be aware of how they are pronounced. To help you, make a list of the near-cognates you come across in this spread and say them aloud to your partner. Correct each other's pronunciation.

Marriage and partnership

1.2 H Seul ou en couple?

Objectifs
- Discussing future relationship choices
- The future tense
- Answering unprepared questions

Seul ou en couple?

Les deux modes de vie ont leurs avantages. Si on reste célibataire, on garde sa liberté. Si on se met en couple, c'est différent. D'abord, on doit être fidèle. Si on se marie, on s'engage à passer sa vie avec cette personne. Moi, c'est ce qui me plaît. J'espère que je me marierai et que j'aurai des enfants.
Anaïs

Quand on se met en couple, ce n'est pas nécessairement pour se marier. C'est simplement qu'on a envie de vivre ensemble. On peut vivre en concubinage et être heureux. Moi, je le ferai, je crois. Je ne voudrais pas la responsabilité d'avoir des enfants et j'espère que ma partenaire sera d'accord avec moi.
Noah

Le couple a le choix de se marier ou non. Bien sûr le mariage apporte une certaine sécurité mais si on a confiance en son partenaire, ça ne change rien d'être mariés. Pour moi, le concubinage est la manière dont on peut exprimer son amour à son partenaire en lui montrant qu'on n'a pas besoin de sécurité supplémentaire pour être heureux ensemble.
Chloé

Pourquoi partager quand on peut tout avoir? On peut avoir une relation amoureuse sans vivre ensemble. On a alors les avantages d'être célibataire sans en avoir les inconvénients. Si votre partenaire est d'accord, c'est la meilleure solution. Moi, je ne me marierai pas et je ne vivrai pas en concubinage non plus. J'aime trop ma liberté!
Mathis

Grammaire — The future tense

To form the future tense of *-er* and *-ir* verbs, use the infinitive as the stem and add the following endings: *-ai, -as, -a, -ons, -ez, -ont*.

je finirai	nous finirons
tu finiras	vous finirez
il / elle finira	ils / elles finiront

For *-re* verbs, remove the final *-e* before adding the endings: *Il vendra son portable*. He will sell his mobile.

There are no irregular endings of the future tense. There are, however, irregular stems, e.g. *avoir – j'aurai* – I will have. Learn irregular verbs in the future tense (see page 188).

Most verbs that include the infinitive of another verb (e.g. *venir – devenir – revenir*) are irregular in the same way in the future tense.
venir – to come – *je viendrai*
devenir – to become – *je deviendrai*
revenir – to return – *je reviendrai*
tenir – to hold – *je tiendrai*

Also learn how to use the relative pronoun *dont*. See page 27.

page 188

1a Lis les opinions d'Anaïs, de Noah, de Chloé et de Mathis sur les rapports personnels. Fais correspondre les expressions 1–4 à leurs définitions a–d.

1. mode de vie
2. avoir confiance en
3. célibataire
4. vivre en concubinage

a. une personne qui n'est pas mariée
b. façon de vivre
c. être ensemble sans être mariés
d. croire en

1b Read the text again and answer the questions in English.

1. What is each person's intention? Stay single? Cohabit? Get married?
2. What reason does each person give for their decision?
3. Who is against the idea of having children?
4. Who wants to trust his / her partner?
5. Who thinks that being faithful is essential?

2 Rewrite the sentences using the future tense.

1. Plus tard je vais me marier.
2. J'espère que je vais avoir des enfants.
3. On va vivre en concubinage.
4. C'est ce que nous allons faire.
5. Je crois qu'elle va être d'accord avec moi.
6. Allez-vous rester célibataire?
7. Tu vas garder ta liberté?
8. Ils vont se mettre en couple.

Me, my family and friends

3a 🎧 Listen to Élodie, Clara and Alexandre talking about their plans for the future. Which adjectives apply to Élodie's future partner, and which to Clara's?

1 faithful
2 funny
3 hardworking
4 handsome
5 generous
6 charming
7 kind
8 tall

3b 🎧 Écoute encore une fois et complète les phrases: choisis Élodie, Clara ou Alexandre.

1 _____ veut se marier.
2 _____ veut vivre en concubinage.
3 _____ veut continuer ses études.
4 _____ veut faire une carrière.
5 _____ veut rester à la maison pour élever ses enfants.
6 _____ veut un partenaire qui a un physique attirant.
7 _____ veut une partenaire qui a des ambitions professionnelles.
8 _____ veut un partenaire qui la fait rire.

4 Travail à deux. Parle de ton / ta partenaire idéal(e). Pose des questions et réponds.

- Fais sa description physique.
- Parle de ses qualités personnelles.
- Dis si tu as l'intention de te marier avec lui / elle, et pourquoi (ou pourquoi pas).
- !

5 Translate the following passage into French.

> I am going to spend the rest of my life with my ideal partner. I hope that we are going to get married and have children together. We will have a traditional wedding, in church. I won't have a career because I will raise our children myself.

Stratégie

Answering unprepared questions

Part of your examination will involve answering questions for which you have not prepared. In the role play for instance, the exclamation mark indicates an unpredictable element, i.e. a question that you have to answer.

Think of the questions you have answered so far and have an educated guess as to what you might logically be asked. In this role play for instance, it would be logical at that point to ask you whether you would like to have children in the future. You could also be asked your opinion about cohabitation. Once you have decided on the questions you could be asked, prepare your answers.

1.2 Groundwork is available in the Foundation book.

Grammar practice

Me, my family and friends

1 Complete the sentences using the adjectives in brackets. Make them agree with the nouns they describe.

1. Mes _____ sœurs sont casse-pieds. (*petit*)
2. Mes cousines sont très _____. (*gentil*)
3. Ma mère est assez _____. (*grand*)
4. Mon grand-père est vraiment _____. (*généreux*)
5. Ma partenaire idéale a les yeux _____. (*noir*)
6. Elle a aussi les cheveux _____. (*long*)

Adjective agreement

Adjectives have different endings depending on whether they describe masculine, feminine, singular or plural nouns.
Add -*e* if the noun is feminine:
il est intelligent, elle est intelligente.

Add -*s* if the noun is masculine plural:
ils sont intelligents.

Add -*es* if the noun is feminine plural:
elles sont intelligentes.

However, there are adjectives that do not follow this rule. Look at the common exceptions in the box.

Masculine singular	Feminine singular
jaloux	jalouse
gentil	gentille
généreux	généreuse
paresseux	paresseuse
long	longue
sympa	sympa
timide	timide

Grammaire page 178

2a Use superlatives to write about your family. State who is …

1. … the youngest.
2. … the oldest.
3. … the easiest to get on with.
4. … the most generous.
5. … the laziest.
6. … the strictest.
7. … the worst.

2b Use comparatives to compare two friends in terms of …

1. … their age.
2. … their physical appearance.
3. … their kindness.
4. … being fun to be with.

Comparatives and superlatives

To compare two things, use the following sequence:
plus / *moins* / *aussi* + adjective + *que*

Make sure that the adjective agrees with the noun it describes, i.e. add -*e*, -*s* or -*es* to it as needed.
Elle est plus âgée que moi. She is older than me.
Il est aussi grand que son père. He's as tall as his father.

Irregular comparatives: the French for 'better' is *meilleur(e)(s)* when the next word is a noun, and *mieux* when the previous word is a verb. The French for 'worse' is *pire(s)*.
Il travaille mieux que moi. He works better than me.
Elle est pire que lui. She is worse than he is.

For superlatives, use the following sequence:
le / *la* / *les* + *plus* + adjective
Elle est la fille la plus jeune de la classe.
She is the youngest girl in the class.

Note the word order when the adjective follows the noun.
C'est le plus beau garçon du collège.
He is the most handsome boy in school.
Here, because *beau* is an adjective that goes before the noun it describes, the word order is different.

Irregular superlatives: the French for 'the best' is *le* / *la* / *les meilleur(e)(s)* and the French for 'the worst' is *le* / *la* / *les pire(s)*.
Elle est la meilleure amie de mon frère. She is my brother's best friend.

Grammaire page 179

Me, my family and friends

3 Replace the underlined words with object pronouns.

1. Je trouve <u>ta copine</u> très gentille.
2. J'écoute <u>mes parents</u>.
3. Ils rencontrent <u>Emma et Arthur</u> en ville.
4. Nous demandons <u>à notre fille</u> de bien réfléchir avant de se marier.
5. Elle donne la permission <u>à son fils</u> de se fiancer.
6. Il va quitter <u>sa petite amie</u>.
7. Je vais demander <u>à Éva</u> de sortir avec moi.
8. Ils diront <u>à leurs parents</u> <u>ce qui s'est passé</u>.
9. Elle demande toujours <u>la permission</u> <u>à son père</u>.
10. Demande <u>à Lucas</u> ce qu'il en pense.

Grammaire — page 182

Direct and indirect object pronouns

Here are the **direct** object pronouns, with their meaning in English.

me (m')	te (t')	le (l')	la (l')	nous	vous	les
me	you	him / it	her / it	us	you	them

Here are the **indirect** object pronouns, with their meaning in English.

me (m')	te (t')	lui	nous	vous	leur
to me	to you	to him / to her / to it	to us	to you	to them

In French, they are all placed before the verb.
Nous le trouverons. We will find him / it.

With a command however, they follow the verb.
Écoutez-la! Listen to her!

Sometimes, two object pronouns are used with the same verb.
Je le lui envoie. I am sending it to him.

When this occurs, the order in which they should appear in the sentence is as shown in the table:

me te nous vous	le / la / l'	lui leur

Remember that in the perfect tense, the object pronoun is placed before the auxiliary.
Je lui ai parlé. I talked to him / her.

4 Translate the following sentences into English.

1. Le garçon dont tout le monde parle s'appelle Henri.
2. Le couple dont vous regardez les photos de mariage a eu un enfant.
3. On doit d'abord économiser l'argent dont on a besoin pour se marier.
4. La famille Blanc, dont nous connaissons le fils, va bientôt déménager.
5. Théo va se marier avec Valérie, une fille dont il a fait la connaissance l'année dernière.

Grammaire — page 183

Using *dont*

Dont is a relative pronoun which is used with verbs followed by *de*.

C'est la fille dont je t'ai parlé!
It's the girl (that) I told you about!

J'ai l'argent dont j'ai besoin.
I have the money (that) I need.

It can also mean 'whose' or 'of which'.
La fille dont le frère est mon copain.
The girl whose brother is my friend.

Vocabulary

 # Vocabulaire

1.1 Relationships with family and friends

1.1 F Ma famille et mes amis
➡ pages 18–19

l'	ami(e)	friend
	amusant(e)	funny
	bien s'entendre avec	to get on well with
le / la	copain / copine	pal, mate
	critiquer	to criticise
	désagréable	unpleasant
	difficile	difficult
se	disputer	to argue
	drôle	funny
	égoïste	selfish
	en commun	in common
	en / de plus	moreover
le / la	fils / fille unique	only son / daughter
	généreux(-se)	generous
	gentil(le)	kind
le	goût	taste, interest
	il / elle m'énerve	he / she gets on my nerves
	intelligent(e)	intelligent
	jaloux(-se)	jealous
	laisser	to let
	méchant(e)	naughty, nasty
	mignon(ne)	cute
	paresseux(-se)	lazy
	parfois / quelquefois	sometimes
le	petit ami	boyfriend
la	petite amie	girlfriend
le	petit copain	boyfriend
la	petite copine	girlfriend
	sévère	strict
	sortir	to go out
	souvent	often
	sympa	nice
	timide	shy
	vraiment	really

1.1 H La famille et l'amitié
➡ pages 20–21

	à partir de	as from
s'	adapter à	to adapt to
l'	amitié	friendship
	avoir l'habitude de	to be used to
le	beau-père	stepfather, father-in-law
la	belle-mère	stepmother, mother-in-law
	compréhensif(-ve)	understanding
	d'ailleurs	moreover, besides
	davantage	more
le	déséquilibre	imbalance
	discuter	to discuss
se	distraire	to have fun
	durer	to last
	égal(e)	equal
	faire confiance à	to trust
la	famille homoparentale	single-sex family
s'	inquiéter	to worry
	loyal(e)	loyal
s'	occuper de	to look after
se	parler	to talk to each other
	partager	to share
le	pire	worst
	plein(e) de vie	full of life
	pouvoir supporter	to be able to stand
	profond(e)	profound, deep
ma	propre chambre	my own room
les	rapports	relationship
les	relations	relationship
	rendre	to make (+ adjective)
	rigoler	to have a laugh
se	traiter	to treat each other
	triste	sad

1.2 Marriage and partnership

1.2 F Tu aimerais te marier?
➡ pages 22–23

	à mon avis	in my opinion
	adopter	to adopt
la	carrière	career
	célibataire	single, unmarried
le	divorce	divorce
l'	église	church
	ensemble	together
la	famille nombreuse	large family
la	femme	wife
les	fiançailles (f)	engagement
le / la	fiancé(e)	fiancé
	garder	to keep
	heureux(-se)	happy
l'	homme (m)	man
	jeune	young
la	liberté	freedom
	libre	free
le	mari	husband
le	monde	the world
	religieux(-se)	religious
le	rêve	dream
la	robe blanche	white dress
	séparé(e)	separated
	traditionnel(le)	traditional
la	vie	life
	vivre	to live
	voir	to see

1.2 H Seul ou en couple?
➡ pages 24–25

l'	amour	love
	apporter	to bring
	attirant(e)	attractive
	attirer	to attract
	avoir / confiance en / faire confiance à	to trust
	avoir envie de	to feel like, to want
	charmant(e)	charming
	continuer ses études	to continue one's studies
	élever	to raise
s'	engager à	to commit to
	être d'accord avec	to agree with
	exprimer	to express
	fidèle	faithful
	il / elle me fait rire	he / she makes me laugh
se	mettre en couple	to get together
le	mode de vie	way of life
	montrer	to show
	permettre	to allow
la	personnalité	personality
la	relation amoureuse	romantic relationship
	sans	without
la	sécurité	security, safety
	travailleur(-se)	hardworking
	vivre en concubinage	to cohabit

Social media

2.1 F Les réseaux sociaux

Objectifs
- Talking about the uses of social media
- The present tense of common irregular verbs
- Coping strategies

1 ⓥ On utilise les médias sociaux pour quelles raisons? Fais correspondre les expressions à leur traduction en anglais.

What do people use social media for? Match the French phrases with their English translations.

1 participer à un forum de discussion
2 blogger
3 partager mes photos et mes films vidéo
4 me faire des amis
5 communiquer avec mes amis
6 passer / poster des commentaires
7 voter pour quelque chose
8 faire partie d'un groupe

a to communicate with my friends
b to vote for something
c to write a blog
d to join a group
e to make / post comments
f to share photos and videos
g to make friends
h to take part in an Internet forum

Lilou

Moi, les forums de discussion, c'est ce que je préfère. On voit ce que pensent les autres. Je trouve ça plus intéressant qu'écrire un blog par exemple.

Grâce à la technologie, on peut exprimer sa préférence sur toutes sortes de sujets. On vote et c'est fini. C'est mieux qu'un sondage parce qu'on n'a pas besoin de remplir de formulaires ou passer ses données personnelles.

Nathan

Manon

C'est une manière comme une autre de se faire des copains. Certains disent que ce n'est pas la réalité, qu'on se fait seulement des amis virtuels. Moi, je ne suis pas d'accord. J'aime beaucoup discuter avec eux.

Moi, j'habite en Australie depuis l'année dernière. On est là à cause du travail de mon père. Les réseaux sociaux me permettent de garder le contact avec tous mes anciens copains français. On s'envoie des photos par exemple. On est tout le temps en train de communiquer.

Marcel

2a 📖 Read the four forum contributions. Which statements (1–8) are true?

1 Lilou likes to take part in Internet forums.
2 Lilou often writes blogs.
3 Nathan likes to express his opinions.
4 Nathan takes part in many surveys.
5 Manon thinks that virtual friends are not as good as real friends.
6 Manon enjoys communicating with her virtual friends.
7 Marcel lives close to his friends.
8 Marcel uses social media very often.

Technology in everyday life

2b **Relis les quatre contributions. Qui dit cela?**

Read the four contributions again. Who says what?

1. J'aime bien pouvoir dire ce que je pense.
2. Grâce aux réseaux sociaux, j'ai beaucoup d'amis.
3. J'aime bien connaître les opinions des autres.
4. Je veux continuer à communiquer avec eux.
5. Je donne mes renseignements personnels seulement aux gens que je connais.

3 **Écoute quatre amis qui expliquent les avantages et les inconvénients des réseaux sociaux. Recopie et complète la grille.**

Listen to four friends explaining the advantages and disadvantages of social media. Copy and complete the grid.

4 **G Complete the sentences using the correct present-tense form of the verbs given in brackets.**

1. On _____ les photos de ses amis. (*voir*)
2. Nous _____ faire attention à qui nous parlons. (*devoir*)
3. J'_____ beaucoup d'amis virtuels. (*avoir*)
4. Je _____ contacter mes copains quand je _____ . (*pouvoir, vouloir*)
5. Ma mère _____ que je _____ accro. (*dire, être*)
6. Je _____ que grâce aux réseaux sociaux, on se _____ des amis. (*savoir, faire*)

5a **Comment utilises-tu les réseaux sociaux? Écris un paragraphe en français. Réponds aux questions suivantes.**

How do you use social networks? Write a paragraph in French. Answer the following questions.

- Tu utilises souvent les réseaux sociaux?
- Tu fais partie d'un réseau social en particulier?
- Pour quelles raisons utilises-tu les réseaux sociaux?

5b **Fais un sondage de classe, basé sur les réponses à l'activité 5a.**

Do a class survey based on the responses to activity 5a.

tous les jours / souvent / quelquefois / rarement / jamais	
Oui, il s'appelle …	
Pour pouvoir	garder le contact avec mes amis.
	partager mes photos.
	me faire de nouveaux amis.
J'aime bien	les forums de discussion.

Stratégie

Coping strategies

In your own language, when you need to say something you don't know the word for, you use different strategies. You paraphrase (explain what you mean using words that you know), mime, point, demonstrate, use facial expressions, etc. Try to use these techniques to express what you want to say in French, rather than resorting to using English.

	Avantages	Inconvénients
Julie		
Raj		
Martin		
Caroline		

Grammaire

The present tense of common irregular verbs

There are a number of verbs in French that do not follow the usual pattern.

Some have an unexpected verb stem in the present tense, e.g. *envoyer* – to send – *j'envoie*.

Some have an unexpected present-tense ending, e.g. *partir* – to leave – *je pars*.

Some have an unexpected stem and ending – *aller* – to go – *je vais*.

The most common irregular verbs are listed on pages 197–200.

Because they are frequently used in everyday conversation, it is important that you learn them.

Also learn how to use the expression *grâce à*. See page 38.

pages 197–200

Social media

2.1 H Avantages et inconvénients des réseaux sociaux

Objectifs
- Discussing pros and cons of social media
- The present tense of regular -*ir* and -*re* verbs
- Pronunciation of verb endings

Quand on y réfléchit, on voit que les réseaux sociaux facilitent la vie de beaucoup de gens. Nous, on a une petite entreprise. Pour nous, il est facile et relativement peu cher de faire de la publicité en ligne tout en visant les clients que nos produits intéressent – et ces clients, nous les connaissons surtout grâce aux réseaux sociaux. C'est donc un gros avantage qui nous permet de vendre et de nous faire connaître.
Arthur

Moi, je vis seul et j'ai des problèmes pour me déplacer. Les réseaux sociaux me permettent d'être en contact avec toutes sortes d'organismes dont le but est d'aider les gens comme moi. Les magasins aussi en bénéficient puisque je peux par exemple faire mes courses en ligne. On me les amène à domicile, ce n'est pas très cher et, en plus, ça donne du travail à quelqu'un. Parfait, non?
Jean-Paul

J'aimerais bien rencontrer mon partenaire idéal mais je ne veux pas courir le risque d'être déçue. Moi, j'utilise les réseaux sociaux pour trouver quelqu'un qui a les mêmes centres d'intérêt que moi, par exemple le sport. Ça, c'est facile parce qu'on peut appartenir à un groupe de personnes qui s'intéressent aux mêmes choses puis on peut devenir copains virtuels. On peut certainement trouver une bonne amitié ou même le grand amour, du moins je l'espère.
Lina

1

2

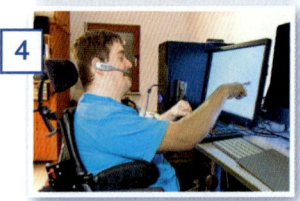
3

4

5

6

1a Fais correspondre deux des photos (1–6) à chaque blogueur (Arthur, Jean-Paul et Lina).

1b Who says what? Choose Arthur, Jean-Paul or Lina.
1. Meeting people online is a good way to make friends.
2. It is good for my business.
3. I get the help I need.
4. Targeted advertising helps our sales.
5. Sharing an interest can lead to other things.
6. It is an essential service.

2a Fais correspondre les expressions françaises à leur traduction en anglais.

1	un bienfait	a	to threaten
2	le vol d'identité	b	supposedly
3	soi-disant	c	a benefit
4	désespéré	d	identity theft
5	anonyme	e	to be afraid
6	la cyber intimidation	f	cyber bullying
7	menacer	g	desperate
8	avoir peur	h	anonymous

Technology in everyday life

2b 🎧 Écoute cette conversation entre un expert en informatique et un parent d'élève. Dans quel ordre les expressions suivantes sont-elles mentionnées?

1 la fraude
2 perdre de vrais amis
3 parler à des gens qu'on ne connaît pas
4 la cyber intimidation
5 le vol d'identité
6 l'arnaque

2c 🎧 Listen again and answer the questions in English.

1 According to the expert, why is it unwise to …
   a … talk to strangers online?
   b … give personal information online?
   c … send money to someone online who says they are in trouble?
2 What does the expert recommend the parent does to solve his son's problem?
3 According to the expert, what are the possible consequences of online bullying?

3 Ⓖ Complete the sentences. Choose a verb from the box and give it its correct ending.

réfléchir	finir	permettre	comprendre
établir	choisir	vendre	perdre
garantir	remplir	attendre	

1 Je _____ ce que vous dites.
2 Quand on y _____, on voit que l'expert a raison.
3 Les réseaux sociaux me _____ de rester en contact avec tous mes amis.
4 Nous vous _____ la qualité de nos produits.
5 Vous _____ le travail à quelle heure?
6 S'ils _____ leurs amis à cause de la cyber intimidation, c'est grave.
7 On _____ le bon verbe pour compléter chaque phrase.

4a ✏️ Identifie d'autres avantages et inconvénients de la technologie pour ajouter à la liste à droite.

4b 💬 Travail à deux. Discutez des avantages et des inconvénients des média sociaux.

- Quels sont les avantages des réseaux sociaux?
- Lequel est le plus important? Pourquoi?
- Quels en sont les inconvénients?
- Quel inconvénient est le plus grave? Pourquoi?
- Tu as déjà eu des problèmes à cause des réseaux sociaux?
- Si oui, comment les as-tu résolus?

Stratégie

Pronunciation of verb endings

As a general rule, you should not sound the final letter of verb endings. The -*ent* ending is also silent. Pronounce the -*er* and the -*ez* endings as if they were -*é*.

Make a list of all the verbs used in the text from activity 1 and say them aloud to your partner.

Grammaire — page 186

The present tense of regular -*ir* and -*re* verbs

The endings of the present tense of -*ir* verbs are: -*is*, -*is*, -*it*, -*issons*, -*issez*, -*issent*.

Ils remplissent des formulaires.
They fill in forms.

The endings of the present tense of -*re* verbs are: -*s*, -*s*, -, -*ons*, -*ez*, -*ent*.

Nous ne permettons pas à notre enfant d'utiliser les réseaux sociaux.
We don't allow our child to use social networks.

Also learn how to use *on*.
See page 38.

Exemples d'avantages	Exemples d'inconvénients
communication avec les amis	le vol d'identité
échanger / partager des photos	la fraude
envoyer des messages	la cyber intimidation

2.1 Groundwork is available in the Foundation book.

Mobile technology

2.2 F Tu t'en sers souvent?

Objectifs
- Discussing the uses of mobile technology
- *Aller*, *faire* and other common irregular verbs
- Building your speaking and writing skills

1 🔵 Groupe ces mots en paires de synonymes ou d'antonymes.

Sort the words into pairs and say whether they are synonyms or antonyms (opposites).

dépendant	aider	sais	se servir de
avoir raison	éteindre	faciliter	accro
mettre en marche	connais	utiliser	avoir tort

Louise: Moi, je peux très bien vivre sans mon portable. Je l'ai toujours sur moi, bien sûr, en cas d'urgence par exemple ou si quelqu'un veut me contacter, mais je ne m'en sers pas toute la journée. Si on ne fait pas attention, il est facile d'en devenir complètement dépendant.

Max: Mes copains disent que j'y suis accro. Je crois qu'ils ont raison. Je l'utilise des dizaines de fois par jour, pour toutes sortes de raisons. Je trouve que ça facilite la communication. En classe cependant, je l'éteins.

Thomas: Mes parents ont tous les deux un portable moderne mais ils le mettent en marche seulement quand ils ont besoin de s'en servir. Ils l'éteignent tout de suite après. Je ne comprends pas leur attitude. Il est impossible de les contacter. Je trouve ça égoïste.

Clara: Je connais quelqu'un qui télécharge tout le temps illégalement. Il a tort de faire ça. Je sais aussi qu'il a son portable sur lui en classe et aussi quand on a un examen. Je n'ai rien dit à personne parce que c'est un copain mais je trouve ça dégoûtant.

2a 📖 Read the comments and decide whether statements 1–6 are true (T), false (F) or not mentioned in the text (NM).

1. Louise does not want her mobile phone to take over her life.
2. Max uses his mobile phone all the time, even in class.
3. Thomas would like to buy his parents a new phone.
4. Thomas phones his parents regularly.
5. Clara is a loyal friend.
6. Clara disapproves of how her friend uses his phone.

2b 📖 Read the comments again and name the person who …

1. … cheats in exams.
2. … cannot live without a mobile.
3. … downloads illegally.
4. … has difficulties in contacting his / her family.

3a 🎧 Listen to Inès and Mathéo talking about their mobile phones. Decide whether each of 1–9 applies to Inès, Mathéo or Mathéo's father.

1. texting
2. downloading music
3. taking photos
4. using the Internet
5. social networks
6. reading and sending emails
7. the diary application
8. phoning
9. satnav

Technology in everyday life 35

3b 🎧 Écoute encore une fois et complète les phrases (1–4) en choisissant les bons mots.

Listen again and complete the sentences by choosing the correct words.

1 Ce que Mathéo préfère faire, c'est _____ et _____.
2 Inès, elle, préfère _____ et _____.
3 Le père de Mathéo utilise les applications comme _____ et _____.
4 Grâce à Internet, Inès peut _____ et _____.

> lire ses mails
> l'agenda
> prendre des photos
> des films
> aller sur Facebook
> envoyer des textos
> le GPS
> télécharger de la musique

4 **G** Copy the sentences and fill in each gap with the correct form of *aller* or *faire*.

1 Qu'est-ce que tu _____?
2 Je _____ acheter un smartphone.
3 Comment _____-tu l'utiliser?
4 Mes copines _____ beaucoup de photos.
5 Nous _____ partager nos photos.
6 D'habitude je _____ ça sur Facebook.

5 💬 Travail à deux. À tour de rôle, posez et répondez aux questions. Essayez de donner des renseignements supplémentaires.

Work with a partner. Taking turns, ask and answer the questions. Try to give extra information.

- Quels gadgets portables as-tu?
- Quelles applications aimes-tu?
- Tu t'en sers souvent?
- Tu crois que tu es dépendant(e) de tes gadgets?

| Comment utilises-tu ton portable? |
| Tu envoies des textos? Des mails? |
| Moi, j'ai une tablette. Et toi? |
| Tu as un MP3? |
| Je télécharge de la musique / des films. |
| Moi, j'aime partager mes photos. |
| Moi, j'utilise des applications comme l'agenda. |

6 ✏️ Comment te sers-tu des technologies mobiles? Écris un paragraphe en français.

How do you use mobile technology? Write a paragraph in French.

Grammaire *pages 197–200*

Aller, faire and other common irregular verbs

The verbs *aller* (to go) and *faire* (to do) are both irregular. Learn their forms by heart in the present tense.

aller: je vais, tu vas, il / elle va, nous allons, vous allez, ils / elles vont

faire: je fais, tu fais, il / elle fait, nous faisons, vous faites, ils / elles font

The present tense of *aller* is also used to make the immediate future.
Je vais téléphoner ce soir.
I am going to phone tonight.

Faire is also used in phrases.
Je fais des photos. I take photos.
Je fais du vélo. I ride a bike.

Many common verbs are irregular (see pages 197–200). Learn the *je* form of the most common ones at least, e.g. je peux, je veux, je dois, je sais, je sors, je dis, je viens, je vois.

Also learn about the pronouns *moi, toi, lui* and *elle*. See page 38.

Stratégie

Building your speaking and writing skills

Make sure you use the information given to you in the language structure boxes to help develop your speaking and writing in French. Don't just copy everything in the boxes. Change the information given and expand on your answers by giving your opinion and reasons.

Mobile technology

2.2 H Bienfaits et dangers

Objectifs
- Discussing the benefits and dangers of mobile technology
- The present tense of more irregular verbs
- Collecting useful phrases

La raison pour laquelle je me suis acheté un smartphone, c'est que sa fonctionnalité est fantastique. On peut télécharger des applications de toutes sortes. Certaines sont chères mais il y en a aussi des gratuites. Moi, comme je suis souvent sur la route, j'utilise beaucoup le GPS. Chaque semaine, j'ai une demi-douzaine de réunions et la fonction agenda m'est vraiment utile. Si je risque d'oublier un rendez-vous, mon téléphone me le rappelle. La fonction rappels automatisés est super. Tout ça rend la vie plus facile. Il est possible que j'en offre un à ma fille pour son anniversaire – elle va avoir 12 ans. Je suis sûre qu'elle l'apprécierait. **Colette**

Moi, j'aime bien savoir où j'en suis avec mes finances. Ça me permet de consulter mon compte bancaire à n'importe quelle heure du jour ou de la nuit et de savoir si je peux me permettre de réserver mes vacances par exemple. Je m'en sers surtout pour contacter mes collègues de travail ou mes amis. Ça facilite la communication, ça, c'est sûr. On a l'information instantanée et on peut avoir la réponse à n'importe quelle question. Il est possible que dans quelques années les téléphones traditionnels n'existent plus! On verra. **Ahmed**

Je n'en suis pas certain mais il est possible que j'en reçoive un de mes parents pour Noël. Quand ils m'ont demandé quel cadeau je voulais, je leur ai dit qu'un smartphone m'aiderait beaucoup pour mes études. Comme je sais que c'est assez cher, il est possible qu'ils ne puissent pas se le permettre. Ça me plairait beaucoup, évidemment. Quand on en a un, on peut lire des documents et l'autre avantage, c'est qu'on peut le mettre dans sa poche. **Henri**

1a Lis ce que Colette, Ahmed and Henri pensent des smartphones. Qui dit cela?

1. Le jour de ses douze ans, je vais lui en donner un.
2. Ça m'aide à faire mon budget.
3. Pour moi, l'avantage principal c'est que c'est portable.
4. Je n'ai pas besoin de carte pour savoir la direction qu'il faut prendre.
5. Avec cette fonction, je ne manque jamais de rendez-vous.
6. Je ne sais pas s'ils ont assez d'argent pour m'en acheter un.
7. On peut trouver tous les renseignements qu'on veut en un instant.

1b Travail à deux. Essaie de convaincre ton / ta partenaire des bienfaits d'un smartphone en répondant à ses questions. À tour de rôle, posez les questions et répondez-y.

- Qu'est-ce que c'est, l'application GPS?
- La fonction agenda, est-ce que c'est vraiment utile?
- La fonction rappel, ça sert à quoi?
- Quels sont les avantages d'un smartphone en ce qui concerne les services bancaires?
- Comment est-ce qu'un smartphone peut aider ceux qui font des études?

2a Listen to Sarah, Hugo, Emma and Luc discussing problems with mobile phone use. What problems do they mention? Choose one problem for each person from the list.

1. risk of grooming
2. risk of becoming asocial
3. risk of brain cancer
4. risk of losing touch with the real world
5. risk of identity theft
6. risk of radicalisation
7. risk of failure in exams
8. risk of damage to your eyes

2b Fais correspondre les expressions A–H aux expressions 1–8 de l'activité 2a.

A le risque d'avoir le cancer du cerveau
B le risque de vol d'identité
C le risque d'échouer à ses examens
D le risque de devenir asocial
E le risque de perdre contact avec la réalité
F le risque de radicalisation
G le risque de s'abîmer les yeux
H le risque de séduction

3 Translate the following sentences into French. Use the *tu* form for 'you'.

1. I want a smartphone.
2. He can download many applications.
3. Do you know the disadvantages of mobile technology?
4. I understand what you are saying.
5. My parents are offering me a new phone.
6. Do you know her?

4 Écris deux paragraphes en français. Utilise les expressions données dans la case ainsi que d'autres expressions que tu as apprises qui te permettent d'exprimer ton opinion.

1. Dis si tu voudrais posséder un smartphone et donne tes raisons.
2. Décris certains des risques associés à l'utilisation de la technologie mobile et dis ce que tu fais pour les éviter.

Grammaire — pages 197–200

The present tense of more irregular verbs

You will have come across a number of other irregular verbs in the reading and listening texts, e.g. *pouvoir, offrir, savoir, permettre, voir, recevoir, vouloir, dire, plaire, paraître, croire, faire, souffrir, connaître, vivre*.

In most cases, the plural present tense has the endings you would expect: *-ons*, *-ez* and *-ent*. However, the stem of the verb is irregular, e.g. *nous voulons* – we want, *ils disent* – they say.

The singular endings are often unpredictable and should be learned as you encounter them, e.g. *je reçois* – I receive, *tu vis* – you live, *il offre* – he offers, *elle sait* – she knows.

Although there are many irregular verbs in French, some of them are in recognisable groups and have the same forms, which makes them easier to learn, e.g. *prendre* and the related verbs *comprendre, apprendre*; *venir* and the related verbs *devenir, revenir*.

Four of the most common verbs are very irregular and you need to learn them by heart: *avoir, être, aller* and *faire*.

The most common irregular verbs are listed on pages 197–200.

Make a point of remembering as many forms of as many irregular verbs as you can. However, treat the *je* form as a priority as it allows you to talk / write about yourself.

Also learn about *il est possible que* + subjunctive. See page 39.

Stratégie

Collecting useful phrases

Make a note of useful phrases to introduce and explain your opinions on different topics. Look through this unit and make a list of phrases you could use. For example, *c'est ce que je préfère, je trouve ça intéressant, je ne suis pas d'accord*.

Il est dangereux de …
Il faut faire attention à …
Il n'est pas recommandé de …
Il y a des risques de …
Je ne participe pas à …
Je ne parle pas à …
Je limite le temps …

2.2 Groundwork is available in the Foundation book.

Grammar practice

Technology in everyday life

1 Complete the sentences using the correct form of *grâce à*.

1 _____ __ forums de discussion, on peut exprimer ses idées.
2 _____ __ la nouvelle technologie, on peut contacter ses copains quand on veut.
3 _____ __ réseaux sociaux, on peut se faire de nouveaux amis.
4 _____ __ Facebook, il est possible de partager ses photos.
5 C'est _____ __ ma copine que j'ai rencontré mon petit ami.
6 _____ __ sa nouvelle tablette, il peut tout faire maintenant.

2 Translate the sentences into French, using *on* for 'we' and 'people'.

1 We make new friends online.
2 We communicate every day.
3 People share video films.
4 If we spend a long time online, we can become hooked.
5 We sometimes talk to people we don't know but it is not recommended.
6 We can contact our friends whenever we want.

3 Complete the sentences using the correct pronouns.

1 Ce n'est pas _____ (*me*). C'est _____ (*her*)!
2 Grâce à _____ (*him*), j'ai un nouveau portable.
3 Tu l'as toujours sur _____ (*you*).
4 _____ (*You*), tu l'utilises tout le temps.
5 _____ (*She*), elle télécharge de la musique illégalement.
6 _____ (*Me*), je garde le contact avec lui.

Using *grâce à*

Grâce à means 'thanks to'.

When *grâce à* is followed by a masculine singular noun, it becomes *grâce au*.
Grâce au portable, on peut rester en contact avec ses copains.
Thanks to the mobile phone, we can keep in touch with our friends.

When *grâce à* is followed by a plural noun, it becomes *grâce aux*.
Grâce aux réseaux sociaux, on peut communiquer facilement avec beaucoup de gens.
Thanks to social networks, we can easily communicate with lots of people.

Grammaire page 192

Using *on*

On is often used to mean 'we'.
On partage nos photos. We share our photos.
It is also used to mean 'one' or 'people'.
On dit qu'il est risqué de parler à des gens qu'on ne connaît pas. People say that it is risky to talk to people we don't know.

Note that the ending of the verb with *on* is the same as the ending you would use with *il / elle*.

Grammaire page 182

The pronouns *moi, toi, lui, elle*

These pronouns are used after prepositions, e.g. *avec toi* – with you, *sans elle* – without her, *grâce à lui* – thanks to him.
They are also used after *c'est*.
C'est moi. It's me.
They are also used to add emphasis and are usually found just before *je, tu, il, elle*.

Moi, j'ai un vieux portable.
I have an old mobile.

Lui, il a un smartphone.
He has a smartphone.

Elle, elle est toujours en ligne!
She's always online!

Grammaire page 183

4 Translate the sentences into English.

1. Il est possible qu'il soit en retard.
2. Il est possible qu'elle puisse nous contacter ce soir.
3. Il est possible que je lui fasse un cadeau.
4. Il est possible qu'ils viennent nous voir.
5. Il est possible qu'il ait de bonnes notes.
6. Il est possible qu'ils sachent le prix d'un smartphone.

> ## Il est possible que + subjunctive
>
> *Il est possible que* is followed by a verb in the subjunctive. With most regular verbs you will easily recognise the verb, e.g. *Il est possible que mes parents m'achètent un nouveau portable.* My parents may buy me a new mobile.
>
> With irregular verbs however, the subjunctive forms look much less familiar. Learn how to recognise the following:
>
> | subjunctive forms | verb (infinitive) |
> |---|---|
> | puisse, puissent | pouvoir |
> | ais, ait, aient | avoir |
> | sois, soit, soient | être |
> | vienne, viennent | venir |
> | sache, sachent | savoir |
>
> The best way to translate such a phrase into English is to use the subject of the main verb with 'may'. Look again at the example above. Here are two more.
>
> *Il est possible que je sois libre ce soir.*
> **I may be** free tonight.
>
> *Il est possible qu'ils ne répondent pas à ton texto.*
> **They may not** respond to your text.

Grammaire — page 189

Vocabulaire

2.1 Social media

2.1 F Les réseaux sociaux
➡ pages 30–31

	blogger	*to blog*
des	centaines (f)	hundreds
	connaître	to know (someone)
	croire	*to believe*
	devoir	*to have to, must*
	dire	*to say, to tell*
	en train de	*in the process of*
	envoyer	to send
	exprimer	to express
	faire confiance à	*to trust*
	faire partie de	to belong to
le	forum de discussion	Internet forum
	grâce à	thanks to
	isolé(e)	isolated
	montrer	to show
	passer	*to spend (time), to pass (on)*
	passer / poster des commentaires (f)	to make / post comments
	permettre	to allow
la	réalité	reality
	remplir un formulaire	*to fill in a form*
le	réseau social	social network
	savoir	to know (a fact)
le	sondage	survey
le	sujet	topic
	virtuel(le)	*virtual*
	vivre	*to live*
	voir	*to see*
	vouloir	*to want*

2.1 H Avantages et inconvénients des réseaux sociaux
➡ pages 32–33

	à domicile	at home
	amener	to bring
	anonyme	anonymous
	appartenir	to belong
	attendre	*to wait, to expect*
	avoir peur	to be afraid
le	but	aim
	courir un risque	*to run a risk*
la	cyber intimidation	cyber bullying
	déçu(e)	disappointed
se	déplacer	to move around
	désespéré(e)	desperate
une	entreprise	company
	entretenir	to maintain
	établir	to establish
	faciliter	to facilitate
	faire attention	*to take care*
se	faire connaître	to get oneself known
	faire de la publicité	to advertise
la	fraude	fraud
	garantir	to guarantee
	lier	to link
	menacer	to threaten
	réfléchir	to think, to reflect
se	servir de	to use
	soi-disant	supposed(ly)
	souffrir	to suffer
	vendre	*to sell*
	viser	to aim
le	vol d'identité	identity theft

2.2 Mobile technology

2.2 F Tu t'en sers souvent?
➡ *pages 34–35*

	accro	hooked
l'	agenda (m)	diary
l'	application (f)	application
	avoir raison	to be right
	avoir tort	to be wrong
	ça me suffit	that's enough for me
	contacter	to contact
	dégoûtant(e)	disgusting
	dépendant(e)	dependent
	devenir	to become
	en cas d'urgence	in case of emergency
le	GPS	satnav
	gratuit(e)	free (of charge)
	illégalement	illegally
le	mail	email
	mettre en marche	to start, to switch on
	sans	without
se	servir de	to use
le	smartphone	smartphone
	télécharger	to download
le	texto	text (message)

2.2 H Bienfaits et dangers
➡ *pages 36–37*

l'	agenda	diary
	avoir peur	to be afraid
le	bienfait	benefit
	ça me convient	it suits me
la	carte	map
le	cerveau	brain
le	chercheur	researcher
la	chercheuse	researcher
	compenser	to compensate
le	compte bancaire	bank account
la	fonctionnalité	functionality
	manquer	to miss
le	monde réel	the real world
	n' importe quel(le)	any
se	permettre de	to afford to
la	poche	pocket
	rappeler	to remind
	reprocher	to reproach
la	réunion	meeting
	séduire	to seduce
	souffrir	to suffer

Higher – Reading and listening

1 Read Lina's blog. Which **two** statements (1–4) are true?

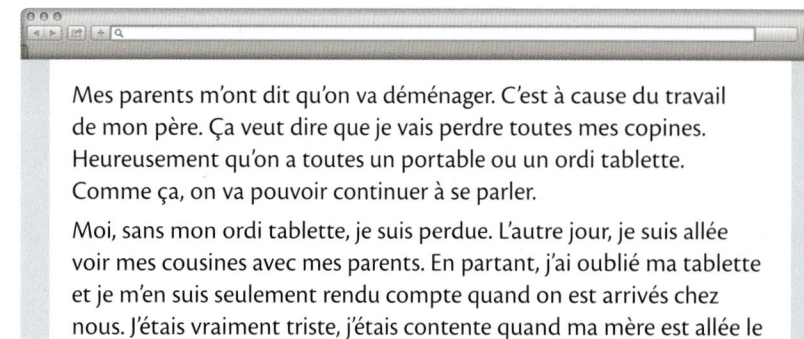

> Mes parents m'ont dit qu'on va déménager. C'est à cause du travail de mon père. Ça veut dire que je vais perdre toutes mes copines. Heureusement qu'on a toutes un portable ou un ordi tablette. Comme ça, on va pouvoir continuer à se parler.
>
> Moi, sans mon ordi tablette, je suis perdue. L'autre jour, je suis allée voir mes cousines avec mes parents. En partant, j'ai oublié ma tablette et je m'en suis seulement rendu compte quand on est arrivés chez nous. J'étais vraiment triste, j'étais contente quand ma mère est allée le chercher le lendemain. Lina

1 Lina is about to move house because of her mother's job.
2 She will be able to keep in touch with her friends thanks to technology.
3 Recently, she visited her cousins and left her tablet at their house.
4 Her cousins returned the tablet to her the next day.

[2 marks]

Reading techniques

You will be asked questions about details from the text. Use the context and your knowledge of cognates and near-cognates to work out items of vocabulary which are necessary to answer the questions but which you don't know.

For questions that need to be answered in French, you may have to manipulate phrases from the text in order to answer the question correctly. Make sure you understand the questions you are asked, particularly the meaning of the question words, e.g. *comment, pourquoi, quand, qui, où, qu'est-ce que*.

When answering gist questions, read the whole passage carefully. The answers to the questions do not require a specific detail but an overall understanding of the passage.

Some questions will also test your ability to deduce information that is not explicitly stated in the text: you have to draw conclusions from the text to be able to answer such questions. These are probably the most difficult questions you will have to answer.

2 Lisez l'opinion d'Elsa sur le mariage homosexuel. Complétez les phrases selon le texte. Choisissez A, B ou C.

> Moi, je trouve que ceux qui se marient ont le droit de prendre leurs propres décisions. Leur sexualité fait partie de leur personnalité et ce n'est pas quelque chose qu'ils peuvent changer. Se marier est un choix personnel. Dans une société juste, tout le monde a les mêmes droits. Le choix de partenaire de chacun est une liberté qui s'applique à tout le monde.
>
> On peut, bien sûr, faire la différence entre le mariage civil et le mariage religieux. En ce qui concerne le mariage civil, à mon avis, il est offert à tous. C'est maintenant la position légale dans notre pays. Cependant, la loi ne peut pas forcer l'Église à accepter le mariage homosexuel. Donc, selon moi, les églises ont le droit de dire non. De toute façon, personne n'est obligé de se marier à l'église. Ça aussi, c'est un choix personnel. Notre société devient plus tolérante qu'elle ne l'était et ça, c'est une bonne chose. Elsa

1 Elsa pense que l'orientation sexuelle de chacun est _____.
   A quelque chose qu'on choisit   B quelque chose qu'on ne choisit pas   C un choix personnel
2 Selon Elsa, le droit de choisir son / sa partenaire concerne _____.
   A les hétérosexuels   B tout le monde   C les homosexuels
3 Selon le texte, la loi s'applique _____.
   A au mariage civil   B au mariage religieux   C au mariage civil et au mariage religieux
4 Elsa pense que se marier à l'église est _____.
   A obligatoire   B important   C un choix personnel
5 Selon Elsa, il y a une trentaine d'années, la société était _____ tolérante qu'elle l'est de nos jours.
   A aussi   B plus   C moins

[5 marks]

Test and revise: Units 1 and 2

3 📖 Lisez les cinq contributions à un forum de discussion sur les bienfaits de la technologie. Pour chaque contribution, mentionnez qui en bénéficie et deux bienfaits de la technologie.

[10 marks]

1. Pour les tout petits, ça les occupe et ils peuvent aussi apprendre beaucoup de choses que leurs parents peut-être ne savent pas. C'est un outil éducatif et une façon de se distraire. (Zoé)

2. Pour les ados, c'est un moyen de garder le contact avec leurs amis et aussi de se faire de nouveaux amis. Comme tous les jeunes aiment écouter de la musique, ça leur permet de le faire sans dépenser une fortune. (Gabriel)

3. Il y a certainement beaucoup d'avantages pour les adultes. S'ils cherchent à rencontrer le partenaire de leurs rêves, la technologie peut les aider à le trouver. Au niveau professionnel, il est possible de développer de nouvelles compétences technologiques qui seront appréciées par leur employeur. (Manon)

4. Le monde de l'industrie tire beaucoup de bienfaits de la technologie. Que ce soit au niveau de la publicité, du recrutement ou des ventes, tout cela est facilité par l'utilisation de la technologie. (Maxime)

5. En ce qui concerne les personnes de mobilité réduite ou les personnes âgées qui ont de la difficulté à se déplacer, la sécurité que représente la technologie ne doit pas être sous-estimée, en cas d'urgence, par exemple, ou tout simplement pour faire les courses. Cela peut maintenant se faire sans avoir à quitter sa maison. (Léa)

4 🇹 Translate the following passage into **English**.

> Moi, je m'entends vraiment bien avec ma petite amie. On est ensemble depuis trois mois et je crois que je suis en train de tomber amoureux d'elle. On a plus ou moins les mêmes centres intérêt et aime passer du temps ensemble. Pour moi, elle est ma petite amie idéale.

[10 marks]

5 🎧 Listen to Louise and Noah discussing some of the dangers of mobile technology. Answer the questions in **English**.

1. According to Louise, how old must a child be before being given a smartphone? What are her concerns? **[2 marks]**
2. What four possible dangers do Louise and Noah highlight? **[4 marks]**
3. What reason does Louise give to explain the last danger mentioned by Noah? **[1 mark]**

6 🎧 Écoutez Romaine et Camille discuter de Mathis, le petit ami de Camille et répondez aux questions en **français**.

Première partie
1. Pourquoi est-ce que Romaine ne recommande pas Mathis à Camille?
2. Selon Camille, comment est Mathis de caractère? (**deux** renseignements)
3. Et physiquement? (**deux** renseignements)

Deuxième partie
4. Quel trait de caractère de Mathis est-ce que Romaine explique à Camille?
5. Qu'est-ce que Camille en pense?
6. Comment sait-on que Romaine a convaincu Camille de son argument? **[8 marks]**

> **Stratégie**
>
> **Listening techniques**
>
> Before you listen to a recording, study the questions and try to anticipate the answers. You will hear the recording twice. Answer the questions you can answer after the first hearing of the recording. Focus on the other questions when listening for the second time. These will require either an answer that does not involve writing more than a very short answer (e.g. a multiple-choice question) or an answer that requires you to write in French. If you have to answer in French, just make notes as you listen and then focus on the quality of your French answers afterwards.

> Foundation test and revise tasks are available in the Foundation book.

Writing and translation

Higher – Writing and translation

Either:

1a Votre ami français Lucas vous a envoyé un mail et vous a demandé de parler un peu de votre famille.

Décrivez:
- les différents membres de votre famille
- comment vous vous entendez avec eux
- un incident récent
- si vous voulez avoir une famille plus tard et pourquoi.

Écrivez environ **90** mots en **français**. Répondez à chaque aspect de la question.

[16 marks]

> **Stratégie**
> - You could start with *Dans ma famille, il y a ...* and say something about different members of your family (e.g. *Ma mère est sympa*).
> - For the second bullet point, you could use, for example, *Je m'entends bien avec ... parce que ... mais je ne m'entends pas bien avec ... parce que nous nous disputons*. Say how often (e.g. *très souvent*), what about (e.g. *à propos de la télévision*) and give a reason (e.g. *Il veut toujours choisir la chaîne*).
> - To deal with the third bullet point, use the perfect tense and a time reference, e.g. *Samedi dernier, je me suis disputé(e) avec ... parce que ...*
> - For the final bullet point, you could start with *Je voudrais / J'aimerais / Je vais* + infinitive and then give a reason (e.g. *J'aime beaucoup les enfants*).

Or:

1b Écrivez à votre correspondant(e) et dites lui que vous avez acheté un nouveau portable.

Décrivez:
- votre achat et pourquoi vous en êtes content(e)
- pourquoi vous n'aimez plus votre ancien portable
- comment vous l'utilisez et s'il est une cause de disputes chez vous et pourquoi
- l'appareil de technologie que vous aimeriez acheter à l'avenir et pourquoi.

Écrivez environ **90** mots en **français**. Répondez à chaque aspect de la question.

[16 marks]

> **Stratégie**
> - You could start by saying that you have bought a new mobile, using the perfect tense (e.g. *Hier, j'ai acheté ...*), then by saying that you like it and why (e.g. *parce qu'il y a beaucoup d'applications*).
> - To explain what was wrong with your old mobile, you could say what you could not do with it (e.g. *Avec mon ancien portable, il n'était pas possible de ...*).
> - For the third bullet point, you could start with *Chez moi, les portables sont / ne sont pas ... parce que ...*
> - Introduce the final bullet point by using *L'appareil de technologie que j'aimerais acheter, c'est ...* You could say why you are not buying it now (e.g. *C'est trop cher*), when you hope to buy it (e.g. *J'espère ...*) and explain why you want to buy it (e.g. *Avec ..., on peut ...*).
> - Remember, these are just suggestions and you can of course use your own phrases.

Either:

2a ✏️ Écrivez un mail à votre ami(e) français(e). Parlez-lui de vos ami(e)s.

Décrivez:
- vos ami(e)s et le rôle qu'ils / elles jouent dans votre vie
- ce que vous pensez de l'idée d'avoir un(e) petit(e) ami(e).

Écrivez environ **150** mots en **français**. Répondez aux deux aspects de la question. **[32 marks]**

> **Stratégie**
>
> It is important that you consider carefully what you should include in your writing:
> - Think of different aspects of the topic at hand and select what you think is relevant, as well as manageable in French.
> - Make notes and link your ideas in a logical way.
> - Write down some key words / phrases.
> - Use vocabulary and structures which you know are correct.
> - Vary your vocabulary.
> - Try to include references to past, present and future events.
> - Focus on content, quality and accuracy of language.
> - Write approximately 150 words and make sure that you have covered both bullet points, giving each bullet point the same consideration.
> - Finally, write legibly!

Or:

2b ✏️ Écrivez une réponse au mail de votre ami(e) français(e).

Décrivez:
- comment vous utilisez les média sociaux
- ce qu'en sont les bienfaits et les dangers.

Écrivez environ **150** mots en **français**. Répondez aux deux aspects de la question. **[32 marks]**

> **Stratégie**
>
> Consider the following points when planning your answer.
> For the first bullet point you could:
> - Start by saying which social network you use and how you use it, e.g. sharing photos and video films.
> - Say how often you use it and how it helps you keep in touch with friends.
> - Mention other aspects of social media such as surveys, passing comments, joining a group that you find of use.
>
> For the second bullet point you could:
> - Mention the benefits of social media in general and what benefits you, in particular, have drawn from using them.
> - Explain the dangers attached to social media (e.g. bullying, identity theft) and what you do so as not to be a victim of such dangers.
> - Conclude by saying whether you would like to recommend the use of social media and social networks.

3a 🇹 Translate the following passage into **French**.

> There are five people in my family. Usually, we get on quite well. Sometimes, we argue about the time I spend on the phone for instance, but that's all. Last night, I spent two hours on the phone to my best friend! However, tonight, I won't do that. I've got too much homework.
>
> **[12 marks]**

> **Stratégie**
>
> Use two reflexive verbs to translate 'to get on' and 'to argue'. Note that 'to spend (time)' is *passer*. Use the perfect tense of *téléphoner à …* to translate 'phoned (someone)'. When 'for' refers to duration, use *pendant*. The future tense of *faire* is irregular.

3b 🇹 Translate the following passage into **French**.

> My parents say that I spend too much time using social media. They don't like the fact that I talk to people I don't know. Yesterday, I met a friend's friend on Facebook. I think he is really nice. I will see him in town tomorrow after school.
>
> **[12 marks]**

> **Stratégie**
>
> Take care with irregular verbs such as *dire*, *connaître*, *être* and *voir*. Relative pronouns can be omitted in English but not in French (e.g. people (whom) I don't know). Remember that direct object pronouns, e.g. *le* (him), come before the verb in French.

Foundation test and revise tasks are available in the Foundation book.

Speaking

Higher – Speaking

1 Role play

Your teacher or partner will play the part of your French friend and will speak first.

You should address your friend as *tu*.

When you see this – **!** – you will have to respond to something you have not prepared.

When you see this – **?** – you will have to ask a question.

> Tu parles à ton ami(e) français(e) de la manière dont tu utilises la technologie.
> - Décris comment Internet t'est utile (**deux** renseignements).
> - Explique comment tu as utilisé les réseaux sociaux récemment (**deux** renseignements).
> - Indique les dangers des réseaux sociaux.
> - **?** Réseaux sociaux.
> - **!**

[15 marks]

Stratégie

? To ask your friend if he / she uses social media, you could start with *Utilises-tu …?, Est-ce que tu utilises …?* or just *Tu utilises …?* So that what you say sounds like a question and not a statement, make sure you raise the pitch of your voice at the end of your question.

! What logically follows from what has already been said? Possibly, 'What can you do to avoid such a danger?', 'At what age should young people be allowed access to social networks?' or 'Do you spend too much of your time using social media?' Prepare answers for all three possible options.

2 Role play

Your teacher or partner will play the part of your French friend and will speak first.

You should address your friend as *tu*.

When you see this – **!** – you will have to respond to something you have not prepared.

When you see this – **?** – you will have to ask a question.

> Tu parles à ton ami(e) français(e) de ton avenir.
> - Décris ton / ta partenaire idéal(e) (**deux** renseignements).
> - Tu es pour ou contre le mariage (**deux** raisons)?
> - Tu es pour ou contre la cohabitation (**une** raison)?
> - **?** Mariage à l'avenir.
> - **!**

[15 marks]

Stratégie

? To ask your friend if he / she wants to get married in the future, you could start with *Voudrais-tu / Aimerais-tu …?, Est-ce que tu voudrais / aimerais …?* or just *Tu voudrais / aimerais …?* So that what you say sounds like a question and not a statement, make sure you raise the pitch of your voice at the end of your question.

! What logically follows from what has already been said? Possibly, 'Would you like to have children?' 'At what age would you like to get married?' or 'Do you have a boyfriend / girlfriend at the moment?' Prepare answers for all three possible options.

Test and revise: Units 1 and 2   47

3 Photo card

- Look at the photo during the preparation period.
- Make any notes you wish to on an Additional Answer Sheet.
- Your teacher or partner will then ask you questions about the photo and about topics related to **Technology in everyday life**.

> **Stratégie**
>
> You will be given time to prepare for the photo card task and you will be allowed to make notes.
>
> Study the photo card and the three questions below it. Prepare your answers, developing them as much as possible. Take care with pronunciation and accuracy.
>
> You will also be asked two further questions about the photo card which you have not prepared.

Your teacher or partner will ask you the following three questions and then **two more questions** which you have not prepared.

- Qu'est-ce qu'il y a sur la photo?
- Tu préfères les portables ou les ordinateurs tablette? Pourquoi / Pourquoi pas?
- Est-ce que tu as utilisé les réseaux sociaux récemment? Pourquoi / Pourquoi pas? [15 marks]

4 Photo card

- Look at the photo during the preparation period.
- Make any notes you wish to on an Additional Answer Sheet.
- Your teacher or partner will then ask you questions about the photo and about topics related to **Me, my family and friends**.

> **Stratégie**
>
> Make notes of your answers to the three questions and make sure you use them. Try to predict the two unprepared questions. In this case, it would be logical to ask you about what causes arguments in your family. You could also be asked whether you want to have a family of your own later on in life. Prepare answers to questions you may be asked at this point.

Your teacher or partner will ask you the following three questions and then **two more questions** which you have not prepared.

- Qu'est-ce qu'il y a sur la photo?
- Ce soir, tu vas manger chez toi, en famille? Pourquoi / Pourquoi pas?
- Avec qui t'entends-tu le mieux dans ta famille? Explique pourquoi. [15 marks]

> Foundation test and revise tasks are available in the Foundation book.

quarante-sept   47

Music, cinema and TV

3.1 F

Qu'est-ce que tu as fait ce weekend?

Objectifs
- Describing free-time activities in the past
- Perfect tense of regular verbs
- Adding reasons to produce more complex sentences

Qu'est-ce que tu as fait ce weekend?

Charlotte: Ce weekend, j'ai fait un peu de sport, j'ai regardé un film sur mon ordi et l'après-midi, je suis sortie en ville avec mes copains.

Nina: Je suis allée au cinéma … j'adore les comédies romantiques! Mais je n'ai pas fait de sport – ce n'est pas mon truc!

André: J'ai joué au foot comme tous les weekends parce que je fais partie d'un club. Le soir, on a organisé une méga fête chez moi avec des copains.

Alice: Je suis allée en ville avec mes copines – on a fait du shopping puis, on est allées voir une comédie romantique au cinéma.

Thomas: Le weekend dernier, je suis allé au ciné avec des copains. On a vu un film d'action et après, on a pris un coca dans un café et on a écouté de la musique chez moi.

1 📖 Read about what the five young people did at the weekend. Who says what?

1. I watched a film on my computer.
2. We went shopping.
3. We had a coke in a café.
4. We organised a big party at my house.
5. I went to the cinema with my friends.
6. I did not do any sport.

2a 📖 Fais correspondre les débuts de phrases avec les fins de phrases.

Match the sentence halves.

1. J'ai fait
2. J'ai écouté
3. Mes copains et moi
4. On est allés
5. J'ai mangé
6. On a organisé

a. avons fait un piquenique au parc.
b. un hamburger au McDo.
c. au cinéma voir un film d'horreur.
d. une grande fête chez Margaux.
e. du shopping avec mes copines.
f. de la musique sur mon baladeur MP3.

2b 🔤 Translate the complete sentences from activity 2a into English.

3 🅖 Complete the email with the past participle of the verb in brackets.

Samedi dernier, j'ai **1** retrouvé (retrouver) mes copains à la patinoire et on a **2** joué (jouer) au hockey sur glace. J'adore ça, c'est mon sport préféré. Puis chez moi, j'ai **3** fait (faire) mes devoirs et ça, c'est nul! Après, j'ai **4** écouté (écouter) de la musique et avec ma sœur on a **5** choisi (choisir) un film et on a **6** regardé (regarder) ça dans ma chambre. On a **7** mangé (manger) à dix-neuf heures et après, j'ai **8** lu (lire) une BD.

Perfect tense of regular verbs

Grammaire — page 186

Use the perfect tense to say what you did or have done. Most verbs use *avoir* (*j'ai, tu as, il / elle / on a, nous avons, vous avez, ils / elles ont*) followed by the past participle of the verb.

The past participle of regular -*er* verbs ends in -*é*: *J'ai regardé un film*.
The past participle of regular -*ir* verbs ends in -*i*: *J'ai fini mon livre*.
The past participle of regular -*re* verbs ends in -*u*: *J'ai vendu mon vélo*.

For irregular verbs, see page 187. For example: *faire → fait, voir → vu, lire → lu, prendre → pris*.

A few verbs use *être* instead of *avoir*. For example: *je suis allé(e)* I went, *je suis sorti(e)* I went out. See page 186.

Learn more about the perfect tense with *être*. See page 60.

Free-time activities 49

4 🎧 Listen to the discussion and choose the correct option to complete each statement.

1. Enzo watched a **reality TV / sports** programme.
2. He also watched a **film / game show**.
3. Sophie watched **a lot of / no** TV last night.
4. Sophie went out with **her friends / her family**.
5. Enzo particularly enjoyed watching **the news / a documentary**.
6. Sophie listened to some **pop / rap** music.
7. Sophie did some **shopping / cooking**.

5 📖 Dans les phrases suivantes, les verbes sont-ils au présent ou au passé composé?

Do the following sentences use the present tense or the perfect tense?

1. La télé nous informe. *Present*
2. J'ai adoré le documentaire sur les animaux. *PC*
3. Je n'ai rien regardé à la télé. *PC*
4. Je préfère les jeux télévisés. *Pr*
5. La télé, ce n'est pas mon truc. *P*
6. J'ai regardé le journal de vingt heures avec mes parents. *PC*
7. Il est important de s'informer. *P*
8. J'ai regardé le concert de Daft Punk sur mon ordi. *PC*

6 🌐 Translate the following passage into English.

> **Les loisirs**
> La télévision a influencé nos loisirs et aujourd'hui encore elle reste le loisir préféré des ados. Elle nous informe sur l'actualité, le sport, la météo et c'est aussi une façon de s'amuser et de se relaxer. Mais depuis quelques années, l'ordinateur a pris une place de plus en plus importante. On utilise son ordinateur pour écouter de la musique, regarder des films, travailler ou communiquer avec ses copains. Les jeunes aiment aussi aller au cinéma, lire et sortir avec leurs copains, bien sûr!

> **Stratégie**
>
> **Adding reasons to produce more complex sentences**
>
> It is important to add complexity to your speaking and writing. You can easily do this by adding an opinion:
>
> *J'ai adoré regarder le jeu télévisé **parce que** c'était très marrant.*
>
> *Je n'ai pas fait de sports **parce que** ce n'est pas mon truc.*
>
> Challenge yourself to give a reason, using *parce que*, for every activity you mention in your answer to activities 7 and 8.

7 ✏️ Écris un article sur ce que tu as fait le weekend dernier. Mentionne:

Write an article about what you did last weekend. Include:

- what activities you did at the weekend
- where you went and with whom
- what activity you preferred and why
- what you did not like and why.

Ce weekend / Samedi dernier	je suis sorti(e) avec mes copains / ma famille / mon frère. j'ai fait du sport / du tennis. j'ai regardé une émission de télé-réalité / le journal / un jeu télévisé / un film. je suis allé(e) au ciné / en ville / au café / à la fête. j'ai écouté de la musique rap / pop.			
J'ai préféré J'ai adoré J'ai détesté	regarder écouter aller	les films comiques / séries la télé / les films de la musique rap / le journal en ville / au cinéma dans un café	parce que	c'était génial / super. c'était nul / ennuyeux. je trouve ça nul / génial. ce n'est pas mon truc.

8 💬 Travail à deux. Avec un(e) partenaire, préparez une petite interview sur le weekend dernier. Posez des questions:

Work with a partner. Prepare a short interview about last weekend. Ask:

- what they did last weekend
- where they went and with whom
- whether they watched television
- which programmes they liked and disliked, and why
- what kind of music they listened to.

Music, cinema and TV

3.1 H Le weekend, qu'est-ce que tu fais?

Objectifs
- Talking about leisure activities
- Revision of the future tense
- Making use of grammatical markers

1a 📖 Lis les textes et trouve la bonne photo pour chaque personne.

Le weekend, tu fais quoi?

Le weekend ça dépend, quelquefois je regarde la télé sur mon ordi dans ma chambre. Je regarde beaucoup d'émissions en replay. C'est très pratique quand on a manqué un programme et en plus, on peut choisir ce qu'on veut regarder. Mais le weekend prochain, j'irai à un festival de musique avec mes copines. On y restera deux jours et le samedi soir, il y aura le concert de mon groupe de rap préféré – ce sera génial. En plus, on dormira dans un camping.

Charlotte, 17 ans

A

Le weekend, j'adore rester chez moi et regarder la télé en famille au salon parce qu'on a un 'home cinéma' – l'écran est énorme et le son est superbe, c'est comme au cinéma! Le weekend prochain, mes copains viendront chez moi pour une soirée spéciale de nos séries préférées. On regardera quelques épisodes, avec des popcorns, bien sûr!

Lucas, 15 ans

B

Moi, je suis fan de cinéma donc j'adore aller au cinéma avec mes copains le weekend. Je regarde deux films par semaine en moyenne au ciné-club de mon lycée. Le weekend prochain, il y aura un festival du film de guerre et avec mes copains, on ira voir six films, ce sera super!

Sacha, 16 ans

C

1b 📖 Relis les textes et trouve les phrases 1–8 en français.

1. sometimes I watch television on my computer
2. when we have missed a programme
3. we can choose what we want to watch
4. we will stay two days
5. I love staying at home
6. my friends will come to my place
7. I watch two films a week on average
8. there will be a war film festival

2 🅖 Rewrite the sentences, putting the verbs in italics into the future tense.

1. La semaine prochaine, je *vais* à un concert de 'Christine and the Queens'.
2. Ce soir, mes copains *viennent* regarder un film chez moi.
3. Il y *a* une fête chez Chiara le weekend prochain.
4. La fête *finit* à 23 heures samedi soir.
5. Tu *arrives* à quelle heure demain?
6. Lundi soir on *prend* un café en ville.

Revision of the future tense

Grammaire — page 188

Remember that to form the future tense of regular -er and -ir verbs, use the infinitive as the stem and add the following endings: -ai / -as / -a / -ons / -ez / -ont.

Je regarderai un film.
I will watch a film.

Nous partirons à midi.
We will leave at midday.

For regular -re verbs, remember to take the -e off the infinitive before adding the same endings:

Je vendrai mon vélo.
I will sell my bike.

See pages 197–200 for the most common irregular verbs.
Also learn about time phrases. See page 60.

Free-time activities 51

3 🎧 Listen to four people talking about what they're going to do this weekend. Who says what?

	Camille	Tom	Nasreen	Paul
I will go to Switzerland.				
I will do my homework.				
I will go to the cinema.				
I will go to my grandparents' house.				
I will go shopping with my mum.				
I will watch TV.				
I will go to a party.				
I will have a meal in a restaurant.				
I will stay at home.				

Stratégie

Making use of grammatical markers

It is easy to recognise a future tense in a text as the verb will always have an *r* before the future endings (*on reste**r**a* / *on regarde**r**a* / *j'i**r**ai*). This will also be detectable in a listening task. The full infinitive is often used with the added endings, making the verb longer.

How many future tense verbs can you find in the texts in activity 1?

4 🇹 Translate the following passage into French.

> This weekend I will go to my grandparents' house with my family. We will eat in a restaurant because on Saturday it is my grandma's birthday. She will be eighty. It will be great.

5 ✏️ Écris un article sur 'Un weekend parfait'. Mentionne:

- ce que tu feras samedi et dimanche
- où tu iras et pourquoi
- avec qui tu iras
- comment ce sera.

Use the language structure box to help you.

Compétition: 'Mon weekend parfait'
Tu veux gagner un ordinateur portable?
Alors écris un petit article!

Samedi matin / après-midi / soir, Dimanche, Le weekend prochain,	j'irai je ferai je sortirai	à un tournoi de foot en ville / chez mes grands-parents. mes devoirs / du shopping. avec mes copains / ma famille / mon frère.
Je ferai mes devoirs J'irai au restaurant Je resterai chez moi Je regarderai la télé	parce que	j'ai un examen. c'est l'anniversaire de ma mère. c'est relaxant. ça me divertit.
J'irai	en ville / au ciné / au restaurant / à une fête	avec mes copains / mon frère / ma famille.
Je pense que	ce sera	génial / super / intéressant.

6 🔗 Prépare et présente un petit exposé sur ce que tu aimes faire pendant tes heures de loisirs et ce que tu feras ce weekend.

3.1 Groundwork is available in the Foundation book.

cinquante-et-un 51

Food and eating out

3.2 F Qu'est-ce que tu aimes manger?

Objectifs
- Talking about different cuisines and eating out
- Verb + infinitive
- Listening for detail

1a Lis les textes et choisis la bonne image pour chaque personne.

Read the texts and choose the correct picture for each person.

> J'adore la nourriture épicée donc je mange souvent des plats indiens. J'adore les currys avec du riz et le pain indien qui s'appelle le 'nan'. L'année dernière, on est allés en vacances en Tunisie et j'ai adoré la nourriture, en particulier le couscous aux légumes! J'en ai mangé tous les jours. C'était vraiment délicieux. **Mohamed**

> Ma mère est italienne donc à la maison on doit manger des pâtes tous les jours, c'est la tradition! Mon plat préféré, ce sont les spaghettis carbonara avec du fromage râpé italien évidemment! Comme j'adore préparer des desserts, j'ai fait du tiramisu hier et j'en ai trop mangé! **Carlotta**

> Je suis musulmane donc je ne peux pas manger de porc. Mais j'adore la viande, alors je choisis du poulet, du bœuf ou de l'agneau. Le plat que je préfère, c'est le beefburger mais ce n'est pas très bon pour la santé donc je n'en mange pas beaucoup. **Mouna**

> Ma famille vient de Bretagne et chez nous on mange souvent des crêpes. Je préfère manger des crêpes salées avec du jambon, du fromage râpé et un œuf. En dessert, j'adore manger des crêpes sucrées, ma crêpe préférée c'est poire-chocolat et j'en mange souvent. **Gwénaël**

1b Read the texts again. Who says what?

1. I love to make desserts.
2. I like eating savoury pancakes.
3. My family comes from Brittany.
4. I love spicy food.
5. My favourite food is a beefburger.
6. We went to Tunisia.
7. I can't eat pork.
8. We eat pasta every day.

2a Complète les phrases avec l'infinitif correct.

Complete the sentences with the correct infinitive.

> faire   manger   apporter   aller   acheter   préparer

1. Je suis végétarien donc je ne peux pas _____ de viande.
2. Le weekend prochain, on va _____ un piquenique avec des copains.
3. Je préfère _____ au bord de la mer.
4. On doit _____ du pain pour les sandwichs.
5. Ma mère adore _____ des plats italiens.
6. Je peux _____ des chips pour la fête chez Martin.

Grammaire

Verb + infinitive

Some verbs are **followed by an infinitive**:
- verbs to express what you **like**, **prefer** or **dislike** doing (aimer / préférer / détester)
- verbs to say what you **can**, **want to** or **must** do (pouvoir / vouloir / devoir)
- verbs to express what you **are going to do** (aller)

J'aime manger (I like to eat), *je peux boire* (I can drink), *je vais manger* (I am going to eat)

Also learn about the pronoun *en*. See page 60.

page 184

2b Translate the sentences from activity 2a into English.

Free-time activities

3 🎧 Listen to the interview and decide if the statements are true (T), false (F) or not mentioned (NM).

1. Louis likes Chinese cooking.
2. Louis does not eat fish.
3. Éric eats too much meat.
4. Éric prefers eating a Tunisian dish.
5. Lianne does not eat enough meat.
6. Lianne must eat more fruit.
7. Magalie eats too much meat.
8. She loves chocolate cakes.

> **Listening for detail**
>
> It is important to prepare before beginning a listening task. Read the questions carefully and focus on what information you need to answer them. Don't be distracted by words or expressions that you don't recognise. Focus instead on listening for the details that you need.
>
> Before you do activity 3, work with a partner and identify what key words you will need to listen out for. For example, for statement 1, you might hear *aimer*, *adorer* or *chinois*. Work through each statement and then listen to see how this helped you.
>
> **Stratégie**

4 📖 Read Ophélie's email and answer the questions in English.

L'anniversaire de ma mère ... Quelle catastrophe!

Salut Paul, je dois te parler de notre soirée au resto hier! C'était l'anniversaire de ma mère donc on est allés manger dans son restaurant préféré. D'abord on a attendu le menu pendant une demi-heure. Quand le serveur est arrivé avec les boissons, il est tombé devant notre table! Ma mère, qui adore la viande, a commandé un énorme bifteck mais il était beaucoup trop cuit et très dur, c'était immangeable! Les frites étaient froides et en plus, elle a trouvé un insecte dans sa salade – quelle horreur! Comme dessert on voulait une tarte au citron, malheureusement il n'y en avait plus et en plus, on a payé très cher! L'addition était de plus de cent euros, quel cauchemar! On ne retournera jamais dans ce restaurant, c'est sûr. **Ophélie**

1. Why did they go to a restaurant?
2. How long did they wait for the menu?
3. What happened to the waiter?
4. What was wrong with the steak?
5. How were the chips?
6. What did they want for dessert?
7. What was the problem?
8. How much was the bill?

5 ✏️ Le weekend dernier, c'était l'anniversaire de ta grand-mère. Tu es sorti(e) dîner au restaurant avec ta famille. Écris un paragraphe. Réponds aux questions suivantes:

Last weekend it was your grandmother's birthday. You went out for a meal with your family. Write a paragraph, answering the following questions:

- Où êtes-vous allés?
- Qu'est-ce que vous avez mangé et bu?
- C'était comment?

Je suis / On est allé(e)(s)	manger	dans un restaurant chinois / indien / au MacDo / dans un café	avec ma famille / mes copains.
J'ai / On a mangé / bu		un plat typique / des lasagnes. de l'eau / du vin / un jus d'orange / un coca.	
C'était Il y avait		très bon / délicieux. trop salé / cuit / dur / froid / immangeable. un insecte dans la salade.	

Food and eating out

3.2 H Que mange-t-on dans le monde?

Objectifs
- Discussing world food and eating habits
- Demonstrative pronouns
- Translation strategies

Le monde dans nos assiettes: que mange-t-on le matin?

J'ai voyagé dans le monde entier et j'ai remarqué que les habitudes alimentaires sont très différentes selon les pays: on ne mange jamais de la même manière. Le petit déjeuner en particulier est souvent très varié: celui que l'on prend en Chine est basé sur les 'dim sum' qui sont des plats frits ou cuits à la vapeur. On mange aussi des nouilles et des gâteaux de riz mais j'ai aussi mangé des pâtisseries!

Par contre au Canada, si on ne mange pas de nouilles le matin en semaine, on préfère les céréales avec du lait et en fin de semaine du bacon, des saucisses et des œufs avec des crêpes. Celles que j'ai préférées étaient servies avec le célèbre 'sirop d'érable' qui est très sucré et délicieux mais qui n'est pas bon pour la santé.

Quand je suis allée à Cuba, les petits déjeuners étaient extraordinaires et différents de ceux que j'avais mangés dans d'autres pays! Il y avait beaucoup de fruits tropicaux et j'ai bu beaucoup de jus de fruits frais pressés. Ceux que j'ai préférés, c'étaient les jus de mangue et les jus de fruit de la passion, ils étaient absolument délicieux et pleins de vitamines!

Mais en France la tradition de la tartine beurrée à la confiture reste incontournable la semaine et bien entendu celle du croissant le weekend, mais avec un bon café au lait ou un chocolat chaud pour les enfants. Rien n'est meilleur qu'un bon petit déj! **Sylvie**

1a Lis le texte et réponds aux questions en français.

1. Que mange-t-on en Chine pour le petit déjeuner?
2. Que mangent les Canadiens en semaine?
3. Qui mange du bacon avec du sirop d'érable?
4. Où boit-on des jus de fruits frais?
5. Quels jus de fruits a préféré Sylvie?
6. Que mange-t-on en France le matin le weekend?
7. Qui boit du chocolat chaud au petit déjeuner?

1b Translate the paragraph in italics (*Quand je suis …*) into English.

2 Complete the sentences with the correct pronoun: A, B or C.

1. J'adore tous les jus de fruits frais mais _____ que je préfère c'est le jus d'ananas.
   A celle   B celles   C celui
2. Les meilleurs croissants sont _____ que l'on mange en France.
   A ceux   B celui   C celle
3. Ces gâteaux sont excellents mais _____ sont encore meilleurs.
   A ceux-ci   B celles-ci   C celui-ci
4. Cette mangue n'est pas très bonne, je préfère _____.
   A celles-ci   B celle-ci   C celui-ci

Stratégie — Translation into English

- When translating into English, a word-for-word translation doesn't always work. To convey the meaning of the French text in a way that makes sense in English, you may need to paraphrase (use different words).
- Use reading strategies such as thinking about the context, using visual clues, cognates or near-cognates to help you work out the meaning of unfamiliar words, and making intelligent guesses if you are unsure.
- Watch out for 'false friends' (words that look very similar to English words but which, in fact, have a different meaning). For example, *une journée* is not a journey, *travailler* does not mean to travel. Make sure you read your finished translation aloud to check that it does make sense.
- Also be aware that 'internet' translation can go very wrong!

With a partner, work through the points above and use them in activity 1b.

Grammaire — Demonstrative pronouns

Demonstrative pronouns ('this one', 'that one', 'these / those') refer to a previously-mentioned noun. They must agree with the noun they replace:
m. **celui**   m.pl. **ceux**   f. **celle**   f.pl. **celles**
*J'adore **le** fromage mais **celui** que je préfère, c'est le camembert.*
*J'ai mangé **des** sushis et j'ai adoré **ceux** au saumon.*
Each of these can refer to something near (**this one** celui / celle-**ci**) or more distant (**that one** celui / celle-**là**):
*Regarde ces gâteaux, tu veux **celui-ci** ou **celui-là**?*
Also learn to use more complex negatives. See page 61.

page 184

3a 🎧 Écoute. Qui a mangé quoi? Choisis la bonne photo.

A B C  D

3b 🎧 Listen again, copy and fill in the grid in English.

	Where?	Which dish?	Opinion?	Other information?
Eliot				
Marie				
Amina				
Jules				

4 En groupe de quatre, choisissez un pays et faites des recherches sur les habitudes alimentaires et les plats de ce pays. Préparez un petit exposé et présentez-le à votre classe.

- Dites où vous êtes allé(e)s.
- Décrivez le plat typique de ce pays.
- Si vous avez mangé ce plat, dites où et quand.
- Décrivez ce que vous avez aimé / vous n'avez pas aimé et pourquoi.

Je suis allé(e)	en France / Chine au Japon / Canada	pour des vacances / chez ma tante / chez ma grand-mère.
J'ai mangé / acheté / découvert / adoré un plat typique qui s'appelle …		
Je n'ai rien mangé.		
C'est préparé / cuit Il y a	avec … / à la vapeur. de la viande / des légumes / du poisson / des fruits de mer. de la sauce.	
J'ai adoré Je n'ai pas aimé	parce que	c'est / c'était bon pour la santé / un plat équilibré / épicé / complet. différent / original. c'était trop épicé / bizarre.

Translation from English into French

To translate into French, a word-for-word translation doesn't always work. You may need to adapt / paraphrase in order to convey the same meaning. If you cannot think of the French word or expression, try to think of a synonym.

It is important to check your work thoroughly (verb / subject, noun / adjective agreements, position of adjectives, tenses, accents and spellings).

When you have completed your translation for activity 5, check back through your work carefully to make sure it makes sense in French and that your grammar and spelling are accurate.

5 Translate the email into French.

When I went to England, I discovered the 'English breakfast' with bacon, eggs and sausages. It was delicious but it is not good for your health. You must not eat a lot of it. I love desserts but in England, they are different because they are often hot. Moreover, in England I did not eat much bread.

3.2 Groundwork is available in the Foundation book.

Sport

3.3 F Le sport, c'est ma passion!

Objectifs
- Talking about sports you love
- Developing sentences using *quand*, *lorsque* and *si*
- Using common patterns between French and English when reading

Je suis passionné de hockey sur glace et *quand on est allés au Canada, on a vu un match de l'équipe de Toronto*, c'était extraordinaire. *Si je peux, l'été prochain, je ferai un stage de hockey pendant un mois* avec des joueurs de l'équipe de France! J'adore jouer au hockey. **Alex**

J'aime jouer au foot. Avec mon père, *quand on peut, on va voir les matchs du PSG*, c'est-à-dire le Paris St-Germain. *Quand j'avais six ans, je voulais devenir joueur de foot professionnel* parce que je rêvais de jouer comme Ronaldo! **Brice**

J'ai découvert l'équitation quand j'avais dix ans, *lorsque mes grands-parents m'ont acheté un poney* pour mon anniversaire. Maintenant, j'ai un cheval qui s'appelle Lucky et tous les weekends, *j'adore partir en balade dans la campagne avec lui*. **Lucie**

J'ai toujours aimé faire du sport et *lorsque je suis allée en vacances dans les Alpes, j'ai découvert l'escalade*. Tous les mercredis je m'entraîne sur un mur d'escalade au lycée. *Quand j'aurai dix-huit ans, je voudrais escalader le mont Blanc*. **Sara**

1a Lis les textes et relie les expressions (1–6) à leur équivalent en anglais (a–f).

Read the texts and match the French and English expressions.

1. un stage
2. je m'entraîne
3. un mur d'escalade
4. une équipe
5. partir en balade
6. j'ai découvert

a. I discovered
b. a climbing wall
c. a course
d. a team
e. I train
f. to go for a walk / ride

Stratégie

Using common patterns between French and English when reading

When tackling a text, look for common patterns between French and English. For example, *ballon* looks like *balle* but also the English 'ball / balloon'; *raquette* looks like 'racket'; *pratiquer* looks like 'to practise'.

With a partner, make a list of French words from the text in activity 1 which look similar to English words.

1b Read the texts again and decide whether statements 1–9 are true (T), false (F) or not mentioned (NM).

1. Alex went to Canada for a month.
2. Alex saw an ice hockey match.
3. Next summer, Alex will play for the French hockey team.
4. Brice goes to football matches with his friends.
5. Lucie had a pony when she was ten.
6. Lucie likes to go out on her horse in the evening after school.
7. Sara went climbing when she was fifteen.
8. Sara trains every week.
9. Sara would like to climb Mont Blanc.

2 Reread the sentences in italics in the texts. Translate them into English. There are nine in total.

Grammaire page 194

Developing sentences using *quand*, *lorsque* and *si*

Quand and *lorsque* can be used with a variety of contexts and tenses:

Quand j'avais 15 ans, j'avais un poney. When I was 15 I had a pony.
Je m'entraîne **quand** je peux. I train when I can.
Lorsque je suis allé dans les Alpes, j'ai découvert l'escalade. When I went to the Alps I discovered rock climbing.

When **quand** is used to describe an event **in the future,** all the verbs need to be in the future tense:
Quand j'irai dans les Alpes je ferai de l'escalade.
When I go to the Alps I will go rock climbing.

Si (if) is used with a present-tense verb and is followed by a future-tense verb:
Si je peux, j'irai au Canada l'année prochaine.
If I can, I will go to Canada next year.

Also learn to use opinion verbs. See page 61.

Free-time activities 57

3a 🎧 Listen to Caroline and choose the correct answer to complete each statement.

1. Caroline _____.
   A loves sports B is not very sporty C hates sports
2. Caroline has been playing volleyball for _____.
   A five years B three years C three months
3. She trains every _____.
   A Thursday evening B weekend C Tuesday evening
4. At the beginning they won _____.
   A many matches B no matches C one match
5. In last weekend's tournament they came _____.
   A first B last C third

3b 🎧 Réécoute et complète les phrases.

Listen again and complete the sentences with the correct word or phrase from the box.

| quand | lorsque | parce que / qu' |

1. J'ai commencé le beach volley _____ je suis allée en vacances.
2. J'aime ce sport _____ c'est un sport d'équipe.
3. _____ j'irai en vacances, je ferai un stage.
4. J'adore jouer avec mes copines _____ on s'entend bien.
5. _____ je suis retournée au lycée, il y avait un club de volley.

3c T Translate the sentences (1–5) from activity 3b into English.

4 ✏️ Écris un petit article pour expliquer quels sports tu aimes – tu peux inventer! Mentionne:

Write a short article to explain what sports you like – you can make it up! Include:

- les sports que tu aimes faire et pourquoi
- quand tu as commencé et pourquoi
- quand et avec qui tu t'entraînes.

J'adore J'aime	jouer au faire de l' / du / de la	rugby / cricket / athlétisme / danse	parce que c'est / qu'il est	un sport d'équipe / de défense / de combat / physique / aquatique. important pour la santé / important de rester en forme.
J'ai une passion Je me passionne	pour	le foot / la danse / l'équitation.		
Je fais / joue à / au … depuis un an / deux ans / l'âge de … ans / l'année dernière.				
Quand j'avais … ans Lorsque je suis allé(e) en vacances au Canada	j'ai découvert / j'ai commencé le foot / le hockey.			
Je m'entraîne J'ai un entraînement / des matchs / une compétition	tous les lundis / jours / weekends. une fois par semaine. avec mon équipe / mes copines.			

5 💬 Travail à deux. Présente ton article à ton / ta partenaire. À tour de rôle, posez des questions et répondez.

Pair work. Present your article (activity 4) to your partner. Take turns to ask and answer questions.

Sport

3.3 H   **Les sports extrêmes**

Objectifs
Discussing new sports and taking risks in sports
Using the pronouns *en* and *y*
Structuring a debate

Vous aimez découvrir, pousser vos limites, sauter dans le vide? Pourquoi ne pas essayer un nouveau sport? Mais attention, certains sports restent très dangereux et si vous êtes intéressé il faut les pratiquer avec des professionnels. Si vous aimez les sports aquatiques, vous pouvez essayer le barefoot: c'est du ski nautique mais sans ski. Le skieur glisse pieds nus sur l'eau. Il est tracté par un bateau et il peut aller très vite. Quand les professionnels en font, ils exécutent des figures très spectaculaires sur l'eau. On peut pratiquer ce sport en Floride où se trouve le Centre mondial du Barefoot. Si vous y allez, vous pourrez voir des champions s'entraîner.
Le saut à l'élastique: on est attaché par les chevilles ou le torse par un élastique et on saute dans le vide depuis un pont ou une plateforme. Attention! Pour en faire il faut absolument avoir un moniteur professionnel car il y a des risques graves. C'est un vrai défi, il faut oublier sa peur!
Le wingsuit: si vous voulez devenir un oiseau, pourquoi ne pas essayer le wingsuit? Vous mettez une combinaison gonflée d'air et, avec les jambes et les pieds écartés, vous sautez et vous vous sentez libre. Vous pouvez 'voler' à des vitesses incroyables. Mais attention, c'est un sport très dangereux.

le défi – challenge
écarté – spread out
voler – to fly

1a 📖 Lis et trouve les expressions dans le texte.

1. jumping into the void
2. barefoot
3. you are attached by the ankles
4. it is a real challenge
5. you must forget your fear
6. a suit inflated with air
7. feet spread out
8. you feel free

1b 📖 Relis le texte et décide: c'est quel sport? B (Barefoot), S (Saut à l'élastique), ou W (Wingsuit)?

1. On n'est attaché à rien.
2. On le pratique pieds nus.
3. On saute attaché dans le vide.
4. On a besoin d'un bateau.
5. On a besoin d'un vêtement très spécial.
6. On peut sauter d'un pont.

2 Complete the sentences with the correct pronoun (*en* or *y*).

1. Je fais du karaté. → J'_____ fais deux fois par semaine.
2. Mon frère joue au rugby. → Il _____ joue depuis l'âge de six ans.
3. Tu fais de la danse toutes les semaines? → Oui, j'_____ fais tous les lundis.
4. On est allés à la finale de foot hier. → On _____ est allés avec mon père.
5. J'ai fait du skysurf en vacances. → J'_____ ai fait une fois avec mon père.

Using the pronouns *en* and *y*

The pronoun *en* replaces a noun preceded by *de* / *du* / *de la* / *de l'* or *des*.

*Je fais **du** sport*. I do **sport**. → *J'**en** fais tous les jours*. I do **some** every day.

*Je mange **des** fruits*. I eat **fruit**. → *J'**en** mange*. I eat **some**.

The pronoun *y* replaces a noun preceded by *à* / *au* / *à la* / *à l'* / *en* or *chez*.

*Je vais **aux** États-Unis*. I go **to the US**. → *J'**y** vais*. I go **there**.

*Je joue **au** foot*. → *J'**y** joue depuis deux ans*.

Also learn about emphatic pronouns. See page 61.

Grammaire — page 183

3 🎧 Listen to four teenagers talking about extreme sports. Are they for, against or both for and against? Why? Complete the table.

	For	Against	F+A	Reasons
1				
2				
3				
4				

4 Travaillez en groupe et préparez des arguments pour ou contre les sports à risques. Présentez-les à votre classe.

| Moi / Nous, je suis / on est | pour contre | parce que c'est on peut il y a j'aime on aime | excitant / effrayant / dangereux / intéressant / important / bien de prendre des risques. tester ses limites / risquer sa vie / découvrir de nouvelles sensations / aider des œuvres caritatives / collecter de l'argent. trop / beaucoup de risques. les défis / les challenges. avoir peur / prendre des risques. |
| J'aimerais / Je voudrais | essayer faire | du skysurf. de l'escalade. | |

Structuring a debate

When taking part in a debate, remember to give arguments supported by a reason, and use expressions to put your point of view forward:

Moi, je pense que …

Pour moi, il est important de faire du sport …

Moi, je suis pour / contre … parce que …

Ma sœur, elle, n'aime pas …

It is important to speak with confidence and to ask questions.

Try to use some of these expressions in your debate in activity 4.

Stratégie

5 Translate Hanane's email into French.

As I am very sporty, I do a lot of sports. I have been doing them since the age of ten. Last year I did bungee jumping when I was on holiday. It was very frightening but also very exciting because I love challenges and I think it is important to test your limits. **Hanane**

3.3 Groundwork is available in the Foundation book.

Grammar practice

G Free-time activities

1 Complete the sentences with the correct form of *être*, then choose the correct past participle.

1. Ma sœur _____ **allé / allées / allée** en ville.
2. Je _____ **sortie / sortis / sorties** avec mes copains hier soir.
3. Paul _____ **allés / allée / allé** au cinéma la semaine dernière.
4. Mes parents _____ **sortis / sorties / sorti** avec des amis hier.
5. Mélanie _____ **allé / allée / allés** voir un film d'horreur.
6. Nous _____ **allés / allée / allé** à l'exposition samedi dernier.
7. Mes copines _____ **allées / allée / allés** en ville pour faire du shopping.
8. Vous _____ **sorti / sortie / sorties** à quelle heure hier?

2 Translate these sentences into French.

1. Last weekend I went to watch a horror film.
2. My mum usually goes shopping every Friday evening.
3. At the moment I am watching an American series.
4. Next Saturday I will go to a party with my friends.
5. Last week we went shopping with my mum.
6. This weekend we will go to the cinema.

3 Rearrange the jumbled French sentences to match the English translations.

1. de – mange – j' – frites, – en – mange – jours. – beaucoup – Je / les – tous
   I eat a lot of chips; I eat some every day.
2. mère – aime – Ma – en – elle – thé, – boire – le – boit – matin. – du
   My mum likes drinking tea; she drinks it in the morning.
3. en – deux – jour – Tu – des – portions – Oui – mange – par / j' / manges – fruits?
   Do you eat fruit? Yes, I eat two portions per day.
4. œufs? – souvent. – Des – en – mange – J'
   Eggs? I often eat them!
5. Tu – pain! – acheter – en – Du – s'il te plaît? – peux
   Bread! Can you buy some please?

Grammaire — page 186

The perfect tense with *être*

Some verbs, for example *aller* and *sortir*, use the auxiliary *être* instead of *avoir* in the perfect tense.

je suis tu es il / elle / on est nous sommes vous êtes ils / elles sont	+ past participle

You must make the past participle **agree** with the subject:
feminine: **elle** est allé**e**
masculine plural: **ils** sont allé**s**
feminine plural: **elles** sont allé**es**

Grammaire — page 181

Time phrases

It is important to use time phrases in both written and oral work. They can refer to the present, the past or the future. Some can be used with more than one tense, while others will refer to a particular time frame.
Present, past or future: *le weekend* (at the weekend), *le samedi matin / après-midi / soir* (on Saturday morning / afternoon / evening), *tous les jours / mois* (every day / month), *ce weekend* (this weekend).
Present: *d'habitude / normalement* (usually), *en ce moment* (at the moment), *maintenant* (now).
Past: *le weekend dernier* (last weekend), *la semaine / l'année dernière* (last week / year), *samedi dernier* (last Saturday), *il y a … ans / jours* (… years / days ago), *hier* (yesterday).
Future: *demain* (tomorrow), *le weekend prochain* (next weekend), *samedi prochain* (next Saturday), *l'année prochaine* (next year).

Grammaire — page 183

The pronoun *en*

En is used to replace a noun preceded by *du / de la / de l' / des*. *En* means 'of it / of them' or 'some' but it is not always translated in English.
*Je mange **du chocolat**.* I eat **chocolate**. →
*J'**en** mange trop!* I eat too much (**of it**)!

Free-time activities 61

4 Make these sentences negative using the construction in brackets. Then translate the sentences into English.

1. J'aime manger des plats épicés. (*ne … pas*)
2. J'ai mangé des sushis et du poulet au citron. (*ne … ni …*)
3. Je veux manger à midi. (*ne … rien*)
4. Il y avait des frites. (*ne … plus*)
5. J'ai mangé dans un restaurant indien. (*ne … jamais*)
6. Hier soir, on a bu des cocas. (*ne … que*)

5 Match the French sentence halves to produce sentences in French. Then translate them into English.

1. Je suis fan
2. Mon frère préfère
3. Je pense qu'
4. Moi, je trouve que
5. Je déteste
6. Je suis passionné

a. on ne fait pas assez de sports au lycée.
b. des sports extrêmes, en particulier le saut à l'élastique.
c. regarder le sport à la télé.
d. regarder le sport, je préfère participer!
e. des sports aquatiques comme la plongée.
f. les sports à risques sont très excitants!

6 Complete the sentences with the correct pronoun.

1. Margaux adore tous les sports extrêmes mais Pierre, _____, n'aime pas ça du tout!
2. _____, je fais du surf mais ma sœur, _____, ne fait rien, elle est trop paresseuse!
3. Tu viens avec _____ (us) faire du bateau demain?
4. Mon père est très sportif mais ma mère, _____, ne fait que de la zumba.
5. _____ (us), on a un entraînement tous les samedis matins.
6. Mes parents, _____, pensent que le skysurf est trop dangereux, mais _____, je voudrais vraiment essayer!
7. Mes copines, _____, ont peur des sports extrêmes.
8. Il est parti jouer au foot sans _____ (you)!

Grammaire — page 191

Using more complex negatives

Try to use different types of negatives to add complexity to your language:
ne … pas (not), *ne … jamais* (never), *ne … rien* (nothing), *ne … plus* (no longer / not any more), *ne … personne* (nobody / no one / not anybody), *ne … ni … ni …* (neither … nor), *ne … que* (only).

Negatives have two parts: *ne* (*n'* in front of a vowel) before the verb, and *pas / rien* etc. after the verb (or after the auxiliary verb in the perfect tense):
*Je **ne** veux **rien** manger*. I don't want to eat anything.

*Je **n'**ai **jamais** mangé d'escargots*. I have never eaten snails.

Remember that after a negative, *du / de la / des* change to *de* or *d'* (in front of a vowel).
*Je ne mange pas **de** viande*. I don't eat (any) meat.

Grammaire — page 184

Opinion verbs

Verbs giving an opinion or saying what you like (*j'aime*), dislike (*je n'aime pas, je déteste*) or prefer (*je préfère*) are followed by **an infinitive**. In English you usually translate it with the *-ing* part of the verb.
*J'aime **faire** de la natation*. I like **going** swimming.
*Je n'aime pas **jouer** au rugby*. I don't like **playing** rugby.
To give an opinion you can also use the following constructions:
je pense que (I think that), *je trouve que* (I find that) and *je crois que* (I believe that), followed by a full sentence.
Je pense que le sport est important.
I think (that) sport is important.
Je suis passionné(e) de (I'm passionate about) and *je suis fan de* (I am a fan of) are followed by a noun.
Je suis passionné de danse. I'm passionate about dance.

Grammaire — page 183

Emphatic pronouns

Emphatic pronouns (also called disjunctive pronouns) are used to emphasise a noun that refers to a person: *moi* (me), *toi* (you), *lui* (him), *elle* (her) *nous* (us), *vous* (you, plural), *eux* (them, masculine), *elles* (them, feminine)
***Moi**, j'adore le foot.*
***Nous**, on mange souvent au MacDo.*
***Lui**, il adore le poisson.*

They are also used after certain prepositions: *avec* (with), *sans* (without), *pour* (for), *chez* (at someone's place).
*Elle a mangé avec **eux***. She ate with them.
*Je suis allé chez **elle***. I went to her place.

Vocabulaire

3.1 Music, cinema and TV

3.1 F Qu'est-ce que tu as fait ce weekend?
➡ pages 48–49

le	baladeur MP3	MP3 player
	bien sûr	of course
	chez	at the house of
	choisir	to choose
	communiquer	to communicate
une	façon de	a way to
	faire un piquenique	to have a picnic
la	fête	party, festival, celebration
	génial(e)	great
le	hockey sur glace	ice hockey
	incroyable	incredible
s'	informer	to get information
le	journal	newspaper / the news
les	loisirs (m)	free time (activities)
	marrant(e)	funny
	par contre	on the other hand
la	patinoire	ice rink
se	relaxer	to relax
	retrouver	to meet
	utiliser	to use

3.1 H Le weekend, qu'est-ce que tu fais?
➡ pages 50–51

	banaliser	to become the norm
les	bons côtés (m)	the good sides, the pros
	ça dépend	it depends
	découvrir	to discover
	divertir	to entertain
	en fait	in fact
	éduquer	to teach
	faire des courses	to do some shopping
	faire partie de	to belong to
	faire une fête	to have / go to a party
les	mauvais côtés (m)	the bad sides, the cons
la	météo	the weather forecast
	ne … jamais	never
	prendre un café	to have a coffee
	quand	when
	seulement	only
	sortir en boîte	to go to a club / clubbing

3.2 Food and eating out

3.2 F Qu'est-ce qu tu aimes manger?
➡ pages 52–53

l'	addition (f)	the bill
l'	agneau (m)	lamb
le	bifteck	beef steak
le	bœuf	beef
la	boisson	drink
le	champignon	mushroom
	chinois(e)	Chinese
la	crêpe	pancake
	cuit(e)	cooked
	épicé(e)	spicy
	évidemment	obviously
	immangeable	uneatable, inedible
	indien(ne)	Indian
les	légumes (m)	vegetables
	musulman(e)	Muslim
les	nouilles (f)	noodles
la	nourriture	food
le	plat	dish
le	porc	pork
le	poulet	chicken
	Quel cauchemar!	What a nightmare!
	râpé(e)	grated
	salé(e)	salty
le	serveur	waiter
la	serveuse	waitress
	sucré(e)	sweet / sugary
	végétarien(ne)	vegetarian
la	viande	meat

3.2 H Que mange-t-on dans le monde?
➡ *pages 54–55*

l'	*assiette(f)*	plate
	bon marché	cheap
le	café au lait	milky coffee
	cru(e)	raw
le/la	cuisinier(-ière)	cook
	entier(-ière)	whole
	équilibré(e)	*balanced*
	fondu(e)	melted
le	fruit de la passion	passion fruit
les	*fruits de mer (m)*	*seafood*
l'	habitude (f) alimentaire	food habit
	incontournable	unmissable
la	mangue	mango
	marocain(e)	Moroccan
le	*monde*	*the world*
le	*petit déjeuner*	*breakfast*
	pressé(e)	squeezed
le	sirop d'érable	maple syrup
la	tartine	slice of bread and butter
la	vapeur	steam

3.3 Sport

3.3 F Le sport, c'est ma passion!
➡ *pages 56–57*

	aquatique	water (adjective)
la	balade	walk, ride
	depuis	since, for
l'	escalade (f)	rock climbing
	être passionné(e) de	to be passionate about
le	joueur	player
la	joueuse	player
le	mur	wall
	nettoyer	to clean
	rêver	to dream
le	sport de combat	combat sport
le	sport de défense	defensive sport
le	stage	course

3.3 H Les sports extrêmes
➡ *pages 58–59*

la	combinaison	suit
le	défi	challenge
	essayer	*to try*
le	genou	knee
	glisser	to slide, to skid
	incroyable	*incredible*
le	moniteur	coach, teacher
la	monitrice	coach, teacher
l'	œuvre (f) caritative	charity work
	oublier	*to forget*
la	peur	fear
	pieds nus	barefoot
la	planche	board
	risquer	to take risks
le	saut à l'élastique	bungee jumping
	sauter	to jump
se	sentir	to feel
le	sport extrême	extreme sport
	tracté(e) par	pulled / towed by
la	*vague*	*wave*
le	vide	void
la	vitesse	speed
	voler	*to fly*

France and customs

4.1 F La fête chez nous

Objectifs
- Talking about how we celebrate
- Reflexive verbs in the perfect tense
- Requesting help

Journaliste: Charlotte, parle-moi de Noël dans ta famille.
Charlotte: J'adore Noël, c'est une grande fête de famille que nous célébrons chaque année à Paris avec toute la famille. L'an dernier, je suis allée au marché de Noël à Cologne en Allemagne, il est très célèbre! On s'est vraiment bien amusés et on a acheté des boules de Noël pour décorer la maison et le sapin. J'espère que j'y retournerai cette année!
Journaliste: Et le jour de Noël?
Charlotte: Le vingt-quatre décembre, nous nous sommes levés très tôt pour partir chez ma tante passer le réveillon, c'est-à-dire la veille de Noël. Nous avons commencé de manger vers vingt heures, puis nous sommes partis à la messe de minuit. Quand on est rentrés, tous les cadeaux étaient sous le sapin de Noël et nous les avons ouverts parce qu'il était minuit et demi, donc c'était le jour de Noël! Nous nous sommes couchés à deux heures du matin. Le vingt-cinq, je me suis réveillée à onze heures et je me suis dépêchée de m'habiller parce qu'on est retournés chez ma tante pour le repas de Noël – avec la dinde traditionnelle bien sûr, les huîtres et en dessert, la bûche de Noël au chocolat.
Journaliste: Et le vingt-six, qu'est-ce que tu as fait?
Charlotte: Le vingt-six en France est un jour normal, ce n'est pas un jour férié comme en Angleterre, donc on est rentrés à la maison et on s'est reposés parce qu'on était fatigués de toutes ces festivités!
Journaliste: Merci, Charlotte, et bon Noël.

la veille de Noël – Christmas Eve
le sapin – Christmas tree

1a Trouve les expressions françaises dans le texte.
Find the French expressions in the text.

1. we really enjoyed ourselves
2. we got up early
3. we left for midnight mass
4. we went to bed at two o'clock in the morning
5. I hurried up
6. it is not a bank holiday

1b Read the interview again. Are the statements 1–6 true (T), false (F) or not mentioned (NM)?

1. Charlotte went to a Christmas market with her friends.
2. She bought some Christmas baubles.
3. She got up late on 24th December.
4. She opened her presents on Christmas Eve.
5. December 26th is a bank holiday in France.
6. She watched television to relax.

2 Put the words in the correct order, then translate the sentences into English.

1. Mon – s'est – ce – heure. – levé – père – bonne – de – matin
2. Nous – sommes – couchés – nous – à – heures – du – dix – soir.
3. Ma – amusée – avec – s'est – copines. – sœur – bien – ses
4. Quand – est – on – reposés – pendant – s'est – heure. – rentrés, – on – une
5. Mes – se – copains – devant – sont – le – retrouvés – lycée
6. Je – suis – travailler – arrêtée – midi. – me – de – à

Grammaire
Reflexive verbs in the perfect tense

All reflexive verbs use *être* in the perfect tense. The past participle needs to agree with the subject.

Remember the extra pronoun which comes before *être*:
se reposer to rest

Je **me** suis reposé(**e**), tu **t'**es reposé(**e**), il **s'**est reposé, elle **s'**est reposé**e**
Nous **nous** sommes reposé(**e**)**s**, vous **vous** êtes reposé(**e**)(**s**), ils **se** sont reposé**s**, elles se sont reposé**es**

All the feminine forms add an -e, and all the plural forms add an -s.

Why does *vous vous êtes reposé(e) (s)* sometimes add an -s and sometimes not? It's because it stays singular if you're using it as formal address for one person.

Also learn about using *en* and *au / aux / à* when talking about countries and towns. See page 72.

page 187

3a 🎧 Écoute quatre jeunes et choisis la bonne image (A–D).

Listen and choose the correct picture (A–D).

3b 🎧 Listen again and correct the statements.
1. Isa and her sister woke up very early last Sunday.
2. They prepared lunch for their mum on Mother's Day.
3. Simon's cousin got up at six o'clock on Easter Sunday.
4. They ate the traditional dish of chicken for Easter lunch.
5. Yesterday it was 1st May.
6. Audrey played a trick on her sister.
7. Karim ate a chocolate cake when he came home from school.
8. His mum made pancakes.

4 💬 Choisis une célébration. Prépare et fais une petite présentation en français. Mentionne:

Choose a celebration. Prepare a short talk in French and present it to your group. Mention:

- what is your favourite celebration and why
- when it is and what people do generally
- what you did last time to celebrate and what happened
- what you thought of it.

Ma fête préférée c'est J'adore célébrer	Noël / Pâques / le Premier Mai / 1er avril / la fête des Mères	parce que / qu'	c'est une fête religieuse / traditionnelle / de famille. on fait la fête.
C'est le 25 décembre / le 1er avril / en juin …			
En général on Normalement on	mange … / fait des blagues / fait des cadeaux / se retrouve entre copains / en famille.		
L'année dernière / L'an passé	j'ai / on a … fait une fête / mangé / préparé … je suis allé(e) chez … / Je me suis levé(e) à … / couché(e) / on s'est bien amusé(e)s.		
C'était / J'ai pensé que c'était génial / super / rigolo / marrant / un peu stupide.			

5 ✏️ Écris un blog sur la plus importante célébration dans ta famille. Utilise les expressions de cette unité, en particulier les expressions des activités 1 et 4. Décris:

Write a blog about the most important celebration in your family. Use language from the unit, and refer to activities 1 and 4. Describe:

- ta célébration favorite
- ce que tu fais pour célébrer normalement
- ce que tu as fait l'année dernière pour célébrer
- comment c'était.

Stratégie

Requesting help

When you prepare a talk, you may need to ask for words you have forgotten or do not know. Ask in French, using phrases such as *Comment dit-on 'bank holidays' en français?*

Keep the communication going in French, as this will help you to become more confident.

France and customs

4.1 H — La fête, c'est quoi pour toi?

Objectifs
- Discussing what traditions mean to you
- Using the perfect infinitive
- Using a word which refers to a similar item

Joyeux Noël … (ou pas)?

Noël, les cadeaux, réunions de famille, tu aimes? Selon toi, c'est avant tout une belle fête de famille, une célébration religieuse ou, au contraire, une fête trop commerciale? Après avoir lu cet article, donne-nous tes impressions!

Moi, tous les ans, j'attends Noël avec impatience. (1) *J'aime recevoir des cadeaux bien sûr mais j'aime aussi en faire.* Je sais que j'ai de la chance d'avoir une famille, une maison et assez d'argent pour offrir des cadeaux aux personnes que j'aime. (2) *Je pense qu'aider les autres est très important* donc, tous les ans, nous organisons des collectes d'argent pour les 'Restos du cœur'. (3) *C'est une organisation caritative qui aide les gens qui ont moins de chance que nous* et pour moi, c'est le meilleur message de Noël. **Mireille, 16 ans**

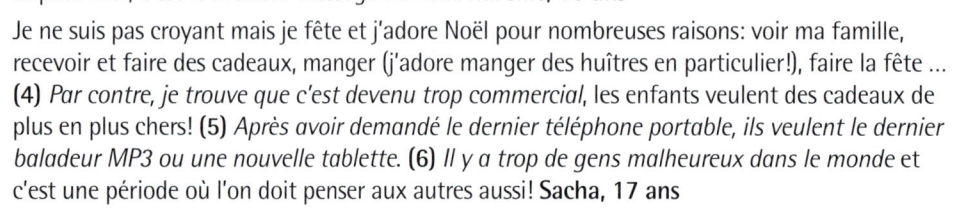

Je ne suis pas croyant mais je fête et j'adore Noël pour nombreuses raisons: voir ma famille, recevoir et faire des cadeaux, manger (j'adore manger des huîtres en particulier!), faire la fête … (4) *Par contre, je trouve que c'est devenu trop commercial*, les enfants veulent des cadeaux de plus en plus chers! (5) *Après avoir demandé le dernier téléphone portable, ils veulent le dernier baladeur MP3 ou une nouvelle tablette.* (6) *Il y a trop de gens malheureux dans le monde* et c'est une période où l'on doit penser aux autres aussi! **Sacha, 17 ans**

Depuis que mes parents ont divorcé, Noël est devenu un peu compliqué. (7) *Après avoir passé le réveillon chez mon père, je dois partir chez ma mère le jour de Noël* et je suis toujours un peu triste, même si je reçois plein de cadeaux. (8) *Je pense beaucoup à tous les gens qui sont seuls pour les fêtes et aux familles qui ne s'entendent pas.* **Vincent, 17 ans**

l'organisation caritative (f) – charity

1a Read the text and translate the phrases in italics (1–8) into English.

1b Read the text again and answer the questions in English.
1. Why does Mireille think she is lucky?
2. What is very important for Mireille?
3. What does Mireille organise every year and why?
4. Why does Sacha like Christmas?
5. Why does Sacha think Christmas has become too commercialised?
6. Why is Christmas complicated for Vincent?
7. Who does Vincent sympathise with at Christmas?

2 Link each pair of sentences to make one sentence, using *après avoir / être*.
1. J'ai organisé un concert. J'ai collecté de l'argent.
2. Je suis allé au cinéma. J'ai retrouvé mes copains au café.
3. Ma mère a fait du shopping. Elle est rentrée à la maison.
4. On a préparé la dinde de Noël. On a mangé tous ensemble.

Grammaire — Using the perfect infinitive

The perfect infinitive is used after *après* followed by *avoir* or *être* (depending on which auxiliary the verb uses in the perfect tense) plus the **past participle**. It is used to say 'after doing' something:
*Après **avoir mangé** chez ma tante, on est allés à la messe de minuit.*
After eating at my aunt's, we went to midnight mass.
*Après **être allés** au marché de Noël, on est rentrés.*
After going to the Christmas market, we went home.
When you use *être*, the past participle must **agree** with **the subject**.
Also learn about rules of agreement. See page 72.

page 186

Customs and festivals 67

3a 🎧 Écoute la discussion. Décide si les personnes sont pour, contre, ou pour et contre les traditions et les fêtes, et pourquoi.

	Pour	Contre	P+C	Pourquoi
Marie				
Tanguy				
Aurélie				
Rodolphe				

3b 🎧 Réécoute les jeunes et décide qui dit quoi. C'est Marie, Tanguy, Aurélie ou Rodolphe?

1 J'adore les fêtes avec mes amis.
2 Je déteste la société de consommation.
3 Je trouve les défilés très ennuyeux.
4 L'argent est devenu trop important.
5 Il y a trop de pauvreté dans le monde.
6 Dans ma famille nous fêtons aussi tous les anniversaires.

4 💬 Sondage de groupe: vous êtes pour ou contre les fêtes traditionnelles?

Pose les questions suivantes à dix personnes de ta classe:

- Tu es pour ou contre les fêtes traditionnelles? Pourquoi?
- Quelle est ta fête préférée? Pourquoi?
- Qu'est-ce que tu as fait l'an dernier pour Noël?

> **Stratégie**
>
> **Using a word which refers to a similar item**
>
> When you talk about a topic, don't panic if you have forgotten a particular word. Try to find a word which refers to a similar item. For example: *célébration* for *fête*, or *poulet* for *dinde*.
>
> Try to find an equivalent for the following words:
>
> 1 *Noël* 3 *un concert*
> 2 *célébrer* 4 *s'amuser*

Je suis pour / contre les fêtes / les traditions	parce que / qu'	c'est trop commercial. il est important de se retrouver / passer du temps en famille / entre copains. on peut s'amuser / aider les autres / faire la fête. je déteste la société de consommation. on partage un repas.
Ma fête préférée, c'est …	parce que	j'aime les traditions (religieuses). la famille se retrouve ensemble.
L'an dernier	on a on s'est	collecté de l'argent / passé du temps avec … / offert des cadeaux / mangé / aidé des gens. retrouvés en famille / amusés.
Après avoir fait / mangé / passé des vacances Après être allé(e) …	j'ai … / je suis …	

5 🌐 Translate Sandrine's email into French.

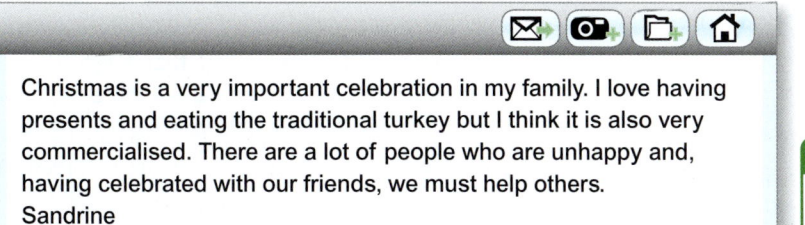

> Christmas is a very important celebration in my family. I love having presents and eating the traditional turkey but I think it is also very commercialised. There are a lot of people who are unhappy and, having celebrated with our friends, we must help others.
> Sandrine

4.1 Groundwork is available in the Foundation book.

Francophone festivals

4.2 F La fête pour tout le monde!

Objectifs
- Describing international festivals
- Imperfect tense of common verbs
- Making use of social and cultural context when reading

1a Lis le texte et met les images A–G dans le bon ordre.

Read the text and put the pictures A–G in the correct order.

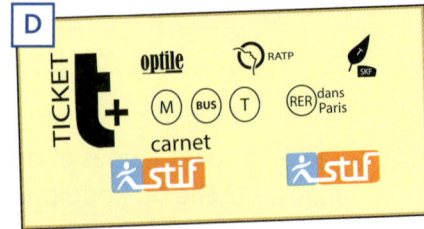

A — Conférence SIDA Paris
B — FRANCE (Besançon)
C — (concert scene)
D — TICKET t+ carnet (Paris metro)
E — (hippodrome / horse racing)
F — (silent disco dancers)
G — (train at station)

Quand je suis allé à Paris pour le festival 'Solidays' en juin dernier, on a passé trois jours inoubliables! On est partis le vendredi matin de Besançon en train avec trois copains. Le voyage était un peu long … il a duré trois heures! Le train est arrivé à Paris vers midi et on a pris le métro pour aller à l'hippodrome de Longchamp. On avait un billet 'Pass 2 jours' et comme on logeait au camping, on a installé notre petite tente. Il y avait plusieurs scènes – on pouvait se promener et choisir les spectacles. Le premier jour, on pouvait aussi assister à des conférences sur le SIDA. J'ai rencontré beaucoup de gens et je me suis fait de nombreux copains. Heureusement le premier jour il faisait beau mais le dernier jour, il a plu toute la journée. On dansait sous la pluie et dans la boue! *On a vu beaucoup de groupes mais le plus rigolo, c'était le 'silent disco'. On a mis des casques sans fil et tout le monde dansait en silence – chacun écoutait des musiques différentes! C'était assez bizarre mais rigolo! On est repartis en train et on a dormi pendant tout le voyage parce qu'on était très fatigués mais on était super contents.* C'était une belle expérience et en plus, j'ai appris beaucoup de choses sur le SIDA, c'était très informatif. **Pierre, 17 ans**

le SIDA – AIDS
le casque sans fil – wireless headphones

1b Read the text again and answer the questions in English.

1. When did Pierre go to Paris?
2. How did he travel to Paris?
3. How long was the journey to Paris?
4. How did they get to the hippodrome?
5. Where did they sleep?
6. What was the weather like?
7. What is a 'silent disco'?
8. Why did he say it was informative?

1c Translate the text in italics into English.

Stratégie

Making use of social and cultural context when reading

It is very important to be aware of what is happening in French-speaking countries in order to develop a knowledge of the country, its customs and traditions. This will help you to anticipate what people may say and understand what they refer to.

For example, if you are aware that Avignon is famous for its theatre festival or Monte Carlo for its circus festival, it could help you in a reading task.

Work with a partner. Look through the spread and discuss what information you have discovered about France.

Customs and festivals 69

2 🎧 Écoute et trouve les quatre phrases que tu entends dans le dialogue.

Listen and find the four phrases you can hear in the dialogue.

1 si on allait à Avignon
2 on voulait y aller l'année dernière
3 on n'avait pas de billets
4 les billets étaient trop chers
5 il faut réserver
6 quand j'avais deux ans
7 je faisais du jonglage
8 je détestais les clowns

3 **G** Choose the correct imperfect-tense form to complete the sentences.

1 Mon frère **logeais** / **logeait** dans un camping.
2 Nous **dansait** / **dansions** dans la boue parce qu'il **faisait** / **faisais** mauvais.
3 On **voulions** / **voulait** acheter des billets mais ils **coûtaient** / **coûtait** trop cher.
4 Quand j'**avais** / **avait** dix ans j'**allait** / **allais** à une école de cirque.

4 ✏️ Tu es allé(e) à un festival l'été dernier. Écris un mail à tes grands-parents pour leur parler de ton voyage. Mentionne:

You went to a festival last year. Write an email to your grandparents to tell them about your trip. Mention:

- c'était quelle sorte de festival, c'était où et quand
- comment y es-tu allé(e) et avec qui
- ce que vous avez fait et quel temps il faisait
- comment c'était et pourquoi.

5 💬 En groupe préparez un petit exposé pour une émission de radio. Parlez de ce que vous avez fait le weekend dernier au festival de musique. Utilisez les expressions des activités 1 et 4.

In a group, prepare a short talk for a radio programme about what you did last weekend at the music festival. Use expressions from activities 1 and 4.

Je suis allé(e) au festival … C'était à … en juin / le dernier weekend de juillet.		
J'y suis allé(e) On a voyagé	en train / voiture	avec mes copains / ma famille.
J'ai On a	vu des groupes de musiciens / des films / des artistes. rencontré des gens. dormi dans un camping / chez ma grand-mère.	
Il faisait Il ne faisait pas	beau / chaud / froid.	
Il y avait	de la musique / des spectacles de rues / des numéros de jonglage. beaucoup de monde.	
C'était génial / super / rigolo / informatif	parce que / qu'	il y avait des groupes fantastiques / on s'est bien amusés / on a dansé. j'ai appris beaucoup de choses / il y avait des conférences sur …

Grammaire — page 187

Imperfect tense of common verbs

The imperfect tense is used to give a description in the past, say what you **used to do** or say what you **were doing**. The imperfect is formed from the *nous* form of the verb in the present tense without the *-ons* ending and with the following endings added:
j'habit**ais**, tu habit**ais**, il / elle / on habit**ait**, nous habit**ions**, vous habit**iez**, ils / elles habit**aient**

finir → (nous) finiss~~ons~~ → je finiss**ais**, ils finiss**aient** etc.
attendre → (nous) attend~~ons~~ → j'attend**ais**, on attend**ait** etc.

All verbs follow this pattern except *être*, which adds the imperfect endings to the irregular stem *ét-*:
j'étais, tu étais, il / elle / on était, nous étions, vous étiez, ils / elles étaient.
Le voyage **était** un peu long.
The journey **was** a bit long.
On **dansait** sous la pluie.
We **were dancing** in the rain.
Il **faisait** beau.
The weather **was** fine.
On **pouvait** assister à des conférences.
We **were able to** go to conferences.

Also learn how to decide between the perfect and imperfect tenses. See page 73.

Francophone festivals

4.2 H

Les fêtes en famille, tu aimes?

Objectifs
- Describing an event
- Using the perfect and imperfect tenses together
- Developing knowledge of French-speaking countries

Fête de famille: moi, j'aime!
On a rencontré Kevin qui nous parle de Divali

Mes grands-parents sont venus d'Inde et se sont installés à l'île de la Réunion il y a plus de cinquante ans et nous y habitons toujours. Comme il y a une grande communauté indienne sur l'île, tous les ans on célèbre Divali et pendant cinq jours on fait la fête. C'est une fête religieuse qui s'appelle aussi 'la fête des lumières' et qui reste très importante pour ma famille. Je trouve qu'il est très important de passer les fêtes en famille et de conserver les traditions. Quand j'étais petit, ma grand-mère venait passer Divali chez nous. Elle décorait notre maison et préparait des plats traditionnels, on mangeait les gâteaux et les bonbons indiens qu'elle faisait. Elle nous apportait aussi beaucoup de cadeaux! Maintenant, c'est ma mère qui cuisine mais on reçoit toujours des cadeaux! L'année dernière, après avoir mangé ensemble les plats traditionnels, on est allés voir des feux d'artifice sur la plage. J'y ai retrouvé tous mes copains et on a continué à faire la fête, on a écouté de la musique, on a dansé dans les rues, c'était cool! Le dernier jour, nous sommes allés en ville pour voir le défilé dans les rues mais il y avait trop de monde et on ne pouvait rien voir! L'année prochaine, mes cousins qui habitent en France vont venir passer Divali chez nous parce qu'ils veulent connaître nos traditions. J'ai hâte de les voir!
Kevin, 15 ans, de La Réunion

Et pour toi, les fêtes de famille sont-elles encore importantes? Sont-elles devenues trop commerciales? Sont-elles ennuyeuses? Écris-nous …

1a 📖 Read the article and complete the sentences in English. Write one word for each gap.

1. Kevin's grandparents came to Reunion over ____ ____ ago.
2. Divali celebration lasts for ____ days.
3. Divali is also called the festival of ____.
4. His grandmother used to decorate the ____.
5. They went to the ____ to watch the fireworks.
6. They watched a procession on the ____ ____.
7. His French cousins will come ____ ____.

1b 📖 Relis l'article et les phrases 1–8. Décide si c'est vrai (V), faux (F) ou pas mentionné (PM).

1. Divali n'est pas une fête religieuse.
2. La famille de Kevin célèbre Divali tous les ans.
3. Divali dure deux jours.
4. Tous les ans, sa grand-mère achetait des gâteaux.
5. Kevin reçoit beaucoup de cadeaux pour Divali.
6. Kevin a retrouvé ses copains pour manger sur la plage.
7. Il y avait beaucoup de monde pour le défilé.
8. L'année dernière, ses cousins sont venus célébrer Divali.

Stratégie

Developing knowledge of French-speaking countries

It is important to develop an understanding of French-speaking countries and communities outside France. Knowing about the island of Reunion, for example, can help you to understand its traditions and celebrations, and so can help you answer questions about the place, the weather there and how people celebrate.

Can you state three facts you have discovered about the island and its traditions in the text in activity 1?

Customs and festivals 71

2a 🎧 Écoute et remplis la grille: qu'est-ce qu'ils pensent des fêtes de famille?

Family celebrations?	☺	☹	☺☹
Margaux			
Adrien			
Hanane			
Lucas			

2b 🎧 Listen again and choose the correct answer.

Margaux:
1 The important thing is to spend time with _____.
   A her family   B her friends
2 She spent last Christmas _____.
   A at her cousins' house   B at her grandma's

Adrien:
3 He finds family celebrations _____.
   A boring   B brilliant
4 Last Easter, after eating he _____.
   A went to his aunt's house   B went for a walk

Hanane:
5 She spends Eid with _____.
   A her family   B her family and her friends
6 Her parents gave her _____.
   A a new phone   B a new computer

Lucas:
7 Lucas's parents are _____.
   A separated   B divorced
8 Last year he spent Christmas with _____.
   A his father   B his mother

3 G T Choose the correct verb forms to complete the text. Then translate the text into English.

Quand j'(**1**) **étais / ai été** petit, tous les ans on (**2**) **fêtait / a fêté** Noël avec toute ma famille. Ma mère (**3**) **préparait / a préparé** des plats traditionnels et nous (**4**) **avons mangé / mangions** avant d'ouvrir nos cadeaux. Mais l'an dernier, nous (**5**) **sommes allés / allions** à la Réunion chez mes cousins et nous (**6**) **avons passé / passions** Noël au soleil! Le 25 décembre, nous (**7**) **allions / sommes allés** à la plage et nous (**8**) **voyions / avons vu** le Père Noël sur un bateau!

4 💬 Travail à deux. Préparez une courte interview: posez les questions et répondez-y. Vous pouvez inventer vos réponses!

- Quand tu étais petit(e), quelles fêtes célébrais-tu? Avec qui?
- Qu'est-ce que tu faisais / mangeais?
- C'était comment?
- L'année dernière, qu'est-ce que tu as fait?

Quand j'étais …	on célébrait … j'allais … je passais …	chez … pour …
On faisait … / mangeait … / avait des cadeaux.		
C'était super / barbant parce que / qu'	on passait du temps ensemble / on se retrouvait.	
L'année dernière,	je suis allé … / j'ai passé … / j'ai vu …	

Grammaire

Using the perfect and imperfect tenses together

When describing an event in the past, you will often need to use both the perfect and imperfect tenses. Remember that usually

- you use the perfect tense to describe **single events**
- you use the imperfect tense to describe what **used to** happen.

*L'année dernière je **suis allé** chez ma tante.*
Last year I **went** to my aunt's house.
*Tous les ans ma grand-mère **décorait** la maison.*
Every year my grandmother **used to decorate** the house.

You can use both tenses together to express what **was happening** and what **happened**.
*Quand on **est arrivés**, mes cousins **ouvraient** leurs cadeaux.*
When **we arrived** my cousins **were opening** their presents.

Also revise the imperfect tense further. See page 73.

pages 187–188

5 T Translate the following passage into French.

When I was little I used to celebrate Divali with my family. Everyone used to come to our house. My mother used to prepare many different dishes and we used to eat together. Last year I went to my uncle's house and I spent three days with my cousins. It was brilliant!

4.2 Groundwork is available in the Foundation book.

soixante-et-onze 71

Grammar practice

G Customs and festivals

1 Complete the sentences with the correct preposition from the box.

> en   au   aux   à

1. Cette année, on est allés au marché de Noël _____ Berlin _____ Allemagne.
2. Ma cousine, qui habite _____ Paris, est partie _____ États-Unis cet été.
3. Pour la fête des Mères, on est allés _____ Londres _____ Angleterre.
4. Pour le carnaval, mon frère est parti _____ Montréal _____ Canada avec sa classe.
5. Pour Noël, on est allés voir mes grands-parents qui habitent _____ la Martinique _____ Caraïbes!

Grammaire — page 193

Using en, au / aux / à + countries and towns

To say **in** or **to** in front of a country:
- use **en** if the country is **feminine** (ending with an 'e'):
  J'habite en France. I live in France.
  Je suis allé en Inde. I went to India.
- use **au** if the country is **masculine singular** (ending with letters other than 'e' or 's'):
  Il habite au Japon. He lives in Japan.
  Je suis allé au Kenya. I went to Kenya.
- use **aux** if the country is **plural**:
  Je suis allé aux Caraïbes. I went to the Caribbean.
  Il habite aux États-Unis. He lives in the United States.

To say **in** or **to** a town:
- use **à** in front of **a town**:
  Je suis allé à Paris. I went to Paris.
  Elle habite à Londres. She lives in London.
- use **au** if the town starts with **Le**:
  Le Touquet → *Je suis allé au Touquet.* I went to Le Touquet.
- use **à** for an island such as **la** Réunion, **la** Martinique, **la** Guadeloupe:
  Je suis allé à la Guadeloupe. I went to Guadeloupe.

---

2 Translate the following sentences into French.

1. Having been to the Christmas market, my parents prepared dinner.
2. Having arrived at the cinema, we watched a film.
3. After having been into town, my sister met her friends.
4. After returning to India, my cousin celebrated Eid.
5. After returning home from church, we opened our presents.

Grammaire — page 185

Rules of agreement with the perfect infinitive

When you use *être* with the perfect infinitive, the normal agreement rules apply.

*Après être allée au festival, **Marie** est rentrée en voiture*.
Having been to the festival, Marie went home by car.

*Après être allés au marché de Noël, **les garçons** sont allés au cinéma*.
Having been to the Christmas market, the boys went to the cinema.

*Après s'être reposées, **Marie et Sandra** ont visité le marché*. Having had a rest, Marie and Sandra visited the market.

3 Choose the correct perfect- or imperfect-tense form to complete the sentences.

1. Quand **j'ai eu / j'avais** dix ans, **j'ai fait / je faisais** du jonglage.
2. L'été dernier, on **est allés / allais** au festival de musique les Eurokéennes. Il y **a eu / avait** beaucoup de monde. **Ça a été / C'était** génial!
3. Tous les ans, on **est allés / allait** dans un camping mais le weekend dernier, on **est allés / allait** dans un hôtel. **Ça a été / C'était** beaucoup plus confortable!
4. Quand **je suis arrivée / j'arrivais**, il **a fait / faisait** beau donc je **me suis baignée / me baignait**!
5. Quand **je suis allé / j'allais** au festival de musique le weekend dernier, **j'ai pris / je prenais** le train avec mes copains. **On est arrivés / On arrivait** à midi.

> ### Deciding between the perfect and imperfect tenses
> The imperfect tense describes what **used to happen** (a habit in the past) or **was happening** over a period of time. It also describes what it **was like**.
> Je **sortais** avec mes copains tous les soirs.
> I used to go out with my friends every evening.
> Quand on **habitait** à Avignon, on **allait** au festival.
> When we lived in Avignon, we used to go to the festival.
> Il y **avait** beaucoup de monde.
> There were a lot of people
>
> The perfect tense describes **a single action** in the past:
> L'année dernière, on **est allés** au festival d'Avignon.
> Last year we **went** to the Avignon festival.
>
> *Grammaire — page 188*

4 Complete Sophie's email with the correct imperfect-tense form of the verbs in brackets.

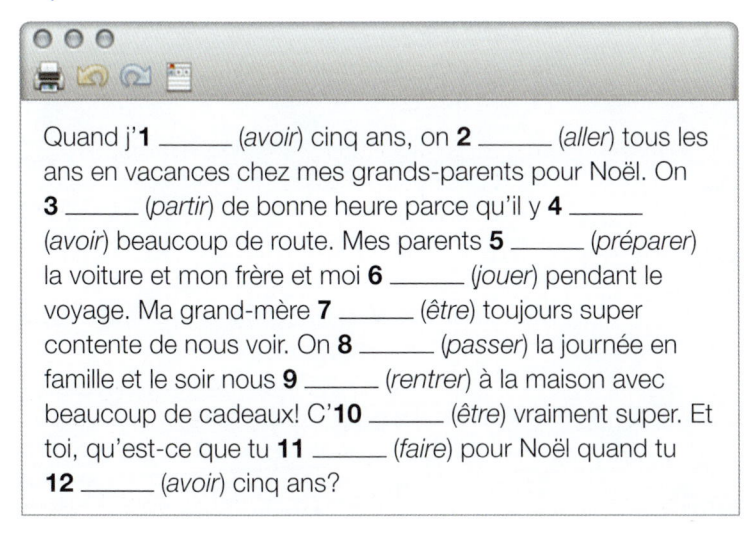

Quand j'**1** _____ (avoir) cinq ans, on **2** _____ (aller) tous les ans en vacances chez mes grands-parents pour Noël. On **3** _____ (partir) de bonne heure parce qu'il y **4** _____ (avoir) beaucoup de route. Mes parents **5** _____ (préparer) la voiture et mon frère et moi **6** _____ (jouer) pendant le voyage. Ma grand-mère **7** _____ (être) toujours super contente de nous voir. On **8** _____ (passer) la journée en famille et le soir nous **9** _____ (rentrer) à la maison avec beaucoup de cadeaux! C'**10** _____ (être) vraiment super. Et toi, qu'est-ce que tu **11** _____ (faire) pour Noël quand tu **12** _____ (avoir) cinq ans?

> ### Revision of the imperfect tense
> The imperfect tense is formed from the *nous* form of the present tense with the *-ons* ending removed. Add the following endings.
>
> fais~~ons~~
> je fais**ais**, tu fais**ais**, il / elle / on fais**ait**, nous fais**ions**, vous fais**iez**, ils / elles fais**aient**
>
> The only exception is *être*, which has an irregular stem, *ét-*: *j'étais, nous étions*, etc.
>
> Note that for verbs with a stem ending in *-g*, you need to keep the *-e* in place before the endings to keep the soft 'g' sound (manger → man**geons** → je man**geais**, il man**geait**) except where the ending starts with 'i' so the 'g' is already soft: nous man**gions**, vous man**giez**.
>
> *Grammaire — page 187*

Vocabulaire

4.1 France and customs

4.1 F La fête chez nous
➡ pages 64–65

	accrocher	to hang
l'	agneau (m)	lamb
s'	arrêter	to stop
la	blague	joke
la	boule de Noël	bauble
la	bûche de Noël	Christmas log
la	Chandeleur	pancake day
la	crêpe	pancake
se	dépêcher	to hurry
la	dinde	turkey
les	festivités (f)	celebrations
la	fête des Mères	Mother's day
l'	huître (f)	oyster
le	jour férié	public holiday
la	pâte	dough
se	reposer	to relax
se	retrouver	to meet
le	réveillon de Noël	Christmas Eve
	rigolo(te)	funny
le	sapin	Christmas tree

4.1 H La fête, c'est quoi pour toi?
➡ pages 66–67

	anniversaire (m)	birthday
l'		
la	collecte (d'argent)	collection (money)
	collecter	to collect
	commercial(e)	commercial
	consommer	to consume
	divorcé(e)	divorced
s'	entendre	to get on
	être croyant(e)	to be a believer
la	messe de minuit	midnight mass
	offrir	to offer
l'	organisation caritative (f)	charity, charitable organisation
	partager	to share
la	pauvreté	poverty
	recevoir	to receive
la	société	society
la	société de consommation	consumer society

4.2 Francophone festivals

4.2 F La fête pour tout le monde!
➡ *pages 68–69*

	assister	to attend
la	boue	mud
le	casque	helmet / headphones
le	cirque	circus
	coûter	to cost
	dormir	to sleep
	durer	to last
les	gens (m)	people
	informatif(-ve)	informative
les	jeunes (m)	youngsters
le	jonglage	juggling
le / la	malade	patient
le	métro	tube, underground
le	numéro de cirque	circus act
se	passer	to take place
la	recherche	research
	réserver	to book, to reserve
la	scène	stage
	sensibiliser	to increase someone's awareness
le	SIDA	AIDS
le	spectacle de rue	street show
	tout le monde	everyone
	voyager	to travel

4.2 H Les fêtes en famille, tu aimes?
➡ *pages 70–71*

	avoir hâte de	to be eager / anxious to
	barbant(e)	boring
le	bateau	ship / boat
le	cadeau	present, gift
la	communauté	community
	connaître	to know
	conserver	to keep
	décorer	to decorate
la	fin	end
s'	installer	to settle in
la	lumière	light
	ouvrir	to open
	passer	to spend
le	portable	mobile (phone)
le	repas	meal
	réunir	to gather
	voir	to see

Higher – Reading and listening

1 Read Mohamed's blog and answer the questions in **English**.

Bonjour à tous les blogueurs du monde!
Je rentre de la Martinique où habitent mes grands-parents et je voulais vous faire partager mon expérience de ces deux dernières semaines. C'était fantastique et j'ai beaucoup aimé la cuisine créole! D'habitude, je n'aime pas manger très épicé mais en Martinique il y a d'excellents plats traditionnels. J'ai mangé des poissons et des fruits de mer délicieux avec du riz ou des légumes. Il y avait aussi des fruits et tous les matins, au petit déjeuner, je mangeais une salade de fruits exotiques.
Mais ce que je préfère, ce sont les desserts et tous les dimanches ma grand-mère me préparait mon dessert favori, un gâteau au chocolat!
Regardez aussi mes photos … À plus! **Mohamed**

1 Where did Mohamed go? [1 mark]
2 Who lives in Martinique? [1 mark]
3 What did he eat? (**deux** renseignements) [2 marks]
4 What did he eat for breakfast? [1 mark]
5 What is his favourite dessert? [1 mark]

> **Stratégie**
> When attempting a reading task, look carefully at the question words as they will guide you for your answers. For example, when you are asked 'who', look for a person or a name; when you are asked 'when', look for a time expression; and when you are asked 'where', look for a place.

2 Read the two posts about festivals and celebrations. Which **two** statements (A–H) about each post are true?

Thomas: J'ai toujours rêvé d'aller à un festival de musique avec des copains. Malheureusement je n'y vais pas souvent parce que les billets sont très chers et que je n'ai pas beaucoup d'argent. Mais l'an dernier pour mon anniversaire, mes parents m'ont fait une surprise et m'ont offert un billet 'pass deux jours' pour aller aux 'Eurokéennes' à Belfort. C'est un des festivals de musique que je préfère! J'y suis allé avec mon grand frère et pendant deux jours, on a vu des groupes géniaux. On avait une petite tente mais on n'a pas beaucoup dormi! En plus, le deuxième jour il a plu mais c'était une expérience que je voudrais répéter!

Caroline: Je trouve qu'aujourd'hui les fêtes de famille comme la fête des Mères ou Noël sont devenues des fêtes très commerciales. On ne pense plus aux autres. Nous vivons dans une société de consommation que je déteste. Il y a trop de pauvreté dans le monde. Les gens ne s'occupent plus des autres, les jeunes veulent toujours des cadeaux de plus en plus chers, ils ne passent pas assez de temps avec leur famille et je pense que c'est vraiment triste.

A	Thomas often goes to music festivals.
B	Thomas has never been to a music festival.
C	Thomas's parents bought him a ticket.
D	Thomas's dream was to go to a music festival.
E	Caroline is against a consumer society.
F	Caroline likes expensive presents.
G	Caroline thinks there is too much poverty.
H	Caroline wants to spend time with her family.

[4 marks]

Le top huit des loisirs

Aujourd'hui, les jeunes ont changé, l'ordinateur a remplacé les livres, le téléphone portable les jeux de société. Ils sont devenus 'les enfants du numérique'.
Voici le 'top huit' des loisirs préférés des ados!
Les deux activitiés les plus souvent pratiquées par les jeunes de quinze ans sont:
- écouter des musiques actuelles (rock, hip-hop, rap) avec 79%
- téléphoner ou envoyer des SMS à leurs amis avec 78%.

En troisième position vient:
- communiquer par Internet avec ses amis grâce aux réseaux sociaux, par exemple avec Facebook.

La quatrième activité est:
- naviguer sur Internet pour regarder un film ou jouer à des jeux vidéo.

Les autres loisirs qu'ils pratiquent sont:
- regarder des programmes de télé-réalité (42%)
- chercher des informations sur leurs personnalités préférées (acteurs, chanteurs, sportifs)
- télécharger des chansons
- regarder des films, en particulier des films d'action, policier ou d'horreur.

Ils pratiquent aussi les jeux vidéo, les plus jeunes aiment les héros de dessins animés et les ados pratiquent les jeux de stratégie.

3 Lisez cet article et répondez aux questions en **français**.

1. Qu'est-ce qui a remplacé les livres? [1 mark]
2. Comment les jeunes communiquent-ils aujourd'hui? [1 mark]
3. Pourquoi vont-ils sur Internet? (**deux** renseignements) [2 marks]
4. Quels films les ados préfèrent-ils regarder? (**deux** renseignements) [2 marks]
5. Qui aime les dessins animés? [1 mark]

4 Translate the following passage into **English**.

> Chaque semaine je joue au tennis et je fais de la natation. La semaine prochaine, j'irai à un tournoi de tennis et si on gagne, on fera une grande fête. Quand j'avais dix ans, je faisais de l'équitation mais je n'en fais plus parce que mon cheval est mort il y a deux mois. Cet été j'aimerais essayer un sport extrême.

[10 marks]

5 Listen to five teenagers talking about traditional festivals. For a negative opinion, write N. For a positive opinion, write P. For a positive and negative opinion, write P+N. [5 marks]

6 Listen to Eliot talking about his leisure activities. Complete the sentences in **English**.

1. Eliot likes to watch _____ on television. [1 mark]
2. He prefers to watch films on _____. [1 mark]
3. At the weekends he often _____ with his friends. [1 mark]
4. Next Sunday he will go to _____ for a _____. [2 marks]
5. Last weekend it was his best friend's _____ so he organised _____. [2 marks]
6. _____ with his friends is vital for Eliot. [1 mark]

7 Écoutez Marie qui parle de sports. Répondez aux questions en **français**.

1. Pourquoi est-ce que Marie voulait faire une action caritative? [2 marks]
2. Qu'est-ce qu'elle a fait? [1 mark]
3. Qui a organisé l'activité? [1 mark]
4. Quels sont les avantages de ces expériences? (**deux** renseignements) [2 marks]
5. Combien d'argent ont-ils collecté? [1 mark]

Stratégie

Listen out for key words and expressions which will give you clues as to whether the speaker is expressing positive opinions (*je pense qu'il est important / génial…*) or negative views (*je trouve ça nul / je suis contre…*). Also listen out for words like *mais*, *cependant* and *ça dépend*, which suggest the speaker is not completely positive or negative about something. The intonation of the speaker may also give you a clue.

Foundation test and revise tasks are available in the Foundation book.

Higher – Writing and translation

Either:

1a Vous décrivez votre fête / festival préféré(e).

Décrivez:
- la fête ou le festival que vous préférez et pourquoi
- comment vous célébrez normalement
- ce que vous avez fait cette année
- comment vous célébrerez l'année prochaine et avec qui.

Écrivez environ **90** mots en **français**. Répondez à chaque aspect de la question. **[16 marks]**

> **Stratégie**
>
> Remember that it is important to extend your answers to reach the required number of words. You can add adjectives (remember to make them agree with the noun they describe), use connectives (*tout d'abord, ensuite, après, puis*), express opinions (*selon moi, à mon avis*) and give reasons (*parce que, comme, car, puisque*).
>
> Remember, these are just suggestions and you can of course add your own phrases.

Or:

1b Vous décrivez les sports que vous pratiquez.

Décrivez:
- quel sport vous pratiquez et où
- quand vous avez commencé et pourquoi
- ce que vous pensez des sports extrêmes
- quel sport extrême vous aimeriez essayer et pourquoi.

Écrivez environ **90** mots en **français**. Répondez à chaque aspect de la question. **[16 marks]**

Either:

2a Vous écrivez votre blog sur les festivals et les fêtes.

Décrivez:
- les avantages et les inconvénients des fêtes et des festivals
- une fête que vous avez célébrée ou un festival où vous êtes allé.

Écrivez environ **150** mots en **français**. Répondez aux deux aspects de la question. **[32 marks]**

> **Stratégie**
>
> In an extended writing task, it is very important to use a variety of tenses. When you are narrating an event in the past, use the perfect and imperfect tenses. Use the conditional to express what you **would like** or **would do**. Link your ideas together with connectives (*quand, parce que, comme*). Also remember to use complex sentences with *si*, using both the imperfect tense and the conditional.

Or:

2b Vous écrivez un article sur les sports extrêmes.

Décrivez:
- les avantages et inconvénients des sports extrêmes
- une expérience sportive que vous avez eue.

Écrivez environ **150** mots en **français**. Répondez aux deux aspects de la question. **[32 marks]**

3a Translate the following passage into **French**.

Every year I go to my grandparents' house. We spend Christmas with all my family. Last year we ate the traditional turkey. It was really exciting and we really enjoyed ourselves. Next year we will stay in Paris and we will watch the fireworks.

[12 marks]

3b Translate the following passage into **French**.

Two years ago I went to Japan with my parents. We ate a lot of sushi. It was really delicious and very good for your health. I never eat any meat because I have been a vegetarian for two years.

[12 marks]

> **Stratégie**
>
> When translating into French, remember to check the agreements between verbs and their subjects, and between adjectives and the nouns they describe. Also remember to identify the tense needed and check your formation of that tense: for example, don't forget to use the correct form of *avoir* or *être* before the past participle in the perfect tense.

> Foundation test and revise tasks are available in the Foundation book.

Speaking

Higher – Speaking

1 Role play

Your teacher or partner will play the part of your French friend and will speak first.

You should address your friend as *tu*.

When you see this – **!** – you will have to respond to something you have not prepared.

When you see this – **?** – you will have to ask a question.

> Tu parles avec ton ami(e) français(e) de tes loisirs.
> - Tes activités le weekend (**deux** renseignements).
> - **?** Télévision.
> - Opinion sur la télévision.
> - Tes programmes préférées.
> - **!**
>
> [15 marks]

Stratégie

When preparing for a role play, it is important to anticipate the kind of questions you are likely to be asked and to prepare your answers accordingly. For example, when talking about your favourite programme, remember to use *J'aime regarder* or *Mon programme préféré, c'est* … Don't forget to prepare the question that **you** have to ask and be aware that the **!** point can be in a different tense (past or future), so listen carefully to your teacher.

2 Role play

Your teacher or partner will play the part of a journalist and will speak first.

You should address the journalist as *vous*.

When you see this – **!** – you will have to respond to something you have not prepared.

When you see this – **?** – you will have to ask a question.

> On vous interviewe sur les célébrations en famille.
> - Importance des fêtes de famille.
> - Quelle sorte de célébrations vous préférez.
> - **?** Fête favorite.
> - Ce que vous pensez des organisations caritatives.
> - **!**
>
> [15 marks]

Stratégie

In a formal situation like this one (talking to a journalist), make sure you use **vous** when addressing your teacher. When you prepare, remember to check your verb endings. With *vous* your verbs will usually end with -ez (*vous pensez* / *vous aimez*).

3 Role play

Your teacher or partner will play the part of your French friend and will speak first.

You should address your French friend as *tu*.

When you see this – **!** – you will have to respond to something you have not prepared.

When you see this – **?** – you will have to ask a question.

> Tu parles avec ton / ta correspondant(e) français(e) du sport.
> - Opinion sur le sport en général.
> - **?** Importance du sport.
> - Avantages du sport dans la vie.
> - Pour ou contre les sports extrêmes et pourquoi?
> - **!**
>
> [15 marks]

Stratégie

When giving opinions, remember to use complex phrases such as *Moi, je pense que* …, *Je trouve que* …, *À mon avis* … You can also start by saying *C'est une question difficile mais* … When putting your point of view forward, use expressions such as *Moi, je suis pour / contre* … but always add a reason for it to support your point of view: … *parce que* …

Remember, these are just suggestions and you can of course add your own phrases.

4 Photo card

- Look at the photo during the preparation period.
- Make any notes you wish to on an Additional Answer Sheet.
- Your teacher or partner will then ask you questions about the photo and about topics related to **Traditional festivals and celebrations**.

Your teacher or partner will ask you the following three questions and then **two more questions** which you have not prepared.

- Qu'est-ce qu'il y a sur la photo?
- Fêtes de famille ou fêtes entre copains?
- Parle-moi de la dernière fête que tu as célébrée. **[15 marks]**

5 Photo card

- Look at the photo during the preparation period.
- Make any notes you wish to on an Additional Answer Sheet.
- Your teacher or partner will then ask you questions about the photo and about topics related to **Free time**.

Your teacher or partner will ask you the following three questions and then **two more questions** which you have not prepared.

- Qu'est-ce qu'il y a sur la photo?
- Ton activité favorite: sport ou télévision?
- Quand tu avais dix ans, que faisais-tu le weekend? **[15 marks]**

Stratégie

When you are asked to give your point of view on a topic, make sure you prepare your answers fully and prepare arguments for both sides. For example, when talking about a festival you could say, *Oui, moi, j'aime beaucoup aller à des fêtes de famille parce que c'est une opportunité de se retrouver ensemble, mais quelquefois elles peuvent être très ennuyeuses!* It is important to develop your answers as fully as possible.

Stratégie

It is important to spot the different tenses in the questions, in order to prepare yourself fully. One of the questions in activity 5 is in the imperfect tense, so when you prepare, make sure you spot the tense and prepare a few verbs to use in the imperfect in your reply (*je faisais / je jouais / on allait*).

Stratégie

When preparing for the conversation, remember to try to keep the flow of the conversation going by using 'thinking words', such as *Eh bien …, Je ne sais pas mais …, Moi, je pense que …* as this will give you time to think and help you to finalise your answers.

It is also important to:

- give opinions (*selon moi, à mon avis, moi, je pense que …, je trouve que …*)
- give full descriptions using adjectives and quantifiers (*trop, très*)
- develop answers using complex phrases (*si, quand, parce que, car*).

Foundation test and revise tasks are available in the Foundation book.

2 Local, national, international and global areas of interest

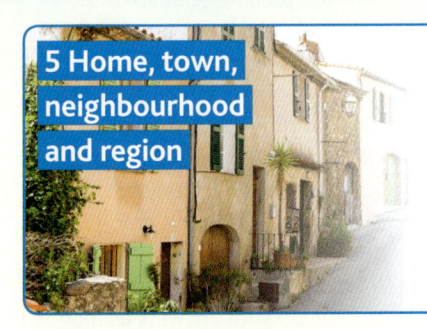

5 Home, town, neighbourhood and region

5.1 F Des maisons différentes
- Negative phrases followed by *de*
- Recognising key topic words in reading and listening tasks

5.1 H Ma maison idéale
- The conditional of regular verbs
- Building longer sentences

5.2 F Trouver ta ville jumelée idéale
- Demonstrative adjectives
- Simplification and paraphrasing

5.2 H Ma région
- Recognising possessive pronouns
- Using intensifiers

6 Social issues

6.1 F Mon travail bénévole
- The conditional of *vouloir* and *aimer*
- Using verbal context when listening

6.1 H Pourquoi a-t-on besoin d'associations?
- *Vouloir que* + subjunctive
- Using questions to formulate answers

6.2 F Mon mode de vie avant et maintenant
- The imperfect tense of *être*, *avoir* and *faire*
- Recognising common patterns in French when listening

6.2 H Opération 'remise en forme'!
- *Il vaut / vaudrait mieux*
- Using negatives to add complexity

7 Global issues

7.1 F Les problèmes de l'environnement
- Using *si* + present tense
- Making use of social and cultural context when listening

7.1 H Planète en danger
- Recognising and using the pluperfect tense
- Tackling 'Positive, Negative or Positive + Negative' tasks

7.2 F Les inégalités
- Verbs of possibility
- Agreeing and disagreeing in discussion

7.2 H La pauvreté
- The subjunctive
- Dealing with longer texts

8 Travel and tourism

8.1 F Moi, je préfère …
- Sequencing words and phrases
- Paraphrasing

8.1 H Quelles vacances!
- Revision: using the imperfect and perfect tenses together
- Adding complexity to written and spoken language

8.2 F Découverte de la France
- Revision of the imperfect tense of -*er* verbs
- Recognising cognates and near-cognates when reading

8.2 H Les vacances en ville
- Using three time frames: past, present and future
- Reading for gist

Dictionary skills

Well versed in verbs?

Use your dictionary

The dictionary tells you which verbs you need and the verb tables on the blue pages tell you which endings to put on them. Two easy steps to the information you need!

To avoid making mistakes when you use verbs:
1. Find the verb in the dictionary, and note its number, e.g. [1].
2. The number links to the verb tables on the blue pages in your dictionary.

All verb numbers [1] follow the same pattern as the **verb 1** in the list (**aimer**), so they take the same endings.

For example: if you want to say *My parents chat a lot*.

| 1 Look up *chat*:
chat *verb* **causer** [1] | 2 Look up pattern [1] in the blue pages.
The form you need is *they = ils*.
Ils aiment | 3 Add the ending you need to your verb:
My parents chat a lot =
Mes parents **causent** *beaucoup*. |

1 Look at these French sentences. Find the missing French verb and complete the sentences with the correct form of the present tense. Then put sentences a–l in the correct order to tell a dramatic story.

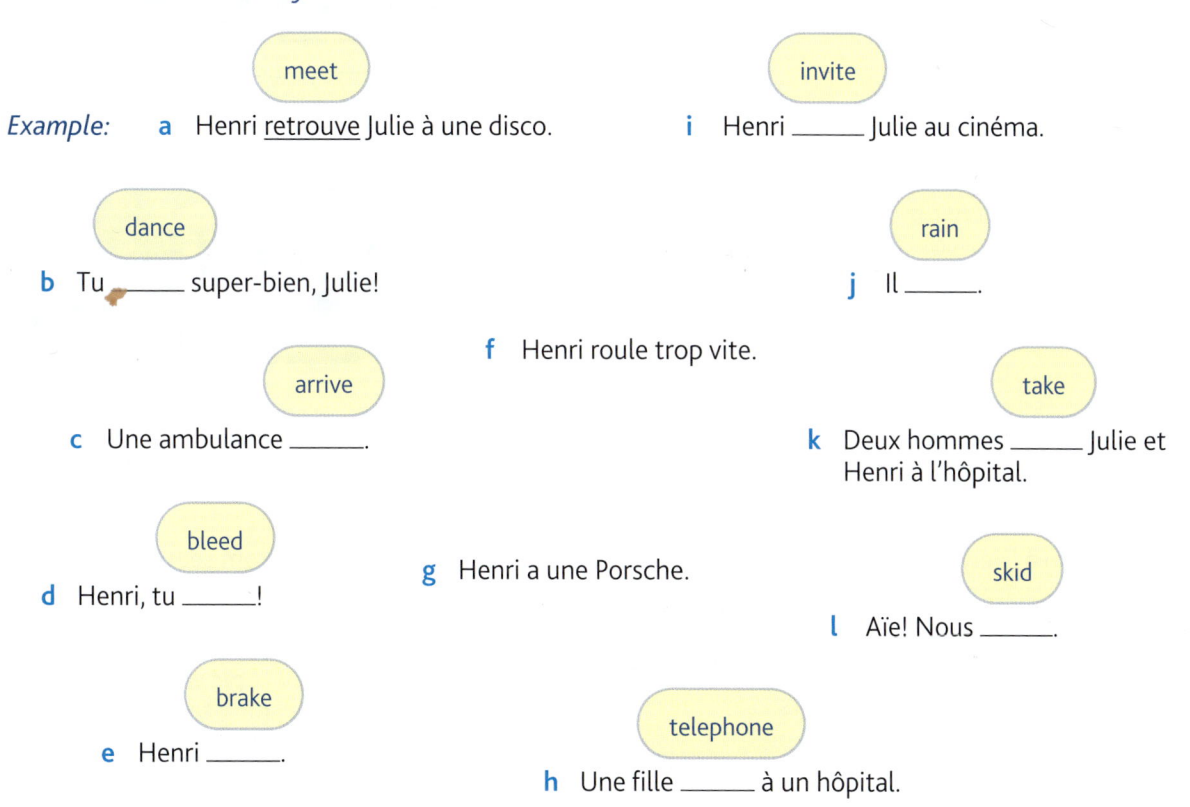

(meet)

Example: a Henri <u>retrouve</u> Julie à une disco.

(invite)

i Henri _____ Julie au cinéma.

(dance)

b Tu _____ super-bien, Julie!

(rain)

j Il _____.

(arrive)

c Une ambulance _____.

f Henri roule trop vite.

(take)

k Deux hommes _____ Julie et Henri à l'hôpital.

(bleed)

d Henri, tu _____!

g Henri a une Porsche.

(skid)

l Aïe! Nous _____.

(brake)

e Henri _____.

(telephone)

h Une fille _____ à un hôpital.

Home

5.1 F Des maisons différentes

Objectifs
- Describing your home
- Negative phrases followed by *de*
- Recognising key topic words in reading and listening tasks

1a 📖 Lis les textes et fais correspondre les trois personnes aux photos 1–3. Trouve au moins trois expressions dans le texte pour justifier chaque réponse.

Read the texts and match the three people with photos 1–3. Find at least three expressions in the text to justify each answer.

Je m'appelle **Cédric** et j'habite à Sarlat depuis six ans. Je vis avec ma famille dans une vieille maison qui date du XIXème siècle. Au rez-de-chaussée, on a une cuisine moderne avec des fenêtres qui donnent sur l'église qui est très ancienne. Par contre, nous n'avons pas de salle à manger car il y a un coin-repas dans la cuisine où nous mangeons. Au premier étage, on a trois chambres mais il n'y a qu'une salle de bains. J'aime beaucoup ma maison parce qu'elle est douillette et confortable et comme il n'y a jamais beaucoup de circulation, ce n'est pas bruyant.

Je m'appelle **Michelle** et j'habite à Yaoundé, la capitale du Cameroun en Afrique. Mes parents, mes deux sœurs et moi habitons dans un appartement en ville, près de la gare et des commerces dans un quartier animé. C'est un appartement assez petit situé dans un immeuble à trois étages. On a une cuisine, une salle à manger et un salon. Je n'aime pas partager ma chambre avec ma sœur mais il n'y en a que trois. En général c'est très agréable mais les voisins font quelquefois du bruit.

Je m'appelle **Céline** et j'habite au Québec dans un petit village qui s'appelle Saint-Côme. J'habite avec mes parents dans un grand chalet en pleine nature. Les murs du chalet sont en bois et il faut souvent allumer la grosse cheminée car il fait très froid, surtout en hiver. Ce n'est pas énorme mais c'est spacieux car il y a six pièces et j'ai ma propre chambre. Mon père a un bureau et ma mère a un studio de photographie à la cave. Il y a aussi une cuisine, une salle à manger et deux salles de bains. Derrière, nous avons un joli jardin avec de belles fleurs qui fleurissent en été.

1b 📖 Read the texts again. Who …

1. … has a modern kitchen?
2. … shares a bedroom?
3. … lives in a lively neighbourhood?
4. … has a cellar?
5. … complains about their neighbours?
6. … doesn't have a dining room?
7. … has a house which is very different from season to season?
8. … thinks that they live in a quiet area?

2 ⓥ Relis les textes (activité 1a). Continue les listes de mots-clés pour les sujets suivants.

Reread the texts (activity 1a). Continue the lists of key words for the following topics.

1. À la maison: le rez-de-chaussée, la cuisine
2. En ville: l'église, la circulation

> **Recognising key topic words in reading and listening tasks**
>
> When completing a reading or a listening task, always think about the topic and watch out for key words that you know for that topic. For example, for the topic *ma maison: le mur, la cheminée, la fenêtre* etc.
>
> **Stratégie**

Home, town, neighbourhood and region

3 🎧 Listen to four people talking about the advantages and disadvantages of where they live. Complete the sentences.

1 Martin's flat is _____ so it is quite dark. However, it is practical because he lives near _____ _____.
2 Amélie's house is situated in a _____ _____ and so in _____ and _____, there are _____ who visit her village.
3 Noah's bedroom is the _____ because it is situated in the _____ and as a consequence, it is very _____ in summer.
4 Isabelle has just moved into a _____ and _____ new flat.

4 🇹 Translate the following sentences into French.

1 In my house, there is a modern kitchen.
2 I live in a big flat in the city centre.
3 We have a basement and two bathrooms.
4 There are only two bedrooms in my new house.

5 🇬 Rewrite the sentences using the negative phrases indicated in brackets.

1 Il y a un grand salon moderne. (*ne … pas*)
2 On a un jardin tout autour de la maison. (*ne … plus*)
3 Nous avons beaucoup de boutiques à proximité. (*ne … plus*)
4 Les voisins font quelquefois du bruit. (*ne … jamais*)
5 Il y a deux chaises en bois dans ma chambre. (*ne … pas*)

> **Grammaire** — page 191
>
> **Negative phrases followed by *de***
>
> ne … pas
> ne … plus
> ne … jamais
>
> When you use one of these negative phrases with a noun, you need to include *de / d'*. It is always singular even with plural nouns.
>
> J'ai **une** maison. → Je **n'ai pas de** maison.
>
> J'ai **des** DVDs. → Je **n'ai plus de** DVDs.
>
> Also learn more about partitive articles (*du, de la, de l', des*). See page 92.

6 💬 Travail à deux. À tour de rôle, posez les questions et répondez-y.

Work with a partner. Taking turns, ask and answer the questions. Use the language in the box to help you.

- Où est votre maison?
- Qu'est-ce qu'il y a au rez-de-chaussée?
- Qu'est-ce que vous avez au premier étage?
- Quels sont les avantages / inconvénients de votre maison?

7 ✏️ Utilise le tableau ci-dessous et écris une pub avec pour titre 'Maison à vendre'.

Use the language box below and write an advert with the title '*Maison à vendre*' (House for sale).

Ma maison	est située se trouve	au centre-ville à la campagne dans un quartier calme	près des commerces. en pleine nature. au milieu des champs.
Au rez-de-chaussée Au premier étage À la cave	nous avons il y a on a	plusieurs pièces une cuisine un salon une salle à manger	moderne(s) et spacieux(-se(s)). douillet(te(s)) et confortable(s). avec de grandes fenêtres qui donnent sur le jardin. où nous passons la plupart de notre temps.
J'ai de la chance parce que L'un des avantages de ma maison c'est que Le problème c'est que		les voisins sont trop bruyants. la maison n'est pas bien isolée alors il fait trop chaud ou trop froid. c'est très calme et qu'il n'y a pas grand-chose à faire. c'est démodé.	

Home

5.1 H Ma maison idéale

Objectifs
Describing your ideal home
The conditional of regular verbs
Building longer sentences.

1a 📖 Read the text and answer the questions in English.

Concours: gagne un weekend dans ta maison de rêve!

Décris la maison de tes rêves pour avoir la chance de passer un weekend dans une villa luxueuse.

Ma maison idéale serait située au bord de la mer, sur une plage lointaine à Madagascar, une île au sud-est de l'Afrique continentale. Les murs seraient de hautes fenêtres de verre qui offriraient une vue imprenable sur l'océan. Celles-ci pourraient s'ouvrir entièrement pour nous permettre d'entendre le bruit des vagues et de laisser rentrer la brise marine et la lumière.

Dans la villa, il n'y aurait qu'un étage. Toutes les pièces du rez-de-chaussée seraient ouvertes pour donner une impression de grandeur. Il y aurait une cuisine toute équipée avec un four dernier cri où le cuisinier préparerait les repas tous les jours. Il choisirait les ingrédients les plus frais pour concocter des spécialités locales. Je ne ferais ni la vaisselle ni le ménage car j'aurais une femme de ménage qui les ferait pour moi. Ma tâche principale serait juste de me promener sur la plage avec mon chien, loin des embouteillages bruyants et des distractions de la ville. On aurait trois chambres, chacune avec sa salle de bains privative. Mon rêve serait aussi d'avoir une énorme armoire pour ranger toutes mes chaussures et mes sacs à main de marque. À l'extérieur, nous aurions une immense pelouse d'un côté, et de l'autre, il y aurait une terrasse avec un jacuzzi et de longs canapés couverts de coussins. Ce serait un endroit magique, un vrai havre de paix. **Élodie**

imprenable – stunning
concocter – to cook / to prepare
le coussin – cushion
le havre de paix – haven of peace

1 Where would Élodie's ideal house be located?
2 What would she see through the windows?
3 How many floors would there be?
4 Why wouldn't she need to do the cooking?
5 What would Élodie spend her days doing?
6 What would she keep in her big wardrobe?
7 Give one detail about the outside space.

1b 📖 Read the text again and decide whether the statements are true (T), false (F) or not mentioned in the text (NM).

1 Madagascar is an island.
2 The walls would be made of wood.
3 There would be a toilet on the ground floor.
4 The maid would do the washing-up.
5 Élodie would go swimming in the sea.
6 She doesn't like traffic jams.
7 She would have many designer bags.
8 The sofas outside would be covered with blankets.

2 🎧 Éric is talking about life at home. Listen and choose the correct answer to complete each statement.

Première partie
1 Éric enjoys living in the countryside because _____.
   A he likes going for walks   B it is never crowded   C he likes to protect the environment
2 His current house _____.
   A is painted in green   B doesn't have electricity   C is eco-friendly

Deuxième partie
3 At home, his sister _____.
   A never helps   B sometimes cooks   C makes the beds
4 To help around the house, Éric _____.
   A does the vacuuming   B sets the table for dinner   C is too lazy to do anything

Home, town, neighbourhood and region 87

3a **G** Complete the sentences with the correct conditional form of the verb in brackets.

1. Si j'étais riche, j'_____ dans l'espace. (*habiter*)
2. Mon frère _____ les repas. (*préparer*)
3. Nous _____ dans un lit à matelas à eau. (*dormir*)
4. Tous mes vêtements _____ dans l'air. (*flotter*)
5. Je _____ jusqu'à la lune. (*voyager*)
6. J'_____ un télescope pour regarder les planètes. (*utiliser*)

3b **T** Translate the following passage into French.

> If I were rich, I would live on a hill in Monaco in a huge house overlooking the sea. My cleaning lady would work for me in the house; she would cook and tidy the rooms. Unfortunately, at the moment, I live in a flat and I have to clean my room every week.

4 ✏️ Écris un paragraphe pour décrire ta maison idéale. Décris:

- où la maison se trouverait
- une pièce, et pourquoi elle serait spéciale
- ce qu'il y aurait à l'extérieur de la maison
- ce que tu aimerais surtout dans ta maison.

Ma maison de rêve / Mon appartement idéal	serait situé(e) / se trouverait	sur une île déserte / dans l'océan Pacifique. au dernier étage d'un immeuble / au milieu d'une grande ville. dans un petit village / dans la campagne française.
Il y aurait / Nous aurions / J'aurais		une cuisine vraiment moderne et lumineuse où je pourrais cuisiner. un jacuzzi dans le jardin où je pourrais me relaxer. un placard dans ma chambre où j'aurais tous mes vêtements et chaussures. une salle de musculation où je pourrais m'entraîner. une terrasse énorme qui donnerait sur la plage
J'aimerais / Je préférerais	surtout vraiment en particulier	la situation géographique de ma maison. les pièces qui seraient immenses.

5 💬 Travail à deux. Choisissez l'une des deux photos et préparez vos réponses aux questions. Deux autres étudiants vous poseront les questions.

- Qu'est-ce qu'il y a sur la photo?
- Tu préférerais habiter dans une maison ou un appartement? Pourquoi?
- Comment serait ta maison idéale?

Grammaire — page 189

The conditional of regular verbs

The conditional is used to talk about what would happen in the future if certain conditions were met. It is mostly translated as 'would' in English.
To form the conditional, take the future-tense stem of the verb and add the imperfect-tense endings.

*je voud**rais**, tu voud**rais**, il / elle / on voud**rait**, nous voud**rions**, vous voud**riez**, ils / elles voud**raient***

*Si j'avais beaucoup d'argent, **j'achèterais** une grande maison et je **ne ferais jamais** le ménage!*
If I had a lot of money, I **would buy** a big house and I **would never do** the housework!

Also learn about irregular verbs in the conditional. See page 93.

Stratégie

Building longer sentences

Use conjunctions (*mais, ou, donc, car, parce que*) and relative pronouns (*qui, que, où*) to make your sentences longer and more interesting.

In activity 4, challenge yourself to write the longest sentences you can, using a range of conjunctions and relative pronouns.

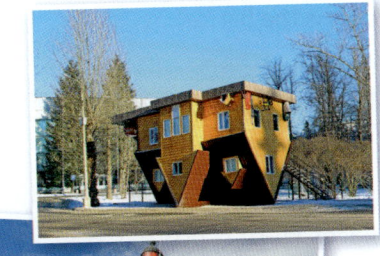

5.1 Groundwork is available in the Foundation book.

Where I live

5.2 F Trouver ta ville jumelée idéale

Objectifs
Describing what a town is like and what there is to see / do
Demonstrative adjectives
Simplification and paraphrasing

1a 📖 Lis le texte. Mets les images (1–8) dans le même ordre que dans le texte.

Read the text. Put the pictures (1–8) in the same order as in the text.

Site de la **Saint-Quentin** — Rechercher sur le site — Newsletter : Restez informé ! Ok

Démarches & vie pratique | Démocratie locale | Solidarité & Santé | Enfance & jeunesse | Environnement & urbanisme | Culture & loisirs | Emploi & économie

Saint-Quentin – la ville jumelée idéale?

Saint-Quentin est une ville de taille moyenne dans le nord-est de la France. Nous habitons dans une maison mitoyenne près du centre-ville, dans un quartier calme, loin des distractions bruyantes du centre. Cette ville est historique, touristique et animée, surtout en été car il y a beaucoup de touristes. Ils viennent pour visiter le château médiéval qui date du XVème siècle, pour manger des repas délicieux dans les petits restaurants et pour visiter les magasins artisanaux dans les zones piétonnes. Pour accommoder ces touristes, je pense qu'on a besoin de plus d'hôtels bon marché.

Personnellement, je préfère le grand centre commercial où je peux aller avec mes amis le weekend pour faire du shopping. Je prends le bus car le centre commercial est situé dans la banlieue de ma ville, mais c'est bon marché et rapide. Mes parents, par contre, aiment mieux le théâtre dans le centre-ville car il y a souvent des représentations. En été, ma famille et moi allons souvent à la rivière pour pêcher ou pour nous amuser car il fait beau en juillet et août. L'année prochaine, nous allons aller au parc aquatique à 30 minutes de chez nous. J'espère que ce sera amusant et différent de la rivière dans ma ville. **Aurora**

les magasins (m) artisanaux – craft shops

1b 📖 Read the text again and complete the sentences in English. Write one word for each gap.

1 Aurora lives in a _____ town in the _____-_____ of France.
2 She lives in a _____ _____ neighbourhood, _____ _____ noisy things going on in the centre.
3 She believes this town to be _____, _____ and _____ because many _____ visit in summer.
4 What she _____ in her town is the big _____ _____.
5 However, her parents prefer _____ _____.
6 In summer, she often goes to _____ _____ with her family to _____ or _____ _____.

2 🎧 Listen to Noah giving a tour of his town. Decide whether his attitude towards the places (1–6) is positive (P), negative (N) or both (P+N).

1 the shops in the main street
2 the sports centre
3 the cathedral
4 the shopping centre
5 the factory
6 the swimming pool

Home, town, neighbourhood and region

3 **G** Complete the sentences with the correct demonstrative adjective.

1 _____ ville est trop loin de la capitale.
2 _____ centre sportif est ouvert tous les jours.
3 _____ pays partage une frontière avec la France.
4 _____ restaurants sont les meilleurs de la région.
5 _____ hôtel de ville est un bâtiment magnifique.
6 _____ prix sont beaucoup plus élevés que les prix au centre commercial.
7 _____ avion atterrit directement à l'aéroport de la ville.
8 _____ piscine n'est pas très bien fréquentée.

4 **T** Translate the following into French.

1 I love the sports centre in my town.
2 This town is situated in the south-west of France, on the shores of a lake.
3 I live in a neighbourhood that is fairly quiet, but it can sometimes be noisy.

5 Travail à deux. À tour de rôle, posez les questions et répondez-y. Vous avez cinq minutes pour vous préparer.

Work with a partner. Taking turns, ask and answer the questions. You have five minutes to prepare.

- Comment est ta ville?
- Qu'est-ce qu'il y a comme distractions?
- Qu'est-ce que tu fais dans ta ville normalement?
- Quels sont les inconvénients de ta ville?

6 Ta ville veut trouver une ville jumelée. Écris un paragraphe pour décrire ta ville. Mentionne:

Your town wants to find a twin town. Write a paragraph describing your town. Mention:

- where your town is located and where you live
- what type of town it is and the evidence to support this
- what there is to do
- what you / your family do in your town.

Grammaire — page 180

Demonstrative adjectives

Demonstrative adjectives are used before a noun, instead of an article. They refer to a specific noun and are translated as 'this'/ 'that'/ 'these'/ 'those' in English.

In French, there are four demonstrative adjectives:
ce + masculine noun → *ce lac*
cette + feminine noun → *cette piscine*
cet + a masculine noun beginning with a vowel → *cet endroit*
ces + a plural noun → *ces villes*

You need to check the gender and number of the noun when you decide which demonstrative adjective to use.

Also revise prepositions. See page 93.

Stratégie

Simplification and paraphrasing

When you want to say or write something in French but you are unsure of the correct language structure to use, you may be able to find another, easier way to express your idea.

If you wanted to say: 'my favourite subject is Drama' but you couldn't remember 'favourite subject', you could say instead, 'I love Drama', which conveys a similar idea using different language.

Practise this skill in activity 4.

Ma ville Mon village	historique animé(e) touristique pollué(e)	est situé(e) se trouve est	à la campagne à la montagne au bord de la mer	dans le centre de l'Angleterre. dans le nord-ouest du Royaume-Uni.
Cette maison Cet appartement	est	dans un quartier bruyant. en plein centre-ville.		
Dans ce village Dans cette ville	il y a on a	un château une petite rivière des magasins et des restaurants		que beaucoup de touristes visitent. que mes parents adorent.
Le seul problème Il y a un inconvénient	c'est que / qu'	il y a trop de monde. c'est trop bruyant. c'est trop mort / calme. il n'y a pas grand-chose à faire.		

Where I live

5.2 H Ma région

Objectifs
- Describing a region
- Recognising possessive pronouns
- Using intensifiers

Même si je suis français, j'habite à des centaines de kilomètres de la France, sur l'île de la Guadeloupe. La Guadeloupe est une région d'outre-mer, plus petite que la France, qui se trouve dans la mer des Caraïbes, aussi loin que la Jamaïque et que la République Dominicaine.

Les plus grandes villes s'appellent Les Abymes et Pointe-à-Pitre. La devise officielle est l'euro et on y parle principalement français ainsi que créole, un dialecte antillais. La Guadeloupe est différente de la France continentale car la géographie n'est pas la même et personnellement, je pense qu'elle est mieux. Par exemple, il y a un volcan qui s'appelle la Grande Soufrière et qui est toujours en activité. Sa dernière éruption date de 1976 quand la population des environs a dû être évacuée. Selon moi, c'est la plus belle île des Caraïbes, connue pour ses longues plages de sable fin, ses eaux turquoises et sa vie sous-marine colorée.

En Guadeloupe, il fait chaud toute l'année avec une température moyenne d'environ 29 degrés mais le problème, c'est qu'il pleut assez souvent, surtout en automne car la Guadeloupe est située dans les tropiques. En plus, il peut y avoir des cyclones. Par exemple, en 1989, il y a eu l'ouragon Hugo, qui a dévasté l'île et a tué des centaines de personne dans les Antilles.

C'est un endroit très touristique, et si vous aimez les randonnées, les sports nautiques et les paysages à couper le souffle, alors la Guadeloupe est la destination idéale. C'est aussi une région riche en culture et en artisanat et les habitants sont très accueillants.

à couper le souffle – breathtaking

1a Lis chaque phrase et pour chacune, choisis le bon mot.

1. La Guadeloupe est **une île** / **une capitale** / **une ville** des Caraïbes.
2. La Guadeloupe est un territoire **anglais** / **français** / **énorme**.
3. La Guadeloupe est connue pour **ses touristes** / **ses monuments** / **ses plages**.
4. La Grande Soufrière est **une ville** / **un volcan** / **une île**.
5. Hugo est le nom d'**un président** / **un ouragon** / **un volcan**.
6. C'est une île principalement **commerciale** / **touristique** / **riche**.

1b Read the text again and answer the questions in English.

1. Where exactly is Guadeloupe situated?
2. What are the names of the main cities?
3. Which languages are spoken?
4. What is Guadeloupe mostly known for?
5. What is the weather like there?
6. What type of people would Guadeloupe appeal to?
7. What happened in 1976?
8. Name one characteristic of the inhabitants of Guadeloupe.

2 Listen to Valentin, Marine and Ryad talking about their regions. Complete each sentence with the correct name.

1. _____ believes that their region is dead, especially for young people.
2. _____ lives in a region by the sea, in the north-west of France.
3. In _____'s region, there are some big cities.
4. _____'s region is flat.
5. _____ thinks that the location of their region is responsible for a lot of rain.
6. In _____'s region, it isn't very cold in the winter.
7. _____ enjoys the weather in their region.
8. _____'s region has fairly dry weather.

Home, town, neighbourhood and region

3a 🎧 Listen again and spot five possessive pronouns in activity 2.

3b Translate into English the five sentences containing the possessive pronouns you identified in activity 3a. Which noun does the pronoun replace in all five cases?

4 Translate the following passage into French.

> Last year, I went to the south-east of France to a small region by the sea. This region is quite touristy and very historic. It is really famous for the beaches and the delicious food. It is usually hot but sometimes it rains. I would like to go back next year.

5 Travail à deux. À tour de rôle, posez les questions et répondez-y. Vous avez cinq minutes pour vous préparer.

- Say where you live (name of your region, location, surroundings).
- Ask what your partner's region is like.
- Say what your region is like (type of region, what it is famous for, what you like about it).
- ! *You will need to respond to something you have not yet prepared.*
- Say what the weather is like in general.

6 Travail de groupe. Informez-vous sur une région française d'outre-mer. Préparez un résumé d'information. Mentionnez:

- situation / taille
- langues / devise / villes principales
- climat
- intérêts
- ce qu'il y a à faire pour les touristes / les jeunes.

Grammaire — page 183

Recognising possessive pronouns

A possessive pronoun is a word which replaces a noun and indicates possession.

Replaces a →	masculine singular noun	feminine singular noun	masculine plural noun	feminine plural noun
mine	le mien	la mienne	les miens	les miennes
yours	le tien	la tienne	les tiens	les tiennes
his / hers / its	le sien	la sienne	les siens	les siennes

See page 183 for the full table.
The possessive pronoun you use depends on the number and gender of the noun you are replacing.
*Comment est **ta** région?* **La mienne** (= *ma région*) *est historique.* (*région* is feminine singular)
*Où habites **tes** grands-parents?* **Les miens** *habitent à Grenoble.* (*grands-parents* is masculine plural)

Also revise comparative and superlative adjectives. See page 93.

Stratégie

Using intensifiers

Use intensifiers to be more specific in your descriptions and expand your range of language, whether in speaking or in writing.

Ma région est historique mais bruyante. → *Ma région est **vraiment** historique mais **trop** bruyante.*

Here are some common intensifiers:

très very

assez quite, fairly

un peu a bit, slightly

vraiment really

trop too.

Look back at the text in activity 1 and find examples of intensifiers. Challenge yourself to use as many intensifiers as possible in your conversation in activity 5.

5.2 Groundwork is available in the Foundation book.

Grammar practice

Home, town, neighbourhood and region

1 Complete the sentences with the correct partitive article.

1. Dans ma ville, il y a _____ restaurants bon marché et _____ restaurants chers.
2. Quand je vais en ville le weekend, je mange _____ salade et je bois _____ jus d'orange.
3. Mes parents ont _____ patience.
4. Je fais souvent _____ équitation dans le centre équestre près de chez moi.
5. Mon frère a _____ opinions différentes des miennes.
6. Le soir, il y a _____ circulation dans ma ville.

2a Read each sentence and look at the map. Decide which place in town is being described. Choose your answers from the box.

> le commissariat   la boulangerie   la boucherie
> l'hôtel de ville   la bibliothèque

1. C'est entre la poste et la bijouterie.
2. C'est derrière la poste, près du centre commercial.
3. C'est en face de la place du marché, devant la charcuterie.
4. C'est à côté de la gare, en face de la bijouterie.
5. C'est au coin de la place du marché, près de la poste.

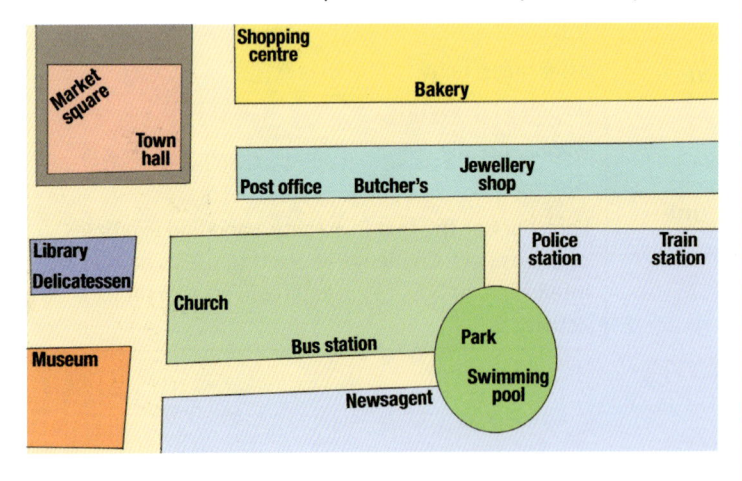

2b Use the map to complete the sentences with the correct prepositions.

1. Le musée est _____ la charcuterie.
2. L'hôtel de ville est _____ la place du marché.
3. La charcuterie est _____ la bibliothèque et le musée.
4. La piscine est _____ le parc.
5. Le centre commercial est _____ la boulangerie.
6. La gare est très _____ la bibliothèque.

Partitive articles

Partitive articles are used in front of a noun, when the quantity is not very specific. They are translated as 'some' or 'any' in English.

du + a masculine noun → *Je mange **du** poisson*. I eat fish.

de la + a feminine noun → *J'ai **de la** chance*. I'm lucky.

des + plural nouns → *Ma sœur a **des** amis généreux*. My sister has (some) generous friends.

de l' + a noun starting with a vowel → *Je bois **de l'**eau*. I'm drinking some water.

As you can see in the translation of the examples, English does not always include the equivalent words, but you always need them in French. You need to look at the gender and number of the noun when deciding which partitive article to use.

Prepositions

Prepositions describe the position of something or someone.
*Le marché est **derrière** le restaurant*.
The market is behind the restaurant.

When using prepositions that are followed by *de*, be careful:
~~de le~~ becomes *du* → *La banque est près **du** cinéma*.
~~de les~~ becomes *des* → *J'habite loin **des** magasins*.

Here are the most common prepositions. The ones that use *de* are on the right.

sur on	à côté de next to
sous under	à droite de to the right of
dans in	à gauche de to the left of
derrière behind	au coin de at the corner of
devant in front of	au bout de at the end of
entre (in) between	en face de opposite
	loin de far from
	près de near

Home, town, neighbourhood and region

3 Translate the following sentences into French.

1. In my bedroom, there would be a double bed.
2. My sister's bedroom would be on the first floor.
3. We would see the fields from the window.
4. What would you do to help around the house?
5. I would go to the gym in the basement every morning.

Grammaire — The conditional of irregular verbs

A reminder of the endings for conditional verbs:

je	jouer**ais**
tu	jouer**ais**
il / elle / on	jouer**ait**
nous	jouer**ions**
vous	jouer**iez**
ils / elles	jouer**aient**

A few common verbs are irregular in the conditional, but only the stem is irregular – the endings remain the same.

avoir	→ j'**aur**ais	I would have
être	→ je **ser**ais	I would be
faire	→ je **fer**ais	I would do
aller	→ j'**ir**ais	I would go
voir	→ je **verr**ais	I would see
vouloir	→ je **voudr**ais	I would like
pouvoir	→ je **pourr**ais	I would be able to

*Dans ma chambre idéale j'**aurais** un grand bureau. Je **serais** très contente et je **ferais** mes devoirs tous les jours.*
In my ideal bedroom I would have a big desk. I would be very happy and I would do my homework every day.

page 189

4a Write a sentence for each pair of nouns, comparing them. Use the adjectives in the box and check agreement.

> cher grand petit loin près varié vieux
> ancien propre difficile facile

1. ma chambre / la cuisine
2. la bijouterie / la boulangerie
3. les sports d'hiver / les sports nautiques
4. le Maroc / la France
5. les magasins artisanaux / le centre commercial
6. le château / la cathédrale

4b Complete the sentences with the correct superlative form of the adjective indicated in brackets. Write one word in each gap.

1. Paris est ____ ____ ____ ville de France. (*the biggest*)
2. Ma région est ____ ____ ____ du nord du Québec. (*the least lively*)
3. Ce restaurant est ____ ____. (*the best*)
4. Les magasins du centre sont ____ ____ ____. (*the most expensive*)
5. Le parc est ____ ____. (*the furthest*)
6. Ma région est ____ ____ ____. (*the coldest*)

Grammaire — Revision of comparative and superlative adjectives

The comparative
When you are comparing, use the comparative structures *plus … que / moins … que / aussi … que*.
*Le sud de la France est **plus** touristique **que** le nord.*
The south of France is **more** touristy **than** the north.
*Lyon est **moins** historique **que** Paris.*
Lyon is **less** historic **than** Paris.
*Mon appartement est **aussi** moderne **que** ta maison.*
My flat is **as** modern **as** your house.
Remember that there are some irregular adjectives:
mieux better
pire worse
Ma ville est mieux que Paris. My town is better than Paris.

The superlative
To express the superlative (the most / least …), use the following structure:
*Ma maison est **la plus** petite.*
My house is **the** small**est**.
*Ma ville est **la moins** animée.*
My town is **the least** lively.
With both the comparative and superlative, remember to make the adjective agree when necessary.

page 179

Vocabulary

Vocabulaire

5.1 Home

5.1 F Des maisons différentes
➡ pages 84–85

	agaçant(e)	annoying
le	bureau	office / study
la	cave	cellar
la	chambre	bedroom
la	cuisine	kitchen
	déménager	to move house
	douillet(te)	cosy
l'	escalier (m)	staircase
l'	étage (m)	floor, storey
la	fenêtre	window
le	grenier	attic
le	jardin	garden
la	maison (individuelle / jumelée / mitoyenne)	(detached / semi-detached / terraced) house
la	pièce	room
le	rez-de-chaussée	ground floor
la	salle à manger	dining room
la	salle de bains	bathroom
la	salle d'eau	wet room
le	salon	lounge, living room
le	séjour	lounge, living room
	sombre	dark
le	sous-sol	basement
les	toilettes (f)	WC, toilet

5.1 H Ma maison idéale
➡ pages 86–87

	aider à la maison	to help at home
le	bricolage	DIY
le	bruit	noise
	bruyant(e)	noisy
la	colline	hill
	devoir	to have to
les	distractions (f)	things to do, recreational activities
l'	embouteillage (m)	traffic jam
l'	endroit (m)	place
	faire la vaisselle	to do the washing-up
	faire le ménage	to do the cleaning
	faire les lits	to make the beds
le	four	oven
la	grande surface	superstore
le	loyer	rent
la	lumière	light
la	maison de plain-pied	bungalow
la	marque	brand
	mettre la table	to lay the table
	passer l'aspirateur	to vacuum
la	pelouse	grass, lawn
	ranger	to tidy
	sale	dirty
se	trouver	to be situated
	vivre	to live

5.2 Where I live

5.2 F Trouver ta ville jumelée idéale
➡ pages 88–89

	accueillir	to welcome
	artisanal(e)	hand-made
	attirer	to attract
	avoir besoin de	to need
	bon marché	cheap
le	centre commercial	shopping centre
le	château	castle
	cher / chère	expensive
le	choix	choice
	dehors	outside
	essayer	to try (on)
l'	étudiant(e)	student
	fermé(e)	closed
	gratuit(e)	free of charge
	loin (de)	far (from)
	ouvert(e)	open
	pas grand-chose	not much
	pratique	practical
le	quartier	area, part of town
	surtout	especially
de	taille moyenne	medium-sized
	tard	late
	tôt	early
	trop de	too many
la	ville jumelée	twin city / town
	voir	to see
le / la	voisin(e)	neighbour
l'	usine (f)	factory
la	zone piétonne	pedestrian zone

5.2 H Ma région
➡ pages 90–91

les	Antilles (f)	West Indies
l'	automne (m)	autumn
	célèbre pour	famous for
	connu(e) pour	known for
	d'outre-mer	overseas
	environ	around, approximately
l'	été (m)	summer
l'	habitant(e)	inhabitant
l'	hiver (m)	winter
	il fait beau	it is nice weather
	il fait chaud	it is hot
l'	île (f)	island
	même	same
	même si	even if
la	monnaie	currency, change
	parler	to speak
il	pleut	it is raining
	principal(e)	main
le	printemps	spring
la	randonnée	hike
	riche en	rich in
	souvent	often
les	sports nautiques (m)	watersports
	tuer	to kill
le	volcan	volcano

Charity and voluntary work

6.1 F Mon travail bénévole

Objectifs
- Describing charity work
- The conditional of *vouloir* and *aimer*
- Using verbal context when listening

1a 📖 Lis le texte. Fais correspondre les images (1–4) à Julie ou Louis.

Read the text and match the pictures (1–4) to Julie or Louis.

Comment faire la différence dans ta communauté?

Je suis bénévole pour l'Armée du Salut depuis deux ans. Je voudrais y passer plus de temps mais, pour le moment, j'aide les plus pauvres en travaillant dans le dépôt de Paris tous les mercredis et vendredis soirs. En général, je distribue de la soupe et du pain aux gens qui n'ont pas assez d'argent pour acheter à manger. Je discute avec eux aussi et j'essaie de comprendre leur situation. Quelquefois, pendant les vacances, je suis bénévole le lundi et mardi matin et je prépare les lits en changeant les draps pour accueillir les gens qui n'ont pas les moyens de payer un hôtel ou un appartement. **Julie**

Même si j'aimerais donner plus de temps aux associations locales, je travaille à plein-temps pendant la semaine alors je ne suis bénévole que les samedis au Secours populaire. Je fais des cartons alimentaires (de nourriture et de boissons) en utilisant des boîtes de conserves et les paquets de pâtes ou de biscuits donnés par le public. Ensuite, je distribue les cartons aux personnes les plus démunies qui ont besoin de manger et de boire mais qui n'ont pas assez d'argent. **Louis**

Si toi aussi, tu fais du travail bénévole le weekend ou pendant les vacances, envoie-nous ton témoignage!

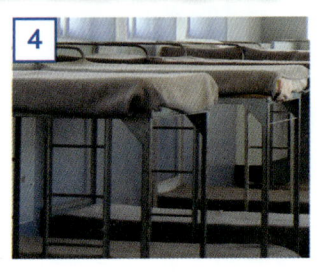

1b 📖 Relis le texte. Qui dit quoi: Julie ou Louis?

Reread the text. Who says what: Julie or Louis?

1 Je suis bénévole depuis deux ans.
2 Je suis bénévole le samedi seulement.
3 J'utilise les dons du public pour remplir les cartons.
4 Je parle avec les gens qui viennent à l'association.
5 Quand je suis en vacances, je donne plus de temps à l'association.
6 Je voudrais passer plus de temps à aider les autres.

2 **G** Complete the sentences with the correct conditional form of *vouloir* or *aimer* as indicated in brackets.

1 Ma famille _____ faire plus de dons aux associations locales. (*vouloir*)
2 Ma sœur _____ voyager autour du monde et travailler pour des associations internationales. (*aimer*)
3 Mon frère et moi _____ travailler comme bénévoles pendant les vacances. (*aimer*)
4 Mes parents _____ donner plus d'argent à certaines associations. (*vouloir*)
5 Quelle association _____-vous aider? (*vouloir*)
6 As-tu décidé si tu _____ faire du travail bénévole? (*aimer*)

Grammaire

The conditional of *vouloir* and *aimer*

Vouloir and *aimer* are both used in the conditional to mean 'would like'.

Aimer is completely regular.

j'aimerais, tu aimerais, il / elle / on aimerait, nous aimerions, vous aimeriez, ils / elles aimeraient

Vouloir is irregular but takes regular conditional endings.

je voudrais, tu voudrais, il / elle / on voudrait, nous voudrions, vous voudriez, ils / elles voudraient

When using a verb after either *vouloir* or *aimer*, you should use an infinitive:

I would like to do charity work. → *Je voudrais faire du travail bénévole.*
I would like to help people. → *J'aimerais aider les gens.*

Also learn about *en* + present participle. See page 104.

page 189

96 quatre-vingt-seize

Social issues 97

3a 🎧 Écoute une infirmière parler de son travail caritatif en Afrique de l'ouest. Décide si les phrases (1–8) sont vraies (V) ou fausses (F).

Listen to a nurse talking about her charity work in West Africa. Decide whether each sentence (1–8) is true (V) or false (F).

1. Marie Caillot travaille pour Médecins Sans Frontières depuis huit ans.
2. Elle travaille principalement en France.
3. Marie apporte de l'aide médicale.
4. Il y a trois mois, elle est allée en Afrique.
5. Elle a voyagé en Afrique orientale.
6. Marie a soigné des gens atteints du virus du choléra.
7. Elle a donné des médicaments et elle a fait des piqûres.
8. Elle trouve son travail difficile et triste quelquefois.

3b 🎧 Réécoute Marie Caillot et corrige les phrases fausses d'activité 3a.

Listen to Marie Caillot again and correct the false sentences from activity 3a.

4 🇹 Translate the sentences into French.

1. I would like to do more charity work.
2. I would like to help my community by donating clothes to charities.
3. I work for a charity two days a week.
4. By giving my time, I help a lot of people.

5 💬 Choisis une fiche personnelle A ou B. C'est toi la personne. Parle de ton travail bénévole. Tu as cinq minutes de préparation.

Choose a *fiche personnelle* A or B. You are the person. Talk about your charity work. You have five minutes of preparation time.

6 ✏️ Écris un article sur 'Comment faire la différence dans ta communauté'. Décris le travail bénévole que tu fais. Tu peux inventer!

Write an article on 'how to help your community'. Describe the charity work that you do. You can make it up!

> **Stratégie**
>
> **Using verbal context when listening**
>
> When listening to a recording, don't forget to use the context to help you infer the meaning of what you hear. The number and age of speakers, tone of voice, and length and type of recording are all clues to help you work out the meaning of a text.
>
> Listen again to the recording from activity 3. With a partner, discuss the features which can help you understand what you hear.

A Fiche personnelle

Nom: Thomas Bigart
Association: Emmaüs
Depuis: 3 ans
Quand: tous les weekends
Tâches: Je fais les lits et je lave les draps.

B Fiche personnelle

Nom: Karim Bensaid
Association: Le Secours populaire
Depuis: un an
Quand: pendant les vacances scolaires
Tâches: J'accompagne le camion-soupe dans les rues de Lyon et j'aide à distribuer la soupe.

Je suis bénévole Je travaille bénévolement		pour l'association	Emmaüs. SOS Racisme. Le Secours populaire.
Je travaille	tous les weekends deux fois par semaine le lundi et mercredi matin	depuis trois mois. depuis un an.	
Normalement Généralement	j'aide à préparer les repas. je fais les lits. je discute avec les gens. je fais et je distribue les colis alimentaires.		

quatre-vingt-dix-sept

Charity and voluntary work

6.1 H Pourquoi a-t-on besoin d'associations?

Objectifs

Understanding the importance of charities

Vouloir que + subjunctive

Using questions to formulate answers

François raconte son histoire:

A Il y a cinq ans, je travaillais pour une entreprise de publicité à Marseille, dans le sud de la France. J'habitais dans un appartement trois pièces au centre-ville avec ma fille de six ans et mon fils de huit ans. Je voulais que mes enfants aient leur propre chambre donc je payais un loyer légèrement plus cher. Un jour, malheureusement, je me suis fait renvoyer pour raisons économiques. La société a fait faillite.

B Même si je gagnais un peu d'argent chaque mois grâce aux aides financières du gouvernement, ce n'était pas assez pour payer le loyer, les factures et la nourriture pour mes enfants et moi. Rapidement, j'ai eu l'impression de perdre le contrôle de ma vie, de devenir déprimé à cause de toutes ces dettes. Sans famille à proximité, je ne savais pas vers qui me tourner. Ce que je voulais faire, c'était retrouver un travail au plus vite mais je n'y arrivais pas.

C C'est quand j'ai vu une pub à la télé pour le Secours populaire que j'ai décidé d'y aller. La première fois, c'était difficile car je ne pensais pas, un jour, devoir utiliser une association caritative. Heureusement, les bénévoles étaient gentils, humains et compréhensifs et ont vu que je voulais que mes enfants ne manquent de rien. Ils m'ont donné un colis alimentaire avec des boîtes de conserve, des briques de jus d'orange, du riz et des paquets de gâteaux.

D J'ai utilisé les Secours populaire pendant six mois pour me rétablir financièrement et je n'ai jamais abandonné. Aujourd'hui, j'ai un nouveau travail et mes enfants et moi ne manquons de rien. Je ne sais pas ce que j'aurais fait sans cette association. Ils m'ont apporté de l'aide dans un moment très difficile de ma vie.

1 📖 Lis le texte et réponds aux questions en français. Écris des phrases complètes.

1. Pour quel sorte d'entreprise travaillait François?
2. Pourquoi s'est-il fait renvoyer?
3. Qu'est-ce qu'il voulait faire au plus vite?
4. Comment a-t-il entendu parler du Secours populaire?
5. Qu'est-ce qu'il y avait dans le premier colis alimentaire?
6. Combien de temps a-t-il utilisé le Secours populaire?

2 🎧 Écoute le porte-parole des Restos du Cœur et réponds aux questions en français. Utilise la section Stratégie et écris des phrases complètes.

1. Combien de repas les Restos du Cœur ont-ils servi depuis leur création?
2. Selon le porte-parole de l'association, combien de personnes vivent sous le seuil de la pauvreté en France?
3. Quelle sorte de personnes les Restos du Cœur aident-ils?
4. Quel est le but principal de l'association?
5. Que représente le nombre 70 000?
6. Quels autres services offre l'association?

se faire renvoyer – to lose your job

Using questions to formulate answers

When you have to answer a question in French, use the question itself as the basis for your answer as it will contain many of the words that you need.

First, look for the question word (usually at the start), e.g.

Combien needs an amount in the answer.

Pourquoi needs a reason (*parce que* …) in the answer.

Est-ce que needs a 'yes' or 'no' answer.

Qu'est-ce que needs an answer to the question 'What …?'.

Then look at the main verb and any time references. Use these in your answer, changing the subject and form of the verb if necessary.

For example:

Est-ce que tu fais du travail bénévole le weekend?

Oui, je fais du travail bénévole le weekend.

Use this strategy in activities 1 and 2.

Stratégie

Social issues

3 **G** Translate the following sentences into English.

1. Mon frère veut que je travaille dans une association caritative.
2. Mes parents voudraient que ma sœur donne ses vieux vêtements à la communauté.
3. Je veux que mon école récolte de l'argent pour les associations locales.
4. Nous voudrions que tu fasses plus de travail bénévole.
5. Les associations internationales veulent qu'on fasse des dons.
6. Est-ce que vous voudriez que je sois bénévole pour votre association?

4 **T** Translate the following passage into French.

> 'Les petits-frères des Pauvres' is a charity which looks after people over 50. My grandma lives on her own and has been using this charity for two years. A charity worker visits my grandma every morning and chats with her. Sometimes, if she needs them to, the charity also does her food shopping.

5 Imagine que tu as créé ta propre association. Crée une publicité expliquant comment elle fonctionne et qui elle aide. N'oublie pas un logo et un slogan. Mentionne:

- nom et raison pour sa création
- qui l'association aide
- combien de volontaires y travaillent et quand
- ce que font les volontaires.

Grammaire

Vouloir que + subjunctive

When using the verb *vouloir* to describe what you want someone else to do, use this structure:

subject e.g. *je* + appropriate form of *vouloir*	que	the person e.g. *mes parents*	verb in the subjunctive
Example: *Je veux*	*que*	*mes parents*	**donnent** *de l'argent aux associations.*

= I want my parents to give money to charities. (literally: I want that my parents give money to charities.)

*Je **veux que** mon frère **ait** sa propre chambre.*
I want my brother to have his own room.
*Nous **voulons qu'**on **fasse** plus pour aider les pauvres.*
We want people to do more to help the poor.

The subjunctive mood is formed from the *ils / elles* form of the present tense with the *-ent* ending removed. Add the following endings:
mang~~ent~~
*je mang**e**, tu mang**es**, il / elle / on mang**e**,
nous mang**ions**, vous mang**iez**, ils / elles mang**ent***

You will need to recognise some irregular verbs in the subjunctive:
aller → j'aille   faire → je fasse
avoir → j'aie   pouvoir → je puisse
être → je sois

Also learn to use *ce que*. See page 105.

page 189

---

le chômeur – unemployed person
le porte-parole – spokesperson
le sans-abri – homeless person
le seuil de la pauvreté – poverty line
seul(e) – single / on their own

Mon association caritative s'appelle … J'ai appelé mon association …		car / parce qu'	elle s'occupe de lutte pour / contre combat	les droits des …. la discrimination contre … le changement climatique.
J'ai crée J'ai ouvert	l'association	en 2013 il y a cinq ans	car parce que	c'est un problème important dans notre société. c'est un sujet qui me tient à cœur.
Généralement La plupart du temps	ils		répondent au téléphone et offrent des conseils. récoltent de biens comme de la nourriture ou des vêtements. vont a des manifestations et offrent leur soutien.	
L'association	aide les offre son soutien aux		personnes victimes de discrimination. animaux sans défense. problèmes environnementaux.	

6.1 Groundwork is available in the Foundation book.

Healthy and unhealthy living

6.2 F Mon mode de vie avant et maintenant

Objectifs
- Comparing old and new health habits
- Imperfect tense of *être*, *avoir* and *faire*
- Recognising common patterns in French when listening

1a Read Magali's account of her current and old health habits. Put the following phrases in the order in which they appear in the text. Then translate the sentences in italics into English.

1. Magali used to have less homework.
2. She smokes and drinks a bit.
3. She has no time to relax.
4. She used to do exercise at school.
5. She is afraid of being addicted to drugs so she never takes any.
6. She used to swim twice a week.

Quand j'y réfléchis, je pense que mon mode de vie a beaucoup changé en six ans.

Pour commencer, *quand j'avais dix ans, je faisais beaucoup d'exercice*. Par exemple, je faisais du sport à l'école pendant les cours d'éducation physique. En plus, le mardi et jeudi soir, *j'allais à la piscine où je faisais une heure d'entraînement avec mon équipe de natation*. Cependant, aujourd'hui, les choses ont changé et je ne fais pas beaucoup d'activité physique. Mais je fais du jogging tous les matins pendant 20 minutes car ça me donne de l'énergie pour le reste de la journée.

Il y a six ans, comme j'étais trop jeune, je ne buvais jamais d'alcool et je n'avais jamais fumé de cigarettes. Bien sûr, je ne me droguais pas. Aujourd'hui, malheureusement, je ne suis pas en si bonne santé. Quelquefois, quand je vais à des fêtes avec mes amis, je bois un peu d'alcool pour me sentir plus à l'aise et avoir confiance en moi. En plus, je fume quelques cigarettes pour faire plus adulte et être plus sociable même si je sais que c'est très dangereux pour la santé et que ça peut mener au cancer du poumon. Par contre, je ne prends jamais de drogue car j'ai peur de devenir accro.

Finalement, quand j'avais dix ans, je n'avais pas beaucoup de devoirs et par conséquent, *j'avais plus de temps pour me détendre. Je pouvais lire des livres et écouter de la musique.* Maintenant, avec tout le travail scolaire que je dois faire au lycée et la préparation aux examens, je n'ai pas de temps pour me détendre et je suis souvent stressée. En plus, je ne dors que six heures par nuit alors que le sommeil est très important pour rester en bonne santé.

1b Relis le texte et réponds aux questions en français. Écris des phrases complètes.

Read the text again and answer the questions in French. Write full sentences.

1. Quelle activité physique fait-elle aujourd'hui?
2. Quelle était son opinion de l'alcool il y a six ans?
3. Pourquoi fume-t-elle et boit-elle aujourd'hui?
4. Pourquoi ne prend-elle pas de drogue?
5. Quelles activités faisait-elle pour se détendre il y a six ans?
6. Pourquoi est-elle stressée aujourd'hui?

2a Listen to Sylvain talking about his lifestyle today and Annabelle talking about her lifestyle when she was eight. Match each topic (1–4) with Sylvain, Annabelle or both.

1. Physical activity
2. School
3. Smoking, drinking and drugs
4. Diet

Stratégie

Recognising common patterns in French when listening

Knowing the following patterns of word formation can help you understand a listening text.

- *re-* used as a prefix (*commencer* → *re*commencer; *faire* → *re*faire, *écoute* → *ré*écoute) indicates 'doing it again'.
- *-ette* used as a suffix (*tarte* → *tartelette*, *maison* → *maisonette*, *camion* → *camionette*) indicates the idea of 'smaller'.
- *in-* used as a prefix (*connu* → *inconnu*, *actif* → *inactif*, *cassable* → *incassable*) indicates the idea of a contrary.
- *-eux* used as a suffix (*danger* → *dangereux*, *chance* → *chanceux*) changes a noun into an adjective.
- *-ion* or *-ation* used as a suffix (*réparer* → *réparation*, *inventer* → *invention*) changes a verb into a noun.

Listen to Sylvain and Annabelle (activity 2) again and list the examples of these word patterns that you can hear. Then translate them into English.

Social issues 101

2b 🎧 Réécoute et décide qui dit quoi (Sylvain ou Annabelle).

Listen again and decide who says what (Sylvain or Annabelle).

1. L'athlétisme est mon sport préféré.
2. Je faisais beaucoup de sport dans des clubs après l'école.
3. Je ne fume jamais.
4. Je ne mangeais pas très sainement.
5. Quelquefois, nous buvons de l'alcool.
6. Mes copains sont fumeurs.

3 🅖 Complete the sentences with the correct imperfect-tense form of the verbs in brackets.

1. _____-tu beaucoup de sport? (*faire*)
2. Mon frère _____ très sportif. (*être*)
3. Il y a cinq ans, ma sœur _____ un régime alimentaire assez malsain. (*avoir*)
4. Mes grands-parents n'_____ pas en bonne santé. (*être*)
5. Nous n'_____ pas une alimentation saine. (*avoir*)
6. Quand j'_____ plus jeune, je _____ de l'exercice régulièrement. (*être*, *faire*)

> **Grammaire** *page 187*
>
> **Imperfect tense of *être*, *avoir* and *faire***
>
> The imperfect tense of *avoir* and *faire* is formed as usual from the *nous* form of the present tense with the *-ons* ending removed, and the imperfect-tense endings added.
>
> j'av**ais**, tu av**ais**, il / elle / on av**ait**, nous av**ions**, vous av**iez**, ils / elles av**aient**
>
> je fais**ais**, tu fais**ais**, il / elle / on fais**ait**, nous fais**ions**, vous fais**iez**, ils / elles fais**aient**
>
> Only *être* is irregular, as its stem changes to *ét-*. However, the endings are regular:
>
> j'étais, tu étais, il / elle / on était, nous étions, vous étiez, ils / elles étaient.
>
> Also learn how to use expressions of quantity and to recognise the pluperfect tense. See page 104.

4 💬 Travail à deux. Regardez les images, puis à tour de rôle, posez les questions et répondez-y.

Work with a partner. Look at the pictures and take turns to ask and answer the questions.

- Qu'est-ce qu'il y a sur les images?
- Tu faisais de l'exercice quand tu étais plus jeune?
- Que penses-tu de ton mode de vie aujourd'hui?

5 ✏️ Écris un paragraphe pour comparer ton mode de vie aujourd'hui et quand tu avais huit ans.

Write a paragraph comparing your lifestyle now and when you were eight years old.

Quand j'avais huit ans Il y a cinq ans	je faisais	beaucoup d'activité physique peu de sport		car j'étais sportive. parce que c'était bon pour la santé. car j'étais paresseuse.
	je me relaxais	en lisant un livre. en écoutant de la musique.		
	j'avais	un régime alimentaire	sain malsain	car je mangeais des fruits. car je préférais les matières grasses.
Maintenant Aujourd'hui De nos jours	je fais du jogging je fais de la natation je m'entraîne	tous les matins deux fois par semaine régulièrement		car ça m'aide à rester en forme. car ça me donne de l'énergie. parce que c'est bon pour la santé.
Je sais que	fumer boire	est malsain. est dangereux pour la santé. peut mener à des maladies.		

Healthy and unhealthy living

6.2 H Opération 'remise en forme'!

Objectifs
- Describing health resolutions
- *Il vaut / vaudrait mieux*
- Using negatives to add complexity

C'est la nouvelle année et le club de gym 'Santé avant tout' vient de lancer un challenge de remise en forme à ses abonnés. Mathieu, le responsable de la salle de sport, nous explique le programme de l'opération 'remise en forme'.

1 Pour commencer, il faut désintoxiquer votre corps. Il vaudrait mieux ne pas boire d'alcool pendant tout le mois de janvier. S'enivrer régulièrement pose un risque important à la santé et peut mener au cancer du foie et à la mort. En plus, l'alcool est une drogue et il est très facile d'y devenir accro, de devenir alcoolique. Ne pas boire pendant 31 jours permettrait à votre corps d'éliminer toutes les toxines nocives.

2 Deuxièmement, il faudrait retourner à la salle de sport! Pendant l'hiver, il est facile de devenir paresseux, d'être fatigué et de ne pas avoir assez d'énergie pour faire du sport. Si vous recommenciez une activité physique régulière, votre souffle s'améliorerait et vous ne seriez plus hors d'haleine aussi rapidement. La musculation vous permettrait de raffermir votre corps et vos muscles. Une enquête a aussi prouvé que faire une activité physique donne plus d'énergie.

3 Ne pensez ni au tabagisme ni aux drogues! Fumer ou consommer des drogues est dégoûtant et peut mener à de nombreux problèmes de santé comme les crises cardiaques ou le cancer du poumon. Il vaut mieux ne jamais commencer!

4 Pour une remise en forme complète, ce serait une bonne idée de faire un régime au mois de janvier pour perdre les quelques kilos pris à Noël. Il vaudrait mieux ne plus manger de casse-croûte, de fast-food ou de sucreries. Pourquoi ne pas essayer la nourriture bio ou des cocktails de courgettes et d'asperges? Votre peau serait plus belle et vous perdriez vos quelques kilos en trop en un rien de temps!

5 Finalement, relaxez-vous! Le meilleur conseil que je puisse vous donner, c'est: dormez quand vous avez sommeil et ne vous épuisez pas! Il vaut mieux dormir huit heures par nuit et se coucher tôt le soir après une journée de travail. Mais n'oubliez pas non plus de vous détendre.

1a Lis le programme de remise en forme de Mathieu et choisis le bon titre pour chaque paragraphe (1–5).

Exemple: **1** Fini l'alcool!

On fait du sport!
On compte les calories!
On se relaxe!
Fini l'alcool!
La cigarette et les drogues – on oublie!

l'abonné (m) – member
le souffle – breathing
hors d'haleine – out of breath
les poumons (m) – lungs
en un rien de temps – in no time

1b Relis le texte, puis choisis un mot pour chaque blanc pour compléter le résumé suivant.

Le club de sport 'Santé avant tout' vous invite à un programme de remise en (**1**) _____. Pour désintoxiquer votre corps, ne buvez pas d' (**2**) _____ au mois de janvier et faites plus de (**3**) _____. Ne (**4**) _____ jamais car c'est dangereux pour les poumons. Faites un (**5**) _____ pour perdre quelques (**6**) _____. Mais ne travaillez pas trop dur, car il est important de vous (**7**) _____ et je vous conseille aussi de (**8**) _____ au moins huit heures par nuit.

Social issues **103**

2 🎧 Listen to Caroline and choose the correct answers to complete each statement.

1. It's the **1st / 10th / 28th** of January and Caroline is describing her new **diet / resolutions / worries**.
2. Caroline thinks that the **taste / price / smell** of smoking is disgusting.
3. Her **parents / grandparents / children** warned her of the dangers of smoking.
4. At the moment, she goes to the gym **once a week / occasionally / regularly**.
5. She would like to be less out of breath when she **walks to work / climbs hills / goes upstairs**.
6. Caroline hates **fast food / sweet things / vegetables** but cannot resist **burgers / sweet things / cheese**.

3 **G** **T** Complete the sentences with the most appropriate infinitive. You might need to add a negative. Then translate the sentences into English.

Exemple: Il vaut mieux _____ parce que c'est très mauvais pour les poumons.
Il vaut mieux **ne pas fumer** parce que c'est très mauvais pour les poumons.
It's best not to smoke because it's very bad for your lungs.

1. Il vaut mieux _____ un régime équilibré.
2. Il vaudrait mieux _____ d'alcool car c'est dangereux pour le foie.
3. Il vaut mieux _____ une activité physique régulièrement.
4. Il vaudrait mieux _____ au moins huit heures par nuit.

> **Grammaire** — page 185
>
> **Il vaut / vaudrait mieux**
>
> *Il vaut mieux* (present tense) and *il vaudrait mieux* (conditional) are used to express 'it is better' and 'it would be better'. They are followed by an infinitive.
> *Il vaut mieux arrêter de fumer.*
> It is better to quit smoking.
> *Il vaudrait mieux ne pas boire.*
> It would be better not to drink.
> If you want to use the infinitive in a negative phrase, the negative words stay together before the infinitive:
> *Il vaut mieux **ne pas commencer** à fumer.*
> It is better not to start smoking.
> Also revise negative constructions. See page 105.

4 **T** Translate the following passage into French.

> To improve my health, I would like to avoid sweet things. Also, if I had the time, I would go to the gym more regularly, but I would not go every day. I would go to bed earlier at night and I would have time to relax. It would be better not to smoke.

5 👥 Travail de groupe. En travaillant ensemble, préparez une présentation: Qu'est-ce qu'il faut faire pour améliorer sa forme?

6 ✏️ Tu prends des résolutions pour la nouvelle année. Écris ton programme de remise en forme.

> **Stratégie**
>
> **Using negatives to add complexity**
>
> To improve the range of the language you are using, try to use different negative phrases. They all work in the same way (see page 105), but using a variety will add interest to your work.
>
> Look back at the text in activity 1 and note down all the negative constructions you can find.

Pour la nouvelle année Pour améliorer ma forme Pour être en meilleure santé	je voudrais j'aimerais j'ai l'intention de il vaudrait mieux	faire du jogging aller à la salle de sport	deux fois par semaine. tous les matins.
		m'inscrire à un club de natation.	
Si j'avais moins de travail Si j'avais plus de temps Si je travaillais moins	je me coucherais plus tôt	tous les soirs. la semaine. le weekend.	
	je dormirais au moins huit heures par nuit.		
	je prendrais plus de temps pour me détendre.		
Il vaudrait mieux aussi	ne pas manger de sucreries. ne manger que les produits sains. ne jamais fumer. ne boire d'alcool que rarement.		

6.2 Groundwork is available in the Foundation book.

Grammar practice

G Social issues

1 Choose a verb from the box and use the present participle of the verb to complete the sentences.

> utiliser distribuer faire travailler acheter

1 J'aide les plus pauvres en ____ dans une association le weekend.
2 Je contribue à la communauté en ____ des colis alimentaires aux sans-abris.
3 Je soutiens une association caritative en ____ des dons de nourriture pour les pauvres.
4 On peut aider les associations en ____ des choses dans leurs magasins.
5 Les associations caritatives peuvent faire beaucoup en ____ les dons du public.

En + present participle
Grammaire page 190

The structure *en* + present participle can be translated as 'by + …ing' in English. Try to use it to extend the range and complexity of your language.

*J'aide ma communauté **en faisant** du travail bénévole.*
I help my community **by doing** charity work.
To form the present participle, take the *nous* form of the verb in the present tense, remove the *-ons* ending and replace it with the present participle ending *-ant*.

donnons → *donnant*
aidons → *aidant*
faisons → *faisant*

The present participles of *être* and *avoir* are irregular: *être* → *étant*   *avoir* → *ayant*.

2 Fill in the gaps with the correct expression of quantity, so that each sentence matches its English translation. Remember to include *de* if it is needed.

1 Le weekend, il boit ____ alcool.
   At the weekend, he drinks too much alcohol.
2 Ma mère fume ____ cigarettes le soir.
   In the evening my mum smokes several cigarettes.
3 Mon frère mange ____ sucreries que ma sœur.
   My brother eats fewer sweet treats than my sister.
4 Nous faisons ____ sport.
   We do lots of sport.
5 Il mange ____ biscuits pendant la semaine.
   He eats quite a few biscuits during the week.

Expressions of quantity
Grammaire page 181

There are many different expressions of quantity that you can use in French:

quelques	a few
plusieurs	several / a lot of
moins	less / fewer
plus	more
assez de	enough of
beaucoup de	lots of
pas mal de	quite a few
trop de	too much / many
un peu (de)	a little / a few of

Many of these expressions must be followed by *de* before the noun:
*Je bois trop **de** coca.*
I drink too much coke.
*Je mange beaucoup **de** sucreries.*
I eat a lot of sweet treats.

3 Choose the correct form of *être* or *avoir* to complete the pluperfect-tense sentences.

1 J'**avais** / **avions** / **étais** mangé très sain toute la semaine.
2 Nous **étaient** / **avions** / **étions** allés au centre sportif.
3 Il **avait** / **était** / **aviez** bu trop de coca.
4 J'**était** / **avais** / **étais** sortie tous les soirs.
5 Ils **avait** / **étaient** / **avaient** fait de la natation.

Recognising the pluperfect tense
Grammaire page 188

The pluperfect tense translates the English 'had done' something. It is formed by using the imperfect tense of the auxiliary verb (*être* or *avoir*) and the past participle:
*Je n'**avais** jamais **fumé** de cigarettes.*
I had never smoked any cigarettes.
*Je n'**avais** pas **aimé** ça.*
I hadn't liked it.
*J'**étais allé(e)** au centre sportif.*
I had gone to the sports centre.

4 Re-order the sentences so they make sense. Then translate them into English.

1. que – je – dans – veux – Ce – c'est – faire, – voyager – le – monde
2. déteste, – Ce – la – que – discrimination – je – c'est
3. j'espère, – que – faim – c'est – la – Ce – s'arrête – que
4. veut, – ma – que – Ce – tigres – sœur – c'est – sauver – les
5. je – Ce – veux – faire, – que – c'est – bénévole – du – travail
6. je – ne – veux – pas – plus – ce – que – Je – faire – tard – sais

Using *ce que*

The pronoun *que* is usually translated as 'that' or 'what'. It can be used as a question word, or in an sentence.
Que dit-il? **What's** he saying?
*Il dit **qu**'il a faim.*
He's saying (**that**) he's hungry.

The expression *ce que* means literally 'that what', but in English you usually just need 'what'.
Ce que je veux faire, c'est me relaxer!
What I want to do is relax!

Ce que j'adore, c'est le chocolat!
What I love is chocolate!

Grammaire — page 184

5 Rewrite the sentences to match their English translations. Remember *du / de la / des* change to *de* after a negative.

1. Je mange beaucoup de légumes.
   I don't eat lots of vegetables.
2. Nous allons à la salle de sport.
   We never go to the gym.
3. Il vaut mieux commencer à fumer.
   It is better not to start smoking.
4. Je bois de l'alcool le weekend.
   I only drink alcohol at the weekend.
5. Ma sœur dort moins de huit heures par nuit.
   My sister never sleeps less than eight hours per night.
6. Mon frère prend de la drogue.
   My brother no longer takes drugs.
7. Je veux essayer la drogue et l'alcool.
   I don't want to try either drugs or alcohol.
8. Tout le monde sait qu'un régime équilibré est important.
   No one knows that a balanced diet is important.
9. Je fais tout pour rester en forme.
   I don't do anything to stay healthy.

Revision of negative constructions

To express a negative idea, you can use a range of negative phrases:
ne … pas not
ne … plus no more / no longer
ne … jamais never
ne … que only
ne … rien nothing / not anything
ne … personne nobody / no one
ne … ni … ni neither … nor.

They all work in the same way: the negative structure goes **around** the verb.
*Je **ne** mange **jamais** de matières grasses.*
I never eat fatty food.

However, if the verb is in the infinitive, the negative words stay together **in front of** the infinitive.

*Il est important de **ne plus** fumer.*
It's important not to smoke any more.

Grammaire — page 191

Vocabulary

Vocabulaire

6.1 Charity and voluntary work

6.1 F Mon travail bénévole
➡ pages 96–97

	accueillir	to welcome
	alimentaire	dietary
	apporter	to bring
	assez	quite, enough
	autour	around
	avoir les moyens (m)	to be able to afford
	comprendre	to understand
	démuni(e)	in need
	dur(e)	hard
l'	eau potable (f)	drinking water
	essayer de	to try
	j'aimerais	I would like
	je voudrais	I would like
à	mi-temps	part-time
le	monde	world
la	nourriture	food
	pauvre	poor
à	plein-temps	full-time
	propager	to spread
le	repas	meal
	soigner	to treat / to care for
	travailler	to work
	triste	sad
	voyager	to travel

6.1 H Pourquoi a-t-on besoin d'associations?
➡ pages 98–99

	à cause de	because of
	basculer	to turn for the worse
le	chômeur	unemployed person
	compréhensif(-ve)	understanding
	déprimé(e)	depressed
la	dette	debt
la	facture	bill
	grâce à	thanks to
	heureusement	fortunately
	il y a + [amount of time]	[amount of time] + ago
	livrer	to deliver
le	logement	accommodation
le	loyer	rent
	malheureusement	unfortunately
s'	occuper de	to look after / to deal with
	perdre le contrôle	to lose control
les	personnes défavorisées (f)	disadvantaged people
la	publicité	advertising
	renoncer	to give (something) up
le	sans-abri	homeless person
le	seuil de pauvreté	poverty line
	seul(e)	alone
le	soutien	support
le	travail	work, job

6.2 Healthy and unhealthy living

6.2 F Mon mode de vie avant et maintenant
➡ pages 100–101

	accro	addicted / hooked
	avoir confiance en soi	to be confident
	avoir peur de	to be scared of
	dépendant(e)	addicted
se	détendre	to relax
	devenir	to become
les	devoirs (m)	homework
	dormir	to sleep
la	drogue	drug
se	droguer	to take drugs
s'	entraîner	to train
	être à l'aise (f)	to be comfortable
	faire attention à	to be careful of
	fumer	to smoke
l'	habitude (f)	habit
l'	odeur (f)	smell
	perdre du poids	to lose weight
	plaire	to please
le	poumon	lung
se	relaxer	to relax
la	respiration	breathing
le	sommeil	sleep
	stressé(e)	stressed
le	tabac	smoking / tobacco

6.2 H Opération 'remise en forme'!
➡ pages 102–103

l'	alcoolique (m / f)	alcoholic
	arrêter	to stop, to quit
	avertir	to warn
	avoir sommeil	to be tired
le	casse-croûte	snack
le	cœur	heart
la	consommation	consumption, usage
	consommer	to consume
le	corps	body
la	crise cardiaque	heart attack
	dégoûtant(e)	disgusting
	désintoxiquer	to detox
	éliminer	to eliminate
s'	enivrer	to get drunk
l'	enquête (f)	enquiry, survey
	épuiser	to exhaust
	essoufflé(e)	breathless
	faire un régime	to go on a diet
	fatigué(e)	tired
le	foie	liver
	hors d'haleine	out of breath
s'	inscrire	to sign up for
le	mode de vie	lifestyle
	monter	to go up
la	nourriture bio	organic food
	oublier	to forget
la	peau	skin
	respirer	to breathe
le	souffle	breath
le	tabagisme	(addiction to) smoking
	tousser	to cough
le / la	toxicomane	drug addict
les	toxines nocives (f)	harmful toxins

Higher – Reading and listening

1 A newspaper has just published the results of a research study about charities in France. Read the summary and write the correct figure for each sentence.

1. People who regularly give money to charities. _____
2. Famous people involved in charity work. _____
3. People who would like to volunteer if they had more time. _____
4. People who are or have been volunteers for a charity. _____
5. People who would like to set up their own charity. _____
6. Money received by a charity each month. _____ **[6 marks]**

Les associations caritatives en France se développent de plus en plus et une recherche a trouvé qu'elles sont de plus en plus nécessaires et que sans l'aide du public, beaucoup n'existeraient plus:

- 22% de la population française a déjà utilisé une association caritative.
- 46% des personnes de plus de 18 ans travaillent ou ont déjà travaillé bénévolement pendant leur temps libre.
- Plus de 150 célébrités sont engagées pour une cause liée à une association caritative.
- 67% des personnes qui travaillent font des dons à au moins une association caritative tous les mois.
- 31% des personnes voudraient faire du travail volontaire mais ne trouvent pas assez de temps dans leurs vies chargées.
- 5% des personnes aimeraient créer leur propre association si elles avaient un peu plus d'argent.
- En moyenne, une association caritative reçoit 5 000 euros par mois de dons.

2 Lisez la lettre que Michel a écrite à la mairie de sa ville et complétez le texte avec un mot de la liste ci-dessous. Écrivez la bonne lettre pour chaque blanc.

> **Stratégie**: Use both the meaning of the sentence and the grammatical context of the words before deciding which word from the list to use. Decide whether you need a verb, a noun or an adjective and once you're sure, check the options and pick the most appropriate word for the sentence to make sense.

A	dernier
B	résoudre
C	pensais
D	voir
E	déchets
F	enlaidissent
G	agrandissent
H	été
I	problèmes

Je vous écris pour vous communiquer quelques (**1**) _____ que j'ai remarqués dans la ville. Alors que je me promenais dans la rue principale le weekend (**2**) _____, j'ai trouvé qu'il y avait beaucoup trop de (**3**) _____ par terre. C'est vraiment dommage car notre ville est très jolie et autant de détritus l'(**4**) _____. Ensuite, j'ai décidé de prendre le bus pour aller au centre commercial mais j'ai (**5**) _____ vraiment surpris et agacé de devoir attendre plus de 30 minutes en plein weekend. Je (**6**) _____ qu'on avait un bon réseau de transports sur lequel les habitants pouvaient compter. J'espère que vous serez en mesure de (**7**) _____ ces problèmes.

[7 marks]

3 Lisez cet article tiré du magazine 'Forme et santé'. Répondez aux questions en **français**.

1. Pourquoi le magazine donne-t-il ces astuces? **[1 mark]**
2. Quels conseils donne-t-il par rapport au sommeil? **[2 marks]**
3. Pourquoi beaucoup de personnes qui travaillent ne font-elles pas assez d'exercice? **[3 marks]**
4. Combien de temps devrait-on passer à faire du sport chaque jour? **[1 mark]**
5. Pourquoi faut-il essayer d'éviter les sucreries et la caféine? **[2 marks]**

Pour rester en forme, voilà quelques astuces qui devraient vous aider.

Ne vous couchez pas trop tard et assurez-vous de dormir au moins huit heures par nuit. Cela vous aidera à vous reposer et à attaquer chaque jour avec assez d'énergie!

Trouvez du temps pour faire de l'exercice. Il est très facile de tomber dans la routine 'métro-boulot-dodo' et d'être trop fatigué ou paresseux pour faire du sport après le travail ou le collège. Pourtant, seulement 30 minutes de sport par jour sont nécessaires pour garder la forme.

Essayez de ne pas manger trop de sucreries ou de boire trop de caféine. Même si ça vous donne de l'énergie sur le moment, ce n'est pas bon pour votre cœur et une fois le 'boost' passé, vous vous sentirez encore plus faible qu'avant.

4 📖 **T** Translate the following passage into **English**.

> Tous les weekends je fais du travail bénévole dans une association caritative. Récemment, j'ai trouvé l'expérience assez difficile car il a fallu que je m'occupe d'une famille avec un bébé d'un mois. Cette famille reviendra dans quelques jours et j'espère avoir récolté assez de biens alimentaires pour les aider à nourrir leur enfant et à survivre. **[10 marks]**

5 🎧 Listen to Stéphanie who worked for a charity for her work experience. Choose the **four** sentences which are true and write down the correct letters.

A	Stéphanie did her work experience last year.
B	She worked for a charity which helps children.
C	During the week, she had to make the beds.
D	In the evening, she served hot meals.
E	Stéphanie chatted with her colleagues.
F	She did not find her work experience difficult.
G	She would like to volunteer every weekend.
H	Stéphanie enjoyed helping others.

[4 marks]

> **Stratégie**
> Each idea mentioned in each statement is likely to be talked about in one way or another. You must therefore listen to the details very carefully in order to identify the correct statements. Don't forget that the statements will usually be presented in chronological order, so the first idea will be at the beginning of the recording, and the last at the end.

6 🎧 Listen to Enola describing her ideal house and choose the correct answer to complete each statement.

1 Enola would like to live _____.
   a in a house by the sea   b in a castle by a lake
   c in a castle by the sea
2 In her ideal house, there would be _____.
   a a big kitchen   b a huge dining room   c nine kitchens
3 Each bedroom would have _____.
   a a bathroom with a bath or a shower   b a comfortable bed
   c a bathroom with a shower and a bath
4 Her bedroom would be _____.
   a as big as all the others   b not as big as the others
   c the biggest of all
5 In the basement, there _____.
   a would be a gym   b would not be a cinema
   c would be a big pool

[5 marks]

> **Stratégie**
> Ensure that you listen to the whole text before deciding on an answer. It is easy to hear one word and go straight for the most obvious answer, forgetting to listen around the word. There could be a negative or a different sentence coming up afterwards which you could miss unless you concentrate on the whole text.

7 🎧 Écoutez Simon qui explique comment il est devenu accro à l'alcool. Répondez aux questions en **français**.

1 Quel âge avait Simon quand son problème avec l'alcool a commencé? **[1 mark]**
2 Selon Simon, pourquoi son problème a-t-il commencé? (**deux** raisons) **[2 marks]**
3 Quel l'alcool avait-il commencé à boire? **[1 mark]**
4 Quels effets l'alcool avait-il sur lui? (**deux** exemples) **[2 marks]**
5 Pourquoi a-t-il commencé à boire de la vodka et du whisky? **[1 mark]**
6 Qu'est-ce qu'il pense de l'alcool aujourd'hui? **[3 marks]**

> Foundation test and revise tasks are available in the Foundation book.

Higher – Writing and translation

Either:

1a Vous écrivez une description de votre régime alimentaire.

Décrivez:

- si vous mangez beaucoup de fruits et légumes
- ce que vous buvez
- ce que vous avez mangé hier
- comment vous allez manger plus sain à l'avenir.

Écrivez environ **90** mots en **français**. Répondez à chaque aspect de la question. **[16 marks]**

> **Stratégie**
> When writing an answer, always consider whether your idea could be extended with an opinion and a justification, some time references and a range of connectives.

Or:

1b Vous décrivez votre travail bénévole.

Décrivez:

- pour quelle association vous travaillez
- quand vous travaillez
- ce que vous avez fait la dernière fois
- si vous allez continuer et pourquoi.

Écrivez environ **90** mots en **français**. Répondez à chaque aspect de la question. **[16 marks]**

Either:

2a Vous écrivez un article pour promouvoir votre ville.

Décrivez:

- ce qu'il y a à faire
- ce que vous y avez fait récemment.

Écrivez environ **150** mots en **français**. Répondez aux deux aspects de la question. **[32 marks]**

> **Stratégie**
> While the bullet points may only offer two different time frames, try to add at least another one in your text. This will allow you to extend your language and increase the range of grammar that you use.

Or:

2b Vous décrivez votre mode de vie.

Décrivez:

- ce que vous faites pour rester en forme
- ce que vous aimeriez faire pour améliorer votre santé.

Écrivez environ **150** mots en **français**. Répondez aux deux aspects de la question. **[32 marks]**

3a Translate the following passage into **French**.

We live in a small house in the countryside but next year, we are going to move to a bigger city in the south of France. I think that it will be better as I will have my own room. When I was younger, however, I had to share my bedroom with my brother.

[12 marks]

Stratégie

Remember to not translate literally as it often does not work. For example, 'to pack boxes of food' would be better translated by 'making food boxes'. The same applies to adjectives, which often go in a different place in French than in English.

3b Translate the following passage into **French**.

Last year, I worked for a charity in the city centre. I arrived at ten in the morning and packed boxes of food until two in the afternoon. Next year, I would like to work for an international charity abroad. I think that it will be a very different experience.

[12 marks]

Foundation test and revise tasks are available in the Foundation book.

Speaking

Higher – Speaking

1 Role play

Your teacher or partner will play the part of your French friend and will speak first.

You should address your friend as *tu*.

When you see this – **!** – you will have to respond to something you have not prepared.

When you see this – **?** – you will have to ask a question.

> Tu parles d'où tu habites avec ton / ta correspondant(e) français(e).
> - Description de ta maison (**deux** renseignements).
> - **?** Ville.
> - Un avantage et un inconvénient de ta région.
> - Ce que tu fais dans ta région le weekend.
> - **!**

[15 marks]

> **Stratégie**
>
> Ensure that you know a bank of high-frequency verbs in the present tense, as you are likely to be asked to describe something that you do in the present. Include irregular verbs such as *aller* and *faire*.

2 Role play

Your teacher or partner will play the part of a charity worker and will speak first.

You should address the charity worker as *vous*.

When you see this – **!** – you will have to respond to something you have not prepared.

When you see this – **?** – you will have to ask a question.

> Vous voulez travailler pour une association et vous discutez avec un(e) bénévole.
> - Pourquoi vous voulez être bénévole.
> - **?** Opinion.
> - Expérience de travail bénévole.
> - Ce que vous voudriez faire.
> - **!**

[15 marks]

> **Stratégie**
>
> Listen carefully to the questions and focus on which tense they are asked in. Use the verb and the tense of the questions in your answer.

3 Photo card

- Look at the photo during the preparation period.
- Make any notes you wish to on an Additional Answer Sheet.
- Your teacher or partner will then ask you questions about the photo and about topics related to **Healthy and unhealthy living**.

> **Stratégie**
> When asked a question, always try to develop your answers to the maximum by bringing in some contrasts. For example, if asked an opinion, you may want to start by giving a positive one but then contrast this by adding 'sometimes' and add a negative opinion. Always ensure, however, that what you say is coherent.

Your teacher or partner will ask you the following three questions and then **two more questions** which you have not prepared.

- Qu'est-ce qu'il y a sur la photo?
- Qu'est-ce que tu voudrais faire pour rester en forme?
- Que penses-tu du tabagisme?   **[15 marks]**

4 Photo card

- Look at the photo during the preparation period.
- Make any notes you wish to on an Additional Answer Sheet.
- Your teacher or partner will then ask you questions about the photo and about topics related to **Home and where I live**.

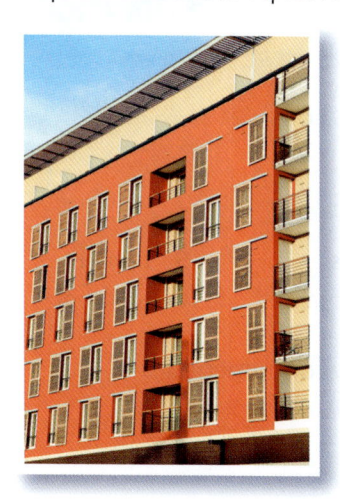

> **Stratégie**
> Once you have worked out what the photo and the conversation are going to be about, use the preparation time to think about the language related to this topic. Building up a bank of words will help you, particularly in the general conversation.

Your teacher or partner will ask you the following three questions and then **two more questions** which you have not prepared.

- Qu'est-ce qu'il y a sur la photo?
- Comment est ta maison?
- Tu préférerais habiter dans une maison ou un appartement quand tu seras plus âgé?   **[15 marks]**

> Foundation test and revise tasks are available in the Foundation book.

Environment

7.1 F Les problèmes de l'environnement

Objectifs
- Discussing environmental problems and their solutions
- Using *si* + present tense
- Making use of social and cultural context when listening

1a Read the article and choose the correct English heading (1–5) for each paragraph (A–E).

Notre planète en danger

A Il y a de plus en plus de déchets dans beaucoup de pays du monde. Il faut réutiliser et recycler les sacs en plastique ou utiliser les sacs en coton. Un problème, c'est que les supermarchés donnent de nouveaux sacs aux clients tous les jours.

B Beaucoup d'animaux sont en train de disparaître. La destruction de leur habitat en est responsable. Dans certains pays il fait très chaud et il y a un manque d'eau.

C Chaque année il y a de nouveaux records de températures, ce qui indique que la Terre se réchauffe. Il y aura même une augmentation des problèmes de l'environnement à l'avenir.

D Dans beaucoup de villes la circulation augmente. En raison du trop grand nombre de camions et de voitures, les routes sont souvent bloquées et il y a beaucoup d'embouteillages.

E Les glaciers sont en train de fondre et le niveau de l'eau monte chaque année, alors il y a un grand risque d'inondations et les villes et les villages sont en danger.

1. Floods
2. Traffic
3. Recycling
4. Global warming
5. Wildlife at risk

1b Relis l'article et trouve l'équivalent en français pour les expressions en anglais.

Read the article again and find the French equivalent for the English expressions.

1. rubbish
2. customers
3. to disappear
4. a lack
5. the Earth
6. in the future
7. lorries
8. traffic jams
9. to melt
10. the level

2 Écoute les quatre personnes qui parlent des problèmes de l'environnement. Choisis la solution à chaque problème et écris la bonne lettre A–D.

Listen to four people talking about four environmental problems. Choose the solution for each problem and write the correct letter A–D.

A	On doit recycler le verre et le métal.
B	Il faut réduire le nombre de véhicules qui polluent l'atmosphère.
C	Il faut protéger les forêts.
D	On doit arrêter le changement climatique.

Global issues

3 🎧 Listen to Amadou talking about environmental issues in Louga (in Senegal, West Africa). Write down the letters of the three correct sentences.

1. The problems in Louga are all the same as in France.
2. There is a shortage of water in Louga.
3. Amadou is worried about floods.
4. The cars in Louga are old and cause more pollution as a result.
5. There is a lot of traffic in Louga.
6. Amadou thinks there should be more recycling in Louga.

4 **G** **T** Put the verbs in brackets into the correct form of the present tense. Then translate the sentences into English.

1. Si on (*recycler*) _____ plus de bouteilles, on (*pouvoir*) _____ économiser plus de verre.
2. Si vous (*prendre*) _____ une douche, vous (*utiliser*) _____ moins d'eau.
3. Si on (*aller*) _____ partout en bus, on (*pouvoir*) _____ réduire la pollution.
4. Si on (*protéger*) _____ les forêts, on ne (*détruire*) _____ pas l'habitat des animaux.
5. Si tout le monde (*faire*) _____ un effort, on (*pouvoir*) _____ sauver la Terre.

5 💬 Travail à deux. À tour de rôle, complétez les phrases.

Work with a partner. Take turns to complete the sentences.

> économiser   réduire   éliminer   auver   aider

1. Si on réduit les émissions des voitures, on peut …
2. Si on ne prend pas souvent l'avion, on peut …
3. Si on arrête les changements climatiques, on peut …
4. Si on protège les forêts, on peut …

6 ✏️ Écris un message pour un forum au sujet de l'environnement. Mentionne:

Write a message for a forum about the environment. Include:

- three environmental issues which worry you
- a few solutions to the problems
- what can happen if these solutions are put into action.

> **Stratégie**
>
> **Making use of social and cultural context when listening**
>
> Remember to consider social and cultural contexts when you listen to French. For example, in the listening text about Louga, the issues may very well be different to those in France or other European countries.
>
> Work with a partner to discuss what you think the differences might be between Louga (in Senegal) and France. Then look back at the questions in activity 3 and think about how this knowledge might influence your answers.

> **Grammaire** page 188
>
> **Using *si* + present tense**
>
> Use *si* + present tense to add to the complexity and variety of your written and spoken French.
>
> *Si on recycle le papier, on peut réduire les déchets.*
> If you recycle paper, you can reduce rubbish.
>
> *Si on prend les transports en commun, on peut réduire la pollution.*
> If you take / travel by public transport, you can reduce pollution.
>
> Also learn to recognise *si* + present tense + future tense. See page 122.

Ce qui m'inquiète, c'est / ce sont	la pollution / le réchauffement / les changements climatiques.
Je déteste	voir les animaux en danger.
Les problèmes graves de l'environnement sont	la circulation / les déchets.
Il faut	recycler plus de …
On doit	protéger les animaux.
On devrait	économiser de l'eau.
Si on protège les forêts	on peut sauver les animaux.
Si on recycle plus de …	on peut réduire les déchets.
Si on utilise plus les transports en commun	on peut réduire la pollution en ville.

cent-quinze

Environment

7.1 H Planète en danger

Objectifs
- Discussing global issues
- Recognising and using the pluperfect tense
- Tackling 'Positive, Negative or Positive + Negative' tasks

1a Lis le passage au sujet de la destruction de la planète. Trouve les mots en français dans l'article.

A La destruction de la planète est un souci réel. Nos émissions de dioxyde de carbone en sont responsables car elles contribuent à l'effet de serre qui cause le réchauffement de la planète. De plus on peut voir de grandes différences, par exemple en Antarctique où la glace est en train de fondre. Les animaux y sont aussi menacés.

B Le niveau de la mer monte et les grosses vagues ont déjà commencé à menacer des îles, comme, par exemple les Maldives. Les problèmes y sont graves et dans un proche avenir plusieurs îles vont disparaître.

C De nouveaux records de températures sont atteints tous les ans avec plus de tempêtes et de tornades. Il y a des scientifiques qui pensent que les changements climatiques pourraient provoquer des conséquences graves pour notre monde. Qu'en pensez-vous?

D Le protocole de Kyoto en 1998 avait proposé un plan d'action, mais rien n'a vraiment changé en ce qui concerne la réduction des émissions de carbone, notamment, car d'énormes pays comme la Chine avaient refusé de signer.

E Les Amis de La Terre, une association caritative, nous avaient conseillé de ne pas utiliser trop souvent la voiture et de réduire la consommation de gaz et d'électricité. Pourtant, tout le monde n'a pas agi, alors, dès maintenant, il est important d'encourager l'utilisation des transports en commun, d'éviter de voyager en avion et d'économiser l'eau et l'électricité. Sinon?

1 greenhouse effect
2 global warming
3 to melt
4 to threaten
5 in the near future
6 scientists
7 climate change
8 carbon emissions
9 a charitable organisation
10 to reduce

1b Read the text again and choose the correct paragraph A–E for each heading 1–5.

1 Rising seas
2 A failed international agreement
3 Individuals' solutions
4 Ice melting
5 How scientists explain climate change

1c Read the article again and answer the questions in English.

1 According to the article, what contributes to the greenhouse effect?
2 What is happening in Antarctica?
3 What is the threat to the Maldives?
4 What is happening every year?
5 Why has the Kyoto Protocol failed?
6 What had Friends of the Earth advised in the past? (two details)

Global issues

2 🅖 🅣 Put the verb in brackets into the pluperfect tense and then translate the sentences into English.

1. Les voitures (*polluer*) _____ l'air.
2. On (*nettoyer*) _____ les rues de notre ville.
3. Nous (*réduire*) _____ le nombre de déchets dans les rues.
4. Je (*aller*) _____ partout en vélo.
5. Mon père (*économiser*) _____ de l'eau.
6. Vous (*faire*) _____ des efforts pour aider l'environnement.

3a 🎧 Listen to Jacqueline talking about environmental issues. What is her opinion? Write P for a positive opinion, N for a negative opinion, and P+N for an opinion that is both positive and negative.

1. Banning lorries in town
2. Building a fracking centre near town
3. Recycling facilities in town
4. Creating cycle paths

3b 🎧 Listen again and spot three examples of the pluperfect tense.

4 💭 Regarde la photo et réponds aux questions.

- Qu'est-ce qu'il y a sur la photo?
- Quels étaient les problèmes de circulation dans ta ville auparavant?
- Qu'est-ce qu'on avait fait pour résoudre ces problèmes?
- Qu'est-ce qu'il faut faire en plus?
- Tes parents, qu'est-ce qu'ils pensent des problèmes dans ta ville? Pourquoi?

Il y avait trop de …	C'était nul / difficile.
On avait réduit … / On avait interdit …	On avait construit … / On avait proposé …
Il faut / On doit …	Ils pensent que …
Ils ne pensent pas …	Ils sont …

5 ✏️ Écris un petit article au sujet des problèmes de l'environnement. Quels sont les problèmes les plus importants? Explique les causes de ces problèmes et propose des solutions.

Je trouve / pense que les problèmes les plus graves sont …
La cause de … c'est …
Afin de protéger l'environnement, il faut / il ne faut pas / on doit / devrait / pourrait …
La solution, c'est de …
Si …

Grammaire — page 188

Recognising and using the pluperfect tense

It is useful to vary the past tenses you use. The pluperfect tense translates the English 'had done' something. In French it is formed by using the imperfect tense of the auxiliary verb (either *être* or *avoir*, just as in the perfect tense) and the past participle.

J'avais recyclé. I had recycled.

Elle était allée. She had gone. (Remember the agreement of the past participle if the auxiliary is *être*.)

Ils nous avaient conseillé de ne pas utiliser trop souvent la voiture. They had advised us not to use the car too much.

J'étais allé(e) au centre de recyclage. I had gone to the recycling centre.

Also revise using *en* and *y*. See page 122.

Stratégie

Tackling 'Positive, Negative or Positive + Negative' tasks

Look out for opinion words and negative words to help you with this type of task. Be on the lookout also for conjunctions such as *mais* (but), *néanmoins* (nevertheless), *pourtant* / *cependant* (however), *sauf* (except) after a positive phrase such as *j'aime*, *j'adore*, *c'est super*, etc. Sentences using these conjunctions are likely to suggest both positive and negative opinions.

Listen carefully for opinions, negatives and conjunctions when you listen to the recording in activity 3a. Focusing on these expressions should help you tackle the questions more effectively.

7.1 Groundwork is available in the Foundation book.

Poverty and homelessness

7.2 F Les inégalités

Objectifs
- Discussing inequality
- Verbs of possibility
- Agreeing and disagreeing in a discussion

1a Lis le texte et trouve l'équivalent en français pour les expressions en anglais.

Read the article and find the French equivalent for the English expressions.

1. to find
2. his job
3. every day
4. hope
5. soap
6. a volunteer
7. to give out
8. proud

Sophie habite à Marseille où plus de 7000 personnes sans domicile fixe vivent dans les rues. Elle travaille pour une organisation caritative dans la région qui s'occupe des SDF, permet aux individus de trouver un logement et de quoi manger. Elle explique son emploi.

'Chaque jour je vois des gens qui dorment dans des cartons ou dans un sac de couchage, sans argent, sans logement, sans emploi et sans espoir, mais il est possible de faire quelque chose. C'est pourquoi j'ai décidé de les aider.'

Chaque jour l'organisation caritative offre de la soupe et du pain aux SDF et on leur donne des choses indispensables comme des vêtements, du savon et du shampooing, mais il est possible de faire plus. On demande des volontaires dans les quartiers défavorisés de la ville car on n'en a pas assez.

Lionel est un volontaire qui passe cinq heures chaque samedi à distribuer des sacs de couchage et à collecter de l'argent pour pouvoir leur acheter de la bonne nourriture saine. Voici ce qu'il dit: 'Il est possible de faire quelque chose de bien pour les SDF. Il y a plus de cent volontaires qui ont réussi à collecter environ 12 000 euros à Marseille le mois dernier. Je suis très fier de ce que nous avons fait.'

1b Relis le texte et décide si c'est vrai (V), faux (F) ou pas mentionné (PM).

Read the text again and decide if the statements are true (V), false (F) or not mentioned (NM).

1. Sophie est au chômage.
2. Il y a moins de 7000 SDF à Marseilles.
3. Sophie est jeune.
4. Les SDF dorment souvent dans un sac de couchage.
5. Les SDF ont assez d'argent.
6. L'organisation caritative donne de la nourriture aux SDF.
7. On a assez de volontaires à Marseille.
8. Lionel aide les SDF le samedi.
9. Le mois dernier, on a collecté plus de 1000 euros.
10. Lionel travaille dans un hôpital.

2a Listen to Luc and Aline talking about social issues. Choose the correct answer to complete each sentence.

1. Luc is worried about the young homeless people because they have _____.
   - A no family
   - B no job
   - C no friends
2. Luc always helps by _____.
   - A talking to them
   - B raising money for homeless charities
   - C giving them money when he is in town
3. Aline _____.
   - A made donations to a local charity
   - B made food for the homeless
   - C has read books about homelessness
4. Luc is going to _____.
   - A go to the charity tomorrow
   - B buy some new clothes for the homeless
   - C make a food collection
5. Aline intends to _____.
   - A do a sponsored walk
   - B talk to her friends about helping the homeless
   - C make sure her friends don't become homeless

Global issues

2b 🎧 Listen again. Who says what? Choose Aline or Luc.

1. A homeless person's life is so hard.
2. I'm sure we can find lots of things to do to help the homeless.
3. I gave some blankets to the homeless charity.
4. We've got lots of unwanted clothes at home.

3 **G** Put the verb in brackets into the correct form of *pouvoir*. Then rewrite the sentences using *Il est possible de* …

1. Je (*pouvoir*) _____ donner de l'argent à une organisation caritative.
2. On (*pouvoir*) _____ être volontaire.
3. Nous (*pouvoir*) _____ aider les pauvres.
4. Ils (*pouvoir*) _____ essayer de créer des emplois.

> **Grammaire** — page 190
>
> **Verbs of possibility**
>
> When you want to say that something is possible or can happen, use the verb *pouvoir* (to be able to).
>
> *je peux, tu peux, il / elle / on peut, nous pouvons, vous pouvez, ils peuvent*
>
> Any verb following *pouvoir* will be in the infinitive.
>
> *On peut aider les SDF.* One can help the homeless.
>
> Alternatively, you can use the phrase *il est possible de* + infinitive for 'it is possible to'.
>
> *Il est possible d'aider les SDF.*
>
> Also learn to use *permettre de* + infinitive. See page 122.

4 📖 Fais correspondre les expressions françaises (1–4) à leurs équivalents en anglais.

Match the French expressions with their English translations.

1. Il est possible de faire plus.
2. Il est possible d'aider les pauvres.
3. Nous pouvons aider les SDF.
4. Je peux travailler pour une organisation caritative dans la région.

a. It's possible to help the poor.
b. I can work for a local charity.
c. We can all help the homeless.
d. It's possible to do more.

5 💬 Travail à deux. Discutez les opinions: est-ce que vous êtes d'accord ou non?

Work with a partner. Discuss these opinions and say whether or not you agree.

- Les SDF peuvent trouver un emploi.
- Il est possible d'aider les SDF.
- Il y a assez d'organisations caritatives.
- Les SDF choisissent d'habiter dans la rue.

> **Stratégie**
>
> **Agreeing and disagreeing in a discussion**
>
> To agree, consider using: *c'est vrai / juste / correct / je suis d'accord / exactement / absolument / tu as raison.*
>
> To disagree, you could use: *c'est faux / ce n'est pas vrai / juste / correct / je ne suis pas d'accord / certainement pas / tu as tort.*
>
> Try using these phrases in activity 5.
>
> | |
> |---|
> | Il est possible de … |
> | Les SDF sont / peuvent / doivent … |
> | Il n'est pas possible de … |
> | Il n'y a pas de choix. |
> | On peut … |
> | Il y a / Il n'y a pas … |
> | On ne peut pas … |
> | On n'a pas le choix. |

6 ✏️ Écris un article sur les problèmes des SDF dans ta région et propose des solutions.

Write an article about the problems of homelessness in your area and what can be done to help.

Dans ma région il y a / il n'y a pas …
On peut voir des SDF …
Dans les rues il y a …
Beaucoup de personnes pensent que …
Il est possible d'aider les SDF …
Je pense que …
On peut leur offrir …
Il faut essayer de …

Poverty and homelessness

7.2 H La pauvreté

Objectifs
- Discussing poverty in the world
- The subjunctive
- Dealing with longer texts

1a Lis le texte et trouve les mots (1–8) en français.

Il faut qu'on fasse un effort pour qu'on puisse aborder le problème de la pauvreté, ça, c'est sûr. Sinon on risque de faire croître la pauvreté dans le monde entier alors que plus de 2,2 milliards de personnes, près d'un tiers de l'humanité, vivent déja dans des conditions pauvres. C'est ce dont s'alarme le Programme des Nations unies pour le développement (PNUD) dans son rapport publié en 2014. On cite des crises financières, catastrophes naturelles, des conflits violents et des frais alimentaires élevés comme raisons principales.

On dit que 1,2 milliard de personnes vivent avec l'équivalent de 1,25 dollar ou moins par jour, ce qui veut dire que ces gens souffrent de pauvreté marquée par des conditions de malnutrition, de mauvaise santé et d'illettrisme. De plus, l'inégalité est affreuse car les 85 personnes les plus riches du monde possèdent autant que les 3,5 milliards les plus pauvres.

C'est en Afrique que le problème est le plus grave car sur les cinquante pays les plus pauvres du monde, classés selon l'indicateur de développement humain du PNUD, trente-trois sont situés sur le continent africain qui est la première victime du creusement des inégalités dans le monde. Si de 1960 à 1980, les pays d'Afrique ont enregistré des progrès sensibles en matière de développement économique et social, ces progrès ont ralenti, notamment du fait des effets désastreux des plans d'ajustement structurel menés par les banques internationales.

Le PNUD insiste sur le cercle vicieux que constitue la pauvreté, synonyme de chômage, lui-même souvent accompagné d'un accroissement de la criminalité, de la violence, de la consommation de drogue et de suicides. De plus, le PNUD pense qu'il est possible qu'on élimine l'extrême pauvreté et il déclare qu'il faut qu'on protège ceux qui sont menacés par les problèmes internationaux, surtout au niveau financier.

1. to tackle
2. to increase
3. report
4. inequality
5. as much as
6. according to
7. vicious circle
8. those who

Dealing with longer texts — Stratégie

Some reading texts may seem long and potentially difficult, but remember that the questions will usually follow the order of the text and that the task will vary in the skills needed to answer it. For example, it might require you to select an item of specific information or to read more for the gist meaning.

The questions in activity 1b follow the order of the article. Work through the questions and discuss with a partner what kind of information is needed for each one.

1b Read the article again and answer the questions in English.

1. According to the article, what do we risk doing if we don't tackle the issue of poverty?
2. About what fraction of the world's population is living in poverty?
3. Give four main reasons for poverty, according to PNUD.
4. Name three problems that are typical for those living on 1.25 dollars per day or less.
5. How many African countries are there in the 50 poorest in the world?
6. What does the article say about the 85 richest people in the world?
7. What institutions are responsible for the slowing down of economic and social progress in Africa, according to the article?
8. According to PNUD, what four things often accompany poverty and unemployment?

Global issues

2 **G** Find the five verbs in the subjunctive in this paragraph.

Avant qu'on parle de la pauvreté, il faut qu'on discute le problème du chômage. Bien qu'il y ait beaucoup de chômeurs dans tous les pays du monde, le problème est devenu de moins en moins grave dans ma ville car il existe plein de nouveaux emplois. À mon avis il est possible qu'on fasse plus d'efforts pour qu'on puisse réduire la pauvreté.

3 🎧 Listen to five people discussing world problems. Who says what? Choose the correct letter for each speaker.

- **A** We need to be more aware of the consequences of war.
- **B** We can help the poor but we need help from governments.
- **C** A protest yesterday about poverty was useful.
- **D** People are getting mugged in our streets because of poverty.
- **E** Famine is a real problem in some parts of the world.

4 💬 Travail à deux. À tour de rôle, posez les questions et répondez-y.

- Comment peut-on aider les pauvres dans le monde?
- Que fais-tu pour aider les pauvres dans ta région?
- Quel est le problème social le plus grave, à ton avis?
- Que penses-tu des efforts du gouvernement pour combattre la pauvreté?
- Que ferais-tu si tu étais SDF?

On peut aider les pauvres.
Je fais / Je donne / Je vais / J'aide …
Le problème le plus grave, c'est …
Je pense qu'il est possible de … / que le gouvernement pourrait …
Si j'étais SDF je ferais …

5 ✏️ Écris un article pour un forum au sujet de la pauvreté. Décris le problème et offre des opinions et des solutions possibles.

À mon avis la pauvreté est …
C'est un scandale / un problème grave / sérieux.
On devrait faire …
Il faut faire …
Le gouvernement doit …
Il faut agir …
En travaillant dur on pourrait …
En faisant un grand effort on pourrait …

7.2 Groundwork is available in the Foundation book.

Grammaire page 189

The subjunctive

Some of the verb forms in the text may look unfamiliar, e.g. *fasse* or *puisse* in line 1 of the article on page 120. These are in the **subjunctive**, a form that is used in French after certain expressions such as *il est possible que*. Other common phrases which require the subjunctive are *avant que* (before), *bien que* (although), *pour que* (so that) and *à condition que* (provided that). You will also see a subjunctive after *il faut que* (you must / it's necessary that).

Il faut qu'on fasse un effort pour qu'on puisse aborder le problème de la pauvreté.
It's essential that we make an effort so that we can tackle the problem of poverty.
On peut aider les pauvres à condition qu'on ait assez d'aide.
We can help the poor provided that we have enough aid.

The subjunctive form is often the same as or similar to the present tense, so it is easy to recognise.
Il faut que je parle à mon copain.
I must talk to my friend.

To form the subjunctive of regular verbs ending in -er, -ir and -re, take the third person plural (*ils*) form of the present tense of the verb, remove the -ent ending, and add these endings:
parler → parl~~ent~~ → je parle, tu parles, il / elle / on parle

The following verbs are irregular.
faire → je fasse, tu fasses, il / elle / on fasse
aller → j'aille, tu ailles, il / elle / on aille
pouvoir → je puisse, tu puisses, il / elle / on puisse
savoir → je sache, tu saches, il / elle / on sache
vouloir → je veuille, tu veuilles, il / elle / on veuille

Être and *avoir* are totally irregular:
être → je sois, tu sois, il / elle / on soit
avoir → j'aie, tu aies, il / elle / on ait

Here are some examples for you to recognise:
Il est possible que ce soit correct.
It's possible that it may be right.
Il faut qu'on fasse des économies.
We must make savings.
Bien qu'il y ait beaucoup de pauvreté, …
Although there is a lot of poverty, …
Avant qu'il aille au travail …
Before he goes to work …

Also practise recognising all present-tense forms of the subjunctive. See page 123.

Grammar practice

G Global issues

1 Put the first verb into the correct form of the present tense. Then choose the correct future-tense form of the second verb.

1 Si je (*aller*) _____ partout en bus, cela **réduirez / réduiras / réduira** la circulation en ville.
2 Si on (*donner*) _____ de l'argent aux organisations caritatives, on **aidera / aiderons / aiderai** les SDF.
3 Si vous (*utiliser*) _____ moins de sacs en plastique, il y **aurai / aura / auront** moins de déchets.
4 Si nous (*faire*) _____ un effort, on **pourrai / pourra / pourront** sauver la planète.

> **Grammaire** page 189
>
> ### *Si* clauses + present + future
> To say that 'if' something happens, then something else will happen, French uses *si* ('if') followed by the present tense + the future tense.
> **Si on interdit** les véhicules au centre-ville, **il y aura** moins de pollution de l'air.
> If we ban cars in the town centre, there will be less air pollution.
>
> Remember that it is easy to recognise the future tense:
> - *-er* and *-ir* verbs just add the future-tense endings to the infinitive
> - *-re* verbs lose the final *e* of the infinitive and then add the endings.
>
> *je jouer**ai**, tu finir**as**, il / elle / on regarder**a**, nous aimer**ons**, vous choisir**ez**, ils / elles manger**ont***
> *je prendr**ai**, tu prendr**as**, il / elle / on vendr**a**, nous entendr**ons**, vous prendr**ez**, ils / elles vendr**ont***
> There are some irregular stems to recognise: *faire* (*je ferai*), *être* (*je serai*), *avoir* (*j'aurai*), *pouvoir* (*je pourrai*), *aller* (*j'irai*) and *venir* (*je viendrai*).

2 Replace the underlined words with *en* or *y* and put them in the correct position in the sentence.

Exemple: Je suis allé <u>à la gare</u>. J'y suis allé.

1 Nous sommes arrivés <u>à la maison</u>.
2 Il y a beaucoup <u>de problèmes</u>.
3 Les SDF cherchent <u>de l'aide</u>.
4 Nous devons aller <u>au travail</u> en vélo.

> **Grammaire** page 183
>
> ### Revision of *en* and *y*
> These are pronouns which replace nouns.
> - Use *en* to replace *de* + a word. It can mean 'of it', 'of them', 'about it', 'about them', 'some' or 'any'.
> - Use *y* to replace *à* + a word. It means 'there'.
>
> *En* and *y* come before the verb. In the perfect tense they come before the auxiliary verb.
>
> *Les changements climatiques – qu'**en** pensez-vous?*
> Climate change – what do you think **about it**?
> *De la bière française, tu n'**en** as jamais bu?*
> French beer, have you (ever) drunk **any**?
> *Nous sommes allés au centre de recyclage et on **y** a recyclé plein de choses.*
> We went to the recycling centre and we recycled lots of things **there**.

3 Match the sentences.

1 Je vais recycler les bouteilles.
2 Je prends souvent une douche.
3 J'éteins toujours la lumière quand je quitte une pièce.
4 Je recycle les journaux.

a Ça me permet d'économiser de l'électricité.
b Ça me permet d'économiser du verre.
c Ça me permet d'économiser du papier.
d Ça me permet d'économiser de l'eau.

> **Grammaire** page 185
>
> ### *Permettre de* + infinitive
> This verb means to allow. It is followed by *de* + the infinitive of the verb which is being used.
>
> *Ça me permet de faire des économies.*
> That allows me to make savings.

4 Match the French with the English translations.

1. Bien qu'il y ait plein de problèmes.
2. À condition que vous recycliez plus de choses.
3. Je veux qu'on fasse plus de recyclage.
4. Il est possible que je sois plus écolo.
5. Il faut qu'on réduise la circulation au centre-ville.
6. Avant qu'il puisse nous aider.

a. We must reduce traffic in the town centre.
b. Although there are lots of problems.
c. I want us to do more recycling.
d. Before he can help us.
e. Provided that you recycle more things.
f. It's possible that I might be greener.

5 Complete the sentences with a verb in the subjunctive from the box.

> ait   veuillent   devienne   fasse
> donne   puissions

1. Il faut qu'on _____ plus d'efforts afin de réduire la circulation.
2. Je veux qu'il y _____ plus de centres de recyclage.
3. Il est possible que nous _____ aider les SDF.
4. Avant que je ne _____ de l'argent aux organisations caritatives, je fais des recherches sur Internet.
5. Je me déplace à pied pour que la circulation ne _____ pas un problème plus grave.
6. Bien que mes copains _____ aider les pauvres, ils n'ont pas beaucoup d'argent.

> **Grammaire** — page 189
>
> **Present-tense forms of the subjunctive**
>
> This form of the verb is used in French after certain constructions such as *avant que*, *à condition que*, *vouloir que*, *bien que* and *pour que*.
> *Ils ont besoin d'argent **pour qu'ils puissent** acheter de la nourriture.*
> They need money to be able to buy food.
> *On peut aider les pauvres **à condition qu'on ait** assez d'aide des gouvernements des pays de l'Europe.*
> We can help the poor provided we have enough aid from European governments.
>
> You need the subjunctive after *il faut que* or *il est possible que*.
> ***Il faut que le gouvernement fasse** plus d'efforts.*
> The government has to make more effort.
>
> ***Il est possible que j'arrive** en retard.*
> It's possible that I might arrive late.
>
> But remember that you can also use *il faut* and *il est possible de* with an infinitive, if there is no subject noun or pronoun.
> ***Il est possible de trouver** une solution.*
> It's possible to find a solution.
>
> ***Il faut trouver** une solution!*
> It's essential to find a solution!
>
> Regular verbs in the subjunctive add the following endings to the stem (the *ils* form with the *-ent* removed).
> *je prenne, tu prennes, il / elle / on prenne, nous prenions, vous preniez, ils / elles prennent.*
>
> See page 121 for irregular subjunctives.

Vocabulaire

7.1 Environment

7.1 F Les problèmes de l'environnement
➡ pages 114–115

	alors	so, therefore
l'	arbre (m)	tree
	augmenter	to increase
	avoir peur	to be afraid
	bloquer	to block
le	changement climatique	climate change
l'	embouteillage (m)	traffic jam
	être en train de	to be in the act / process of
	faire face à	to face up to
l'	inondation (f)	flood
	jeter	to throw
	laisser	to let
le	nombre	number
les	papiers (m)	litter
	pire	worse
la	pluie	rain
le	réchauffement de la Terre	global warming
	réduire	to reduce
	rouler	to travel
le	sac en plastique	plastic bag
	sec / sèche	dry

7.1 H Planète en danger
➡ pages 116–117

	agir	to act
	auparavant	in the past, formerly
le	camion	lorry
la	consommation	consumption
le	dioxyde de carbone	carbon dioxide
l'	effet de serre (m)	greenhouse effect
	éviter	to avoid
	fondre	to melt
	grave	serious
s'	inquiéter de	to worry about
	interdit(e)	forbidden / banned
	menacer	to threaten
	monter	to rise
le	niveau	level
	notamment	notably
	proche	near
	Quel dommage!	What a pity!
	rendre	to make
	résoudre	to resolve
se	servir de	to use

7.2 Poverty and homelessness

7.2 F Les inégalités
➡ pages 118–119

	aider	to help
le	carton	cardboard
les	choses indispensables (f)	necessities
la	couverture	blanket
	d'accord	OK
	distribuer	to give out
	durer	to last
l'	espoir	hope
	expliquer	to explain
	fier / fière	proud
la	nourriture	food
l'	organisation caritative (f)	charity
	permettre	to allow
le	quartier défavorisé	deprived area
le	sac de couchage	sleeping bag
	sain	healthy
	sans	without
le	savon	soap
le	SDF	homeless person
le	volontaire	volunteer

7.2 H La pauvreté
➡ pages 120–121

	aborder	to tackle
l'	accroissement (m)	growth
	avoir lieu	to take place
le	cercle vicieux	vicious circle
	citer	to quote
	croître	to grow
	élever	to raise
la	faim	hunger
les	frais (m pl)	expenses
	il faut	you must / one must
l'	illettrisme (m)	illiteracy
l'	inégalité (f)	inequality
la	manifestation	demonstration
	mener	to lead
le	milliard	billion
	moins	less
le	pays	country
	ralentir	to slow down
le	rapport	report
	selon	according to
	sinon	if not
le	tiers	third
	vivre	to live
	vouloir dire	to mean

Holidays and travel

8.1 F Moi, je préfère …

Objectifs
- Talking about holiday preferences
- Sequencing words and phrases
- Paraphrasing

1 ⓥ Fais correspondre les phrases 1–6 aux images A–F.

Match sentences 1–6 to pictures A–F.

1. Chaque année, je passe une semaine dans une auberge de jeunesse à Rouen.
2. Le matin, je vais à la pêche.
3. Tous les jours, je vais à la piscine.
4. Ensuite, je fais de la voile avec mes copains.
5. Plus tard, j'aime faire du vélo.
6. Après, je passe une heure à la patinoire.

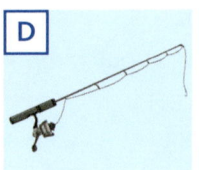

2 📖 Lis les trois textes. Qui est-ce? Écris A (Aline), L (Louise) ou S (Sophie).

Read the texts and decide who is being described in each of the sentences. Write A (Aline), L (Louise) or S (Sophie).

Aline, 17 ans: J'aime bien passer mes vacances au bord de la mer parce que c'est vraiment relaxant de bronzer à la plage. Chaque jour, je lis des romans et après, je dors un peu mais plus tard, je nage dans la mer. Mes parents font beaucoup de planche à voile le matin, et c'est idéal pour tout le monde car l'année prochaine nous allons aussi passer nos vacances au bord de la mer.

Louise, 18 ans: Moi, j'adore les vacances actives car je me passionne pour le sport. Je joue au volley depuis sept ans et j'adore y jouer à la plage. J'aime également les sports individuels comme le tennis et en vacances je joue au golf le soir, puis je fais du vélo. Par contre, ma sœur déteste ça. Depuis quelques années elle s'intéresse à l'histoire et elle préfère visiter des musées ou des monuments. Quelle barbe!

Sophie, 16 ans: J'aime passer mes vacances à l'étranger car je pense qu'il est important de connaître beaucoup de cultures différentes. Tous les jours en vacances, j'aime découvrir la culture de la région. L'année dernière, je suis allée au Maroc avec mes parents et il était génial de visiter les marchés, d'y acheter des souvenirs et de goûter la cuisine de la région. L'année prochaine, j'aimerais aller au Mexique parce que je n'y suis jamais allée.

1. Elle est très sportive.
2. Elle préfère les vacances culturelles.
3. Elle aime goûter des plats traditionnels.
4. Elle trouve l'histoire ennuyeuse.
5. Elle lit beaucoup.
6. À l'avenir, elle voudrait visiter un nouveau pays.

3 Ⓖ Ⓣ Fill in the gaps with an appropriate sequencing word or phrase. Then translate the sentences into English.

1. J'ai regardé un film, _____ je suis allé à la piscine.
2. Le matin, j'ai fait du shopping. _____ _____ je suis allée au café.
3. _____ j'ai bronzé à la plage, ensuite j'ai joué au volley.
4. J'ai passé du temps en ville, puis je suis allé au café. _____ je suis rentré.

Grammaire — page 181

Sequencing words and phrases

It is useful to be able to sequence events in your writing. Adverbs used to do this include *d'abord* (first), *enfin / finalement* (finally), *puis* (then), *après* (afterwards), *ensuite* (next) and *plus tard* (later).

It can also be useful to refer to times or frequency, so using words like *le matin* (in the morning), *l'après-midi* (in the afternoon), *le soir* (in the evening), *chaque jour* (every day) and *tous les matins* (every morning) can also add more information.

Chaque jour je vais à la plage et tous les matins je bronze. Ensuite je mange et plus tard je vais en ville.

Also learn about *depuis* + present tense and the pronoun *y*. See page 134.

Travel and tourism

4 🎧 Listen to Éric talking about his holidays. Select the four correct sentences.

1. Éric usually goes on holiday with friends.
2. Éric has been going to Germany for four years.
3. Éric usually stays with his uncle.
4. Éric usually travels by car.
5. Éric never finds his holidays boring.
6. Éric's dream holiday destination is Australia.
7. Éric is afraid of wild animals.
8. Éric thinks it's more fun to go on holiday with friends.

5 💬 Travail à deux. À tour de rôle, posez les questions et répondez-y.

Work with a partner. Taking turns, ask and answer the questions.

- Où vas-tu en vacances normalement?
- Qu'est-ce que tu aimes faire en vacances?
- Quelle sorte de logement préfères-tu? Pourquoi?
- Comment sont tes vacances de rêve? Pourquoi?
- Tu aimes mieux partir en vacances avec tes parents ou avec tes copains? Pourquoi?

J'aime aller en Espagne	car il y fait chaud.
J'adore bronzer sur la plage	parce que c'est relaxant.
Je préfère loger dans un hôtel	parce que c'est plus confortable.
Je voudrais aller aux États-Unis	pour faire du shopping.
J'aime mieux aller en vacances avec ma famille	car ils paient tout.
Je déteste les vacances	s'il fait froid.
Normalement je vais en vacances au Portugal.	Je trouve ça super.
D'habitude on reste chez mon oncle.	Il habite dans une petite ville dans le nord du pays.
Je pense que les vacances sont fantastiques	parce qu'on peut se relaxer un peu.
Pour mes vacances de rêve, je voudrais / j'aimerais aller / faire …	

6 🌐 Translate the sentences into French.

1. I prefer to go to the seaside because I like swimming.
2. I don't like sunbathing because it's boring.
3. I usually go on holiday to France with my family.
4. We go to Spain every year by plane.
5. I would like to go skiing in Canada.

7 ✏️ Décris tes vacances. Mentionne:

Describe your holidays. Include:

- Où?
- Logement?
- Moyen de transport?
- Activités?
- Donne et explique tes opinions.

> **Paraphrasing**
>
> Don't worry if you forget a word or phrase. Remember that you can paraphrase (find other words to say what you want to say). For example, if you wanted to say that you 'intend' to go to the beach but you cannot remember the word, you might say 'I hope to'. So, instead of *J'ai l'intention d'aller à la plage*, you could say *J'espère aller* …
>
> When you write your holiday description for activity 7, try paraphrasing any words or expressions you can't remember instead of using a dictionary or asking for help.
>
> *Stratégie*

Holidays and travel

8.1 H Quelles vacances!

Objectifs
- Describing holidays in detail
- Revision: using the imperfect and perfect tenses together
- Adding complexity to written and spoken language

1a Lis le texte et trouve les expressions en français.

Depuis sept ans je vais en vacances en Espagne mais l'été dernier, ma famille et moi sommes allés en vacances à Rome en Italie, car mon oncle venait de passer des vacances superbes là-bas et il nous a encouragé à y aller. Après être arrivés à l'aéroport, nous avons continué notre voyage à l'hôtel en taxi, mais une fois arrivés, nous étions très déçus car nos chambres étaient vraiment petites et assez sales. Puisque nous étions fatigués, nous n'avons rien dit mais le lendemain, mon père était furieux parce que la douche ne fonctionnait pas et il a parlé au propriétaire qui était très impoli. Heureusement que les repas au restaurant étaient délicieux et que les serveurs étaient agréables. Il a plu pendant presque tout le séjour, pourtant le dernier jour, avant de rentrer, nous avons pu visiter un beau château où j'ai admiré les jardins et j'ai réussi à acheter des cadeaux pour mes copines pendant que mes parents parlaient avec des gens de la région. Ma mère m'a dit qu'elle ne retournerait jamais à Rome, mais, moi, je voudrais bien y retourner avec mes amies.

Halmira

1. last summer
2. once we had arrived there
3. very disappointed
4. quite dirty
5. we said nothing
6. the next day
7. he spoke to the owner
8. almost the whole trip
9. I succeeded in
10. to go there again

1b Read the text again and decide whether statements 1–8 are true (T), false (F) or not mentioned in the text (NM).

1. Halmira went to Italy on her uncle's recommendation.
2. Her family was pleased with the accommodation.
3. Her father was cross because the shower didn't work.
4. The waiters in the hotel were young.
5. It rained nearly every day of their holiday.
6. Halmira's parents bought presents for their friends.
7. The family love history.
8. Halmira would like to go back to Rome one day.

2 Écoute cinq jeunes qui parlent des vacances. Décide si chaque opinion est positive (P), négative (N) ou positive et négative (P+N).

3 Put the first verb in brackets into the imperfect tense and the second into the perfect tense.

1. Je (jouer) _____ au foot quand ma copine (arriver) _____.
2. Pendant que mes parents (faire) _____ du shopping en ville, je (lire) _____ un roman sur la plage.
3. Tu (être) _____ au collège quand il (aller) _____ en France.
4. Je (prendre) _____ le petit déjeuner quand il (commencer) _____ à pleuvoir.

Grammaire

Revision: using the imperfect and perfect tenses together

Use the imperfect tense
- to describe what something was like in the past: *c'était super* it was great, *il pleuvait* it was raining, *il faisait chaud* it was hot
- to translate the English 'was / were doing' or 'used to do': *je jouais* I was playing / used to play.

However, for simple actions in the past, the perfect tense is used: *je suis allé(e)* I went, *j'ai bu* I drank, *elle a mangé* she ate, *ils ont joué* they played.

Also learn about using *après avoir / être* + past participle, *venir de* + infinitive. See page 135.

pages 187–188

4 🔊 Work in groups. Translate the following passage into French. Use strategies that you know (e.g. paraphrasing).

> Last year I went to Switzerland with my family for my summer holidays. We stayed in a hotel in the countryside and the rooms were not very well equipped. My father didn't like the meals in the restaurant and my sister hated the outdoor swimming pool because the water was too cold. There was a games room where I used to play snooker every morning.

5 💬 Travail à deux. À tour de rôle, posez les questions et répondez-y.

Work with a partner. Taking turns, ask and answer the questions.

- Où as-tu passé tes vacances l'été dernier?
- Avec qui es-tu allé(e) en vacances?
- Qu'est-ce que tu as fait pendant les vacances?
- Quels problèmes y avait-il?
- Comment as-tu trouvé les vacances? Pourquoi?

6 ✏️ Décris des vacances catastrophiques; tu peux inventer! Mentionne:

- où?
- avec qui?
- les problèmes
- tes réactions, et pourquoi tu as réagi comme ça.

> J'y suis allé(e) avec mes copains.
> J'ai passé mes vacances en famille.
> J'ai visité cet endroit avec mon collège.
>
> Il y avait un problème.
> Il n'y avait pas de piscine.
> Il pleuvait tout le temps.
> Il faisait froid.
> C'était nul / désastreux / barbant.
> Les chambres étaient sales.
> J'étais déçu(e).
> Les repas étaient horribles.
> Le service était lent.
> Le personnel était impoli.
> Je ne me suis pas bien amusé(e).
> Ma mère a porté plainte.
> Tout le monde était en colère.
> Le vol a été retardé.
> C'était fermé.
> C'était difficile.
> J'étais malade.
> J'ai pris un coup de soleil. *Sun stroke*

Stratégie

Adding complexity to written and spoken language

It's a good idea to add complexity to your French by using adjectives, adverbs and a wider variety of connectives.

- Ensure you use the correct feminine form of irregular adjectives: *de belles plages* beautiful beaches; *une vieille maison* an old house.
- Adverbs can be used to clarify intentions: *Malheureusement il pleuvait chaque jour.* Unfortunately it was raining every day.
- Use connectives such as *pourtant / cependant* (however), *toutefois* (moreover), *néanmoins* (nevertheless) as well as the more common conjunctions such as *mais*.

Try to include a range of adjectives, adverbs and connectives in activities 5 and 6.

8.1 Groundwork is available in the Foundation book.

Regions of France

8.2 F Découverte de la France

Objectifs
- Talking about visiting different places in France
- Revision of the imperfect tense of -er verbs
- Recognising cognates and near-cognates when reading

1a 📖 Lis le texte sur les vacances de Martin. Trouve la bonne image (A–J) pour chaque paragraphe (1–5).

Read what Martin has written about his holiday. Find the correct picture (A–J) for each paragraph (1–5).

1 J'ai passé mes vacances à Chamonix dans un chalet luxueux. C'était un tout nouveau bâtiment moderne. J'avais ma propre chambre et même ma propre salle de bains! C'était vraiment génial!

2 Chaque matin je faisais une longue promenade avec mon frère. J'étais souvent très fatigué et j'avais chaud, même s'il faisait froid! Il y avait des arbres partout et c'était très pittoresque.

3 L'après-midi je faisais du ski avec un groupe d'amis, mais je tombais tout le temps car c'était la première fois que je faisais des sports d'hiver. C'était difficile, mais amusant aussi.

4 Le soir je nageais dans la piscine d'un hôtel en ville. Ma sœur m'accompagnait toujours et nous nous amusions beaucoup. Là, il y avait beaucoup de jeunes et on parlait avec eux.

5 Le dernier jour j'ai dîné dans un restaurant chic avec ma famille. Moi, j'ai pris du poulet et c'était délicieux. Heureusement mon père a tout payé.

1b 📖 Read the text again and decide if these sentences are true (T) or false (F).

1. Martin had to share a bathroom in the chalet.
2. The weather was hot during his walks.
3. He fell over a lot when he was skiing.
4. He went swimming with his sister in the evenings.
5. He paid for the meal on the last day of the holidays.

2 Translate these cognates and near-cognates into English.

1. difficile
2. amusant
3. la liberté
4. réserver
5. content

3 🎧 Listen to Fatima talking about her holiday in Normandy. Answer the questions in English.

1. When did Fatima go on holiday?
2. What did she think of the holiday and why did she think this?
3. What did she and her friends do in Caen?
4. What did her friends do in Ouistreham?
5. What problem did she have with the people in the tent next door?

Stratégie

Recognising cognates and near-cognates when reading

It is sometimes possible to work out meanings of new words in French if they look or sound like English words. These cognates (or near-cognates) can be useful when working out answers to questions. Examples include most sports, some opinions or words like *commencer* (to start / commence), *finir* (to finish), *faire du camping* (to go camping).

Look back at the text in activity 1 and note down the cognates and near-cognates you can spot in each paragraph.

4 🎧 Listen to Paul's parents discussing a visit to the Cité de l'espace, a theme park in France. Choose the correct phrase to complete each sentence.

1. Paul's dad thinks that Paul _____.
   - A disliked the visit
   - B really liked the visit
   - C was not very interested in the visit
2. Paul's mum _____.
   - A enjoyed the visit
   - B disliked the visit
   - C didn't mind the visit
3. According to Paul's dad, Futuroscope was _____.
   - A poor value for money
   - B too crowded
   - C a waste of time
4. Paul's mum didn't enjoy _____.
   - A the food
   - B the rides at the park
   - C the return journey

5 **G** Choose the correct form of the imperfect tense to complete each sentence.

1. Tous les matins, je **jouer / jouais / jouait** au foot.
2. Le matin, nous **allons / allaient / allions** en ville.
3. Chaque jour, on **visitait / visitera / visite** le centre-ville.
4. Ils **passeront / passaient / passent** les vacances en France.
5. J'**arriverais / arrivait / arrivais** en ville quand il a commencé à pleuvoir.

> **Revision of the imperfect tense of -er verbs**
>
> The imperfect tense translates the English 'was / were doing' or 'used to do' and is used for descriptions in the past. It is formed from the *nous* form of the present tense with the *-ons* removed and replaced with the imperfect-tense endings.
>
> j'all**ais**, tu all**ais**, il / elle / on all**ait**, nous all**ions**, vous all**iez**, ils / elles all**aient**
>
> Also revise the imperfect tense of *avoir*, *être* and *faire*. See page 134.
>
> *Grammaire* page 187

6 💬 Travail à deux. À tour de rôle, posez les questions et répondez-y.

Work with a partner. Taking turns, ask and answer the questions.

- Où es-tu allé(e)?
- Qu'est-ce que tu faisais?
- Quel temps faisait-il?
- Quels sports faisais-tu?
- Les vacances étaient comment?

7 ✏️ **T** Translate the following sentences into French.

1. It was often sunny in the South of France.
2. I was playing football when my friends arrived.
3. My brother went skiing every morning in the mountains.
4. I used to sunbathe every day last summer.

8 ✏️ Travail de groupe. Écrivez un paragraphe sur des vacances en famille ou avec des amis. Décrivez ce que vous faisiez chaque jour en vacances.

Work in a small group. Write a paragraph to describe a holiday with family or friends. Describe the things you did every day.

> In activity 8, you will need to use the imperfect tense for repeated activities in the past to translate the English 'used to'. The ending for the *je* form is always *-ais*. Here are some useful verbs in the imperfect tense:
>
> *j'allais, je jouais, je buvais, je mangeais, j'étais, j'avais, je faisais, je passais, je me levais*

Regions of France

8.2 H Les vacances en ville

Objectifs
- Talking about visiting French towns and cities
- Using three time frames: past, present and future
- Reading for gist

1a 📖 Read the text. Match the English headings (1–7) to the paragraphs (A–G).

A Visitez Lyon avec un guide, c'est s'assurer de ne pas manquer l'essentiel et vous verrez les plus beaux endroits, même cachés!

B Voir la ville sous un angle différent? Une croisière promenade, une promenade en vélo ou une balade en Segway devraient vous tenter.

C En route pour le Beaujolais de l'avenir, vous dégusterez les crus (avec modération bien sûr!)

D Avez-vous soudain envie d'une nouvelle garde-robe? Rassurez-vous, vous n'avez que l'embarras du choix! Entre centres commerciaux et centre-ville, vous repartirez conquis et les bras chargés.

E Noctambules, cette rubrique est pour vous! Lyon, ville lumière, se vit aussi la nuit. Que ce soit pour un dernier verre après un bon restaurant ou pour se défouler sur les pistes de danse, vous trouverez ici votre bonheur.

F Logez chez un Lyonnais de cœur ou d'adoption qui vous accueille et vous régale d'un petit déjeuner maison. L'été dernier plus de 40 000 touristes ont profité de ce type de logement.

G Trouvez les meilleurs plats lyonnais chez la Miam Factory. Revisitez les recettes de la gastronomie de la région. L'année dernière, Lyon a remporté le premier prix gastronomique de toute la France!

1 Nightlife
2 Clothes shopping
3 Guided tours
4 Food
5 Transport
6 Accommodation
7 Wine tasting

Reading for gist

Don't be put off if you did not understand everything in this reading exercise as picking out the main points is sometimes what is being tested. Look for the key words which give clues to the correct answers. For example, *autoroute*, *parking* or *gare* might be enough to suggest transport.

When you do activity 1a, focus on the general meaning of each paragraph to help you find the correct heading.

Stratégie

1b ✓ Read the text again and find the French for the following words and phrases.

1 to miss
2 places
3 of course
4 a very wide choice
5 happiness
6 welcomes
7 the best dishes

2a 🎧 Listen to Carole and Vincent talking about a stay in Saint-Malo. Identify the six correct statements.

1 Carole has just come back from Paris.
2 She does not like Paris.
3 Carole went rowing every day on holiday.
4 She spent time watching ships in the harbour.
5 Carole sunbathed on holiday.
6 She went to a few markets.
7 Her mum loves history.
8 Her mum spent time reading.
9 Her brother got lost on the first evening.
10 The family often went to the aquarium.
11 Carole will go back to Saint-Malo next year.
12 Carole will visit a castle next year.

2b 🎧 Réécoute le dialogue. Quand est-ce que ces activités se passent : présent, passé ou futur?

1 les vacances à Saint-Malo
2 les vacances à Marseille
3 quelqu'un qui aime l'histoire
4 la lecture
5 son frère perdu
6 la visite au château
7 être à la campagne

Travel and tourism

3a **G** Put the verb in brackets into the correct tense: present, perfect or future. Look carefully at the time phrase.

1. Hier, je (*aller*) _____ en ville.
2. Demain, je (*faire*) _____ du shopping avec ma copine.
3. Elle (*adorer*) _____ l'histoire; en vacances, elle va souvent aux musées.
4. La semaine prochaine mon père (*visiter*) _____ Rennes.
5. Le weekend dernier, nous (*partir*) _____ en Normandie.
6. Je (*trouver*) _____ l'équitation fantastique. J'en fais tous les weekends.

3b **T** Translate the sentences from activity 3a into English.

4 📖 Lisez le texte et trouvez la bonne réponse.

> En été la famille de Pierre allait toujours en Bretagne sur la côte, dans le même hôtel, loin de la ville la plus proche. Pierre marchait chaque jour tout le long de la plage battue par le vent. Il regardait les oiseaux dans le ciel et les poissons et les phoques dans la mer claire, mais ses animaux préférés étaient les canards qui flottaient sur l'eau et qui semblaient très calmes et si tranquilles. Il venait jeter des galets pour faire des ricochets sur les vagues énormes ou il cherchait des crabes sous les rochers avant de donner du pain à ses chers canards qui savaient qu'ils pouvaient lui faire confiance. Pierre était vraiment content et il pouvait oublier ses problèmes et éviter le stress de la vie quotidienne.

1. La famille de Pierre passait les grandes vacances _____.
   A dans l'hôtel de ville   B au même endroit
   C en ville
2. Le temps était souvent _____.
   A venteux   B pluvieux   C ensoleillé
3. Son animal favori est _____.
   A le canard   B le poisson   C le phoque
4. Il essayait de trouver _____.
   A du pain   B des crabes
   C des amis
5. En vacances Pierre était _____.
   A stressé   B assez content
   C vraiment heureux

5 **T** Translate the following passage into French.

> I used to go to Paris every year with my family but I do not go there any more because I prefer holidays with my friends. Next year I am going to visit the Alps with my best friend to do some winter sports. I would like to spend time in the mountains as the air is really pure.

6 💬 Travail à deux. À tour de rôle, posez les questions et répondez-y.

- Qu'est-ce que tu aimes / n'aimes pas faire en vacances? Pourquoi?
- Où es-tu allé(e) l'année dernière et avec qui?
- Comment as-tu voyagé?
- Qu'est-ce que tu as fait?
- Où iras-tu l'année prochaine? Quelle ville française aimerais-tu visiter? Pourquoi?

Grammaire — pages 185–188

Using three time frames: past, present and future

Show your knowledge of different time frames by using past, present and future tenses in your writing and speaking. You will need to remember how to form the present, perfect, imperfect and future tenses. Look for clues as to when to use them, such as *hier* (yesterday), *demain* (tomorrow), *dernier* (last) or *prochain* (next).

*J'aime beaucoup visiter les grandes villes. L'année **dernière**, je **suis allé** à Paris avec ma famille. L'année **prochaine** on ira à Lyon.*

Also revise the imperfect tense. See page 135.

8.2 Groundwork is available in the Foundation book.

Grammar practice

G Travel and tourism

1 Put the verbs in brackets into the correct form of the present tense. Then translate the sentences into English.

1. Je (*aller*) _____ en vacances en France depuis trois ans.
2. Mes copains (*habiter*) _____ en Espagne depuis un mois.
3. Elle (*passer*) _____ ses vacances en Écosse depuis cinq ans.
4. Nous (*attendre*) _____ l'avion depuis cinq heures.

> **Grammaire** — page 193
>
> ***Depuis* + the present tense**
> To say how long you've been doing something, use the present tense with *depuis*.
>
> *J'apprends le français depuis sept ans.*
> I've been studying French for seven years.

2 Translate the following sentences into English.

1. J'adore l'Espagne. J'y vais en vacances depuis cinq ans.
2. Il était génial de visiter les marchés et d'y acheter des souvenirs.
3. J'aime jouer au handball. J'y joue depuis trois ans.
4. Ma sœur adore l'histoire. Elle s'y intéresse depuis quelques années.
5. Gabriel voudrait aller à Paris. Son frère y est allé l'année dernière.

> **Grammaire** — page 183
>
> **The pronoun *y***
> The pronoun **y** replaces a noun preceded by *à / au / à la / à l' / en / chez*.
>
> *Je joue au volley.* I play volleyball. →
> *J'**y** joue à la plage.* I play **it** at the beach.
>
> *J'aimerais aller au Mexique.*
> I would like to go to Mexico. →
> *Je n'**y** suis jamais allée.*
> I have never been **there**.

3 Complete the sentences with the correct imperfect-tense verb from the box.

| étaient | était | avait | avais | faisaient | faisait |

1. Il y _____ du vent en Normandie.
2. J'ai passé mes vacances au pays de Galles. C'_____ super!
3. Je suis resté chez moi car il _____ très froid.
4. J'_____ peur de voyager en avion.
5. Hier, mes amis _____ un promenade à vélo quand il a commencé à pleuvoir.
6. Mes vacances au Maroc _____ fantastiques.

> **Grammaire** — page 187
>
> **Revision of the imperfect tense of *avoir*, *être* and *faire***
>
> Remember that to form the imperfect tense, you need to:
> - remove the *-ons* ending from the *nous* form of the verb in the present tense: nous fais~~ons~~, nous av~~ons~~
> - add the imperfect endings: *je fais**ais**, tu fais**ais**, il / elle / on fais**ait**, nous fais**ions**, vous fais**iez**, ils / elle fais**aient***
>
> *j'av**ais**, tu av**ais**, il / elle / on av**ait**, nous av**ions**, vous av**iez**, ils / elles av**aient**.*
>
> Remember that *être* has an irregular stem (ét-): *j'étais, tu étais, il / elle / on était, nous étions, vous étiez, ils / elles étaient.*
>
> We use the imperfect tense to:
> - set the scene in the past:
>   *Il faisait froid.* It **was** cold.
> - describe habits in the past:
>   *Je faisais du ski chaque hiver.*
>   I **used to go** skiing every winter.
> - describe an action interrupted by another action or event:
>   *Je faisais du ski quand j'ai vu mon copain.*
>   I **was skiing** when I saw my friend.

4 Replace the verbs in brackets with the perfect infinitive and then translate the sentences into English.

1 Après (*prendre*) _____ _____ le petit déjeuner, je suis allé à la plage.
2 Après (*arriver*) _____ _____ à la plage, j'ai décidé de bronzer.
3 Après (*aller*) _____ _____ en ville, elle a acheté des souvenirs.
4 Après (*faire*) _____ _____ de la natation, il est rentré à l'hôtel.
5 Après (*lire*) _____ _____ le journal, je me suis couché.

> **Grammaire** — page 185
>
> ### *Après avoir / être* + past participle
> It will make a great impression if you include this construction correctly in your writing and speaking. It translates the English 'after doing' or 'having done' something.
> *Après avoir joué* au basket, elle s'est douchée.
> **After playing** basketball, she had a shower.
> To form the perfect infinitive, use the infinitive of *avoir* or *être* (whichever the verb normally uses to form the perfect tense), plus the past participle of the verb.
> *Après avoir fini* mes devoirs, je me suis couchée.
> **Having finished** my homework, I went to bed.
> Remember that the past participle of a verb using *être* must agree with the subject of the main verb in the sentence.
> *Après être allés* au restaurant, ils ont fait une promenade en ville.

5 Complete the sentences with the correct form of the verb *venir de* from the box. Then translate the sentences into English.

| venons de | venons de | venais de |
| viens de | venaient de | vient de |

1 Je _____ _____ rentrer quand mon père est arrivé.
2 Elle _____ _____ rentrer de ses vacances au Maroc.
3 Nous _____ _____ passer d'excellentes vacances en Espagne.
4 Mes parents _____ _____ arriver quand il a commencé à neiger.
5 Je _____ _____ réserver une chambre dans un hôtel chic à New York!
6 Nous _____ _____ finir le repas quand on a sonné à la porte.

> **Grammaire** — page 192
>
> ### *Venir de* + infinitive
> This verb is used in just two tenses to translate the English 'have just' or 'had just' done something.
> Use the **present** tense of *venir* followed by *de* + infinitive to translate '**have / has** just done'.
> Use the **imperfect** tense of *venir* followed by *de* + infinitive to translate '**had** just done'.
> *Elle **vient de partir** en Italie.*
> She **has just gone** to Italy.
> *Je **venais de rentrer** quand j'ai reçu ton message.*
> **I had just got home** when I got your message.

6 Find in the text all the examples of verbs in the imperfect tense. Then translate them into English.

Example: allait (went / used to go)

En été la famille de Pierre allait toujours en Bretagne sur la côte, dans le même hôtel, loin de la ville la plus proche. Pierre marchait chaque jour tout le long de la plage battue par le vent. Il regardait les oiseaux dans le ciel et les poissons et les phoques dans la mer claire, mais ses animaux préférés étaient les canards qui flottaient sur l'eau et qui semblaient très calmes et si tranquilles. Il jetait des galets pour faire des ricochets sur les vagues énormes ou il cherchait des crabes sous les rochers avant de donner du pain à ses chers canards qui savaient qu'ils pouvaient lui faire confiance. Pierre était vraiment content et il pouvait oublier ses problèmes et éviter le stress de la vie quotidienne.

> **Grammaire** — page 187
>
> ### Revision of the imperfect tense
> We use the imperfect tense for describing repeated activities in the past, such as events which used to happen every day.
> *Je jouais du piano tous les jours.*
> I played / used to play the piano every day.
>
> You will also need to recognise the imperfect tense in reading texts, especially those taken from literature. Remember that the endings provide clues.

Vocabulary

Vocabulaire

8.1 Holidays and travel

8.1 F Moi, je préfère …
➡ pages 126–127

l'	auberge de jeunesse (f)	youth hostel
	compter (sur)	to count (upon)
	d'abord	firstly
	d'habitude	usually
	découvrir	to discover
	également	equally, also
	enfin	finally, at last
	ensuite	next
	espérer	to hope
	essayer	to try
à l'	étranger (m)	abroad
	goûter	to taste
	là-bas	over there
	loger	to stay
	plus tard	later
	puis	then
	Quelle barbe!	How boring!
le	rêve	dream
le	roman	novel

8.1 H Quelles vacances!
➡ pages 128–129

	à cause de	because of
	agréable	nice
le	cadeau	present
le	commissariat	police station
	déçu(e)	disappointed
	fonctionner	to work
le	lendemain	the next day
	minable	pathetic
	obliger	to force
	oublier	to forget
	plutôt	rather
le	porte-monnaie	purse
le	propriétaire	owner
	puisque	since
	réussir	to succeed
	sale	dirty
	sauf	except
le	séjour	stay, visit
le	souci	worry
	une fois	once

8.2 Regions of France

8.2 F Découverte de la France
➡ *pages 130–131*

s'	amuser	to have fun
le	bâtiment	building
la	boucherie	butcher's shop
la	boulangerie	baker's shop
le	bruit	noise
la	charcuterie	delicatessen
	cher / chère	expensive
	heureusement	fortunately
l'	inconvénient (m)	disadvantage
	même	even
	payer	to pay for
	pleuvoir	to rain
la	promenade	walk
	propre	own
	seul(e)	only
les	sports d'hiver (m)	winter sports
	tomber	to fall
	toujours	always
	trop de monde	too many people
la	voile	sailing
le / la	voisin(e)	neighbour

8.2 H Les vacances en ville
➡ *pages 132–133*

	accueillir	to welcome
l'	aviron (m)	rowing
	cacher	to hide
le	canard	duck
	célèbre	famous
le	coin	area
la	confiance	trust
la	côte	coast
	déguster	to taste (wine)
s'	égarer	to get lost, to wander off
l'	endroit (m)	place
	ensoleillé(e)	sunny
l'	envie (f)	desire
la	garde-robe	wardrobe
la	lecture	reading
	manquer	to miss
	meilleur(e)	best
	même	same
le	navire	ship
l'	oiseau (m)	bird
le	phoque	seal
la	plongée	diving
	plusieurs	several
	pluvieux(-se)	rainy
	remporter	to win
	tenter	to tempt
	tricoter	to knit
la	vague	wave
	venir de	to have just
	venteux(-se)	windy
le	verre	glass

Higher – Reading and listening

1 Read Sandrine's blog about her holidays. Decide which **five** sentences (1–10) are true.

> Salut! Je suis rentrée de mes vacances en Angleterre. Je suis allée chez ma tante qui habite à trente kilomètres de Londres. Je me suis bien amusée chez elle parce qu'il y avait beaucoup à faire et à voir là-bas et ce n'était pas du tout barbant.
>
> Un jour je suis allée à Londres où j'ai fait des achats le matin et l'après-midi j'ai visité la Tour de Londres et un musée d'art, ce qui m'a beaucoup plu. La seule chose que je n'ai pas aimée, c'était le temps car il pleuvait de temps en temps.
>
> Le dernier soir, je suis allée manger dans un restaurant chic avec une amie de ma tante et le repas que j'ai choisi était délicieux.
>
> L'année prochaine je vais aller un peu plus loin, aux États-Unis avec mes parents et ma sœur. J'attends la visite avec impatience car je n'y suis jamais allée.

Stratégie: Pay close attention to negatives such as *ne … pas* or *ne … jamais* in texts where you are being asked to find answers which are true.

1. Sandrine spent her holidays with her aunt.
2. Sandrine stayed in London.
3. She was sometimes bored on holiday.
4. She went shopping in London.
5. She didn't like the art gallery.
6. She disliked the weather.
7. It rained all the time on holiday.
8. She went to a restaurant with her aunt.
9. She is going on holiday with her family next year.
10. She has never been to the USA before.

[5 marks]

2 Read the text and answer the questions in **English**.

> Le chômage chez les jeunes est devenu un problème grave dans presque tous les pays africains, mais surtout au Cameroun où la moitié des jeunes entre 16 et 19 ans sont sans emploi. Beaucoup de jeunes ont quitté la campagne pour la ville dans l'espoir de trouver un emploi et de meilleures conditions de travail, mais le pays n'est pas encore engagé sur la voie de l'industrialisation.
>
> La solution ne sera pas facile à trouver. Il faut développer les emplois ruraux, chercher plus d'investissements et améliorer l'accès à l'éducation et à la formation. Le gouvernement va certainement essayer d'encourager des entreprises françaises à établir des usines au Cameroun, en leur offrant des loyers très bas.
>
> Quant à l'avenir … Qui sait?

1. What is a problem in Cameroon? **[1 mark]**
2. What percentage of 16–19-year-olds have a job? **[1 mark]**
3. Why have many young people left the countryside? (**two** details) **[2 marks]**
4. Why has this proved to be unsuccessful? **[1 mark]**
5. Give **three** possible solutions to the problem in Cameroon. **[3 marks]**
6. What is the government trying to encourage? **[1 mark]**

3 📖 Lisez le texte et pour chaque phrase (1–10), écrivez V (vrai), F (faux) ou PM (pas mentionné).

1. Alain a passé une quinzaine de jours au Canada.
2. Thomas a trois frères.
3. Alain n'a pas aimé le voyage en train.
4. Ils sont allés faire du shopping après avoir visité les magasins en ville.
5. Alain a acheté beaucoup de choses en ville.
6. Alain est tombé en faisant du ski nautique.
7. Alain a partagé la chambre de Thomas.
8. Alain a aimé les repas au restaurant.
9. Alain n'a pas eu de problèmes pendant le voyage de retour.
10. Thomas fera des sports nautiques avec Alain.

[10 marks]

> Je viens de rentrer de mes vacances au Canada. J'ai logé chez un copain, Thomas, qui y habite depuis trois ans. Il habitait près de chez moi à Biarritz, donc nous étions au même collège ici en France il y a quelques ans.
>
> J'ai passé deux semaines chez lui à Montréal et je me suis très bien amusé. Un jour, on a visité le centre-ville en train, ce qui m'a plu car c'était très rapide. Après avoir fait du shopping, les parents de Thomas nous ont emmenés à la campagne en voiture et nous avons fait du ski nautique sur un grand lac. Je suis tombé plusieurs fois mais c'était marrant.
>
> La maison de Thomas était très grande et luxueuse, et j'avais ma propre chambre qui était assez grande et très bien décorée. Le soir, on allait souvent à un restaurant qui se trouve tout près de leur maison. J'ai trouvé les repas un peu trop épicés mais l'ambiance était superbe.
>
> Le seul problème était le voyage de retour parce qu'il faisait du vent et que j'ai dû attendre quatre heures à l'aéroport.
>
> L'année prochaine, Thomas viendra chez moi et j'attends sa visite avec impatience. Nous passerons du temps au bord de la mer et il fera de la voile et de la planche à voile pour la première fois.
> Alain

4 📖 **T** Translate the following passage into **English**.

> À mon avis les vacances sont vraiment importantes parce qu'on peut se détendre et oublier les problèmes de la vie. Je viens de rentrer d'une visite en Espagne où j'ai passé beaucoup de temps à bronzer sur la plage. C'était génial, mais je sais que je serai bientôt stressé puisqu'il faut que je travaille dur pour réussir à mes examens scolaires.

[10 marks]

5 🎧 Listen to five young people talking about their holidays. For a negative opinion, write N. For a positive opinion, write P. For a positive and negative opinion write P+N. **[5 marks]**

> **Stratégie**
> When you are listening for P+N answers, remember that words like *pourtant* / *cependant* (however) or *mais* (but) could be useful. Also listen for words like *sauf* (except).

6 🎧 Listen to André and Pauline discussing holidays. Who is it? Choose André (A), Pauline (P) or André and Pauline (A+P).

1. _____ went on holiday for a fortnight.
2. _____ went on holiday with their parents.
3. _____ had a good time on holiday.
4. _____ went fishing.
5. _____ tried the local food.

[5 marks]

7 🎧 Écoutez Manon qui parle des problèmes de l'environnement. Écrivez le chiffre des **cinq** phrases qui sont vraies.

1. Manon s'inquiète des émissions de dioxyde de carbone.
2. Manon n'est pas concernée par l'effet de serre.
3. Manon dit que les glaciers fondent.
4. Manon dit que les îles sont menacées par le niveau montant des eaux.
5. Manon est contente des efforts faits par les pays pour réduire les émissions.
6. La Chine a donné de l'espoir à tout le monde.
7. Manon essaie de faire des économies.
8. Manon est effrayée par les menaces sur la planète.
9. Les parents de Manon sont écolos.
10. Le père de Manon voyage souvent en avion.

[5 marks]

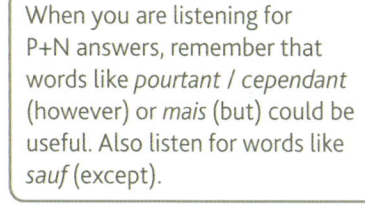

> Foundation test and revise tasks are available in the Foundation book.

Writing and translation

Higher – Writing and translation

Either:

1a ✏️ Vous décrivez les problèmes de l'environnement dans votre région.

Décrivez:

- les problèmes principaux dans votre région
- ce que vous pensez de ces problèmes
- ce que vous avez fait pour aider l'environnement
- ce que vous allez faire pour aider plus.

Écrivez environ **90** mots en **français**. Répondez à chaque aspect de la question. **[16 marks]**

> **Stratégie**
> You will need to answer all four bullet points but you could spend more time on one of these if you have more to say, or find one particularly difficult.

Or:

1b ✏️ Vous décrivez les vacances.

Décrivez:

- où vous passez les vacances normalement
- ce que vous aimez faire pendant les vacances
- où vous avez passé les vacances l'année dernière
- votre destination de vacances idéale et pourquoi.

Écrivez environ **90** mots en **français**. Répondez à chaque aspect de la question. **[16 marks]**

Either:

2a ✏️ Vous écrivez un article sur les vacances pour un magazine français.

Décrivez:

- les meilleures vacances que vous avez passées
- l'importance des vacances.

Écrivez environ **150** mots en **français**. Répondez aux deux aspects de la question. **[32 marks]**

> **Stratégie**
> As there are only two bullet points, it would be good to spend some time planning what you are going to say before starting to write. You could consider using headings which you can then expand and to which you can add details.

Or:

2b ✏️ Vous écrivez un article sur l'environnement.

Décrivez:

- les problèmes principaux de l'environnement dans le monde
- les solutions possibles à l'avenir.

Écrivez environ **150** mots en **français**. Répondez aux deux aspects de la question. **[32 marks]**

3a 🎧 Translate the following passage into **French**.

Last year I went on holiday to Spain with my family. We stayed in a large modern hotel by the sea. My sister went windsurfing every day but I sunbathed on the beach. It was very relaxing. Next summer we are going to visit the USA by plane. My father has already booked the tickets and we are really pleased.

[12 marks]

3b 🎧 Translate the following passage into **French**.

In my town there are lots of homeless people who live on the streets. Yesterday, when I was in the town centre I saw a man who was sleeping on the pavement. I was very sad and I bought a cup of coffee for him. Next weekend I am going to take some old clothes to the charity shop near my house to help the poor.

[12 marks]

> **Stratégie**
> Remember that if you cannot recall a word in French, you can try to rephrase the sentence to allow you to use words which you do know in the target language.

> Foundation test and revise tasks are available in the Foundation book.

Speaking

Higher – Speaking

1 Role play

Your teacher or partner will play the part of a Tourist Office employee and will speak first.

You should address the employee as *vous*.

When you see this – **!** – you will have to respond to something you have not prepared.

When you see this – **?** – you will have to ask a question.

> Vous parlez à un(e) employé(e) dans un office de tourisme en France.
> - Logement en ce moment (**un** renseignement).
> - **?** Information sur les loisirs dans la ville.
> - Activités préférées (**deux** renseignements).
> - Excursion hier (**deux** renseignements).
> - **!**

Stratégie: Remember that at Higher level, you might be asked to give more than one detail. It is sometimes easy just to add another noun (for example a different activity), but it is also acceptable to add a detail to an existing noun (for example where, with whom or why an activity is done).

[15 marks]

2 Role play

Your teacher or partner will play the part of your friend and will speak first.

You should address your friend as *tu*.

When you see this – **!** – you will have to respond to something you have not prepared.

When you see this – **?** – you will have to ask a question.

> Tu parles avec ton ami(e) français(e) au sujet de l'environnement.
> - Environnement – projets récents dans ta région (**deux** renseignements).
> - Problèmes de circulation dans le centre-ville (**un** renseignement).
> - **!**
> - Comment économiser de l'énergie chez toi (**deux** renseignements).
> - **?** Action pour améliorer l'environnement à l'avenir.

Stratégie: When you are asking a question, it may be easier to just use your tone of voice to suggest a question, particularly if you are feeling stressed. For example, if you need to ask a question as to whether your friend likes recycling, you could just say *Tu aimes recycler?* rather than *Est-ce que tu aimes recycler?*

[15 marks]

Test and revise: Units 7 and 8

3 Photo card

- Look at the photo during the preparation period.
- Make any notes you wish to on an Additional Answer Sheet.
- Your teacher or partner will then ask you questions about the photo and about topics related to **Travel and tourism**.

> **Stratégie**
> Remember to listen for added information requested by the question. For example, having made a choice when requested, you may be asked the additional question, *Pourquoi?* (Why?).

> **Stratégie**
> Remember that you will need to include opinions and it is even better if you can justify or explain them, so get used to adding phrases such as *parce que*, *car* or *puisque* after you have given an opinion, e.g. *J'ai fait des dons parce qu'il est important d'aider les pauvres*.

Your teacher or partner will ask you the following three questions and then **two more questions** which you have not prepared.

- Qu'est-ce qu'il y a sur la photo?
- Qu'est-ce qu'on peut faire au camping?
- Où vas-tu passer tes vacances l'année prochaine? **[15 marks]**

4 Photo card

- Look at the photo during the preparation period.
- Make any notes you wish to on an Additional Answer Sheet.
- Your teacher or partner will then ask you questions about the photo and about topics related to **Global issues**.

> **Stratégie**
> Remember that you may be asked a question which does not require a response in the first person (*je* – I). It will often involve *Qu'est-ce qu'on peut …?* or *Qu'est-ce qu'il y a …?*, so it is worth practising these.

Your teacher or partner will ask you the following three questions and then **two more questions** which you have not prepared.

- Qu'est-ce qu'il y a sur la photo?
- Que penses-tu du chômage?
- Qu'est-ce que tu as fait pour aider les pauvres ou les SDF dans ta région? **[15 marks]**

> Foundation test and revise tasks are available in the Foundation book.

3 Current and future study and employment

9 My studies

9.1 F La journée scolaire
- Revision of the perfect tense of regular -er verbs
- Describing physical properties

9.1 H Des écoles différentes
- Revision of the perfect tense of -ir and -re verbs
- Pointing and demonstration

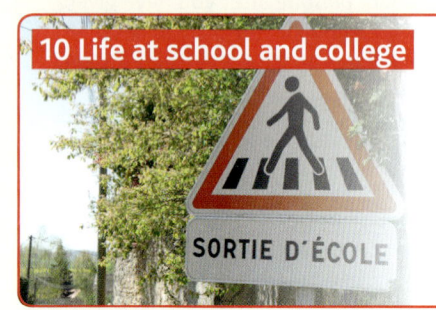

10 Life at school and college

10.1 F Le règlement scolaire
- Revision of *pouvoir*, *vouloir* and *devoir*
- Using visual and verbal context in reading

10.1 H Améliorer son école
- Revision of the conditional
- Using more than one tense in the same sentence

11 Education post-16

11.1 F L'orientation
- Revision of *si* clauses in the present tense
- Ignoring words which are not needed in listening tests

11.1 H Université ou apprentissage?
- Using *quand* clauses with the future tense
- Being aware of *faux amis* when translating into English

12 Jobs, career choices and ambitions

12.1 F Comment obtenir un emploi
- The passive voice in the present tense
- Using *qui* and *que* to help you refer to something

12.1 H Métiers: les avantages et les inconvénients
- Avoiding the passive
- Using French idioms

Dictionary skills

Small words with more than one meaning

Use your dictionary

Small words – big problems?
Not with your dictionary!

Some English words are used in many different ways. To find the right French translation, look at the example sentences and then make the necessary grammar changes required by your context, e.g.

at her brother's chez son frère

I'm at my sister's

Je suis chez <u>ma</u> sœur.

1 Use a dictionary to look up the following French words. Then complete the French sentences.

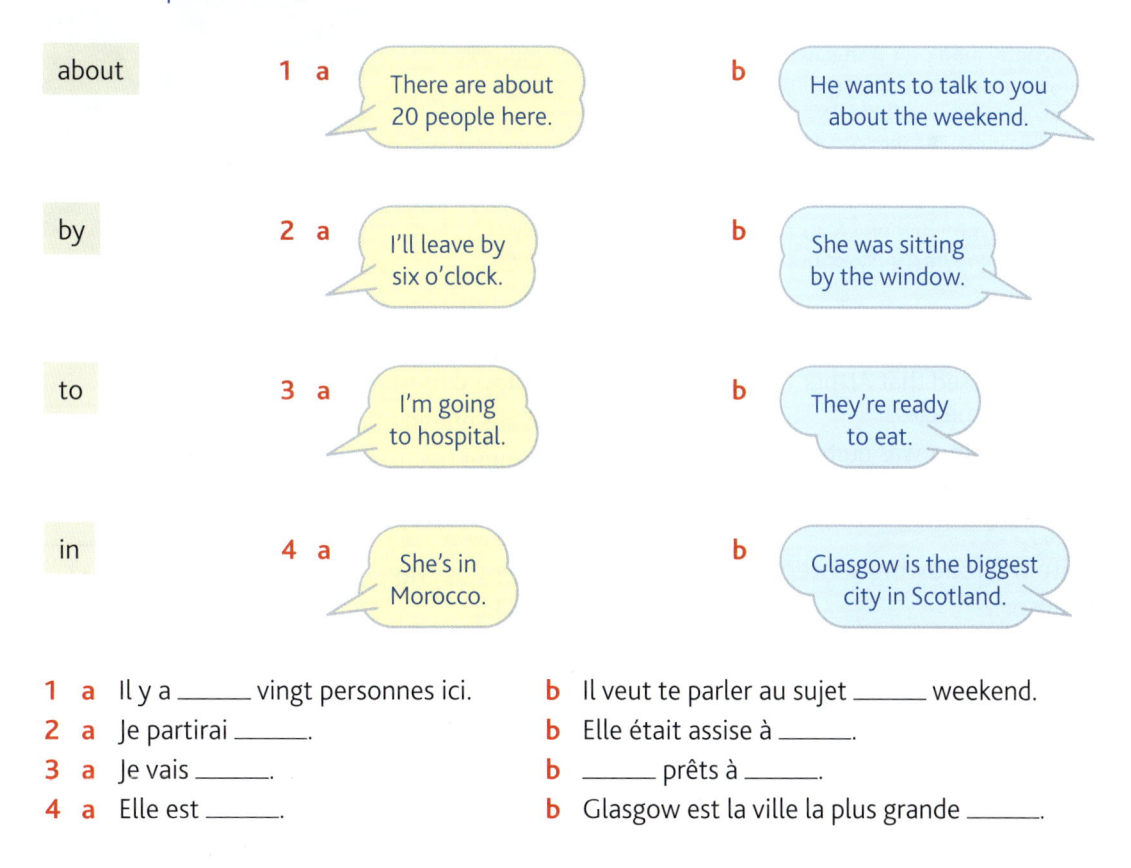

about — 1 a *There are about 20 people here.* — b *He wants to talk to you about the weekend.*

by — 2 a *I'll leave by six o'clock.* — b *She was sitting by the window.*

to — 3 a *I'm going to hospital.* — b *They're ready to eat.*

in — 4 a *She's in Morocco.* — b *Glasgow is the biggest city in Scotland.*

1 a Il y a _____ vingt personnes ici.   b Il veut te parler au sujet _____ weekend.
2 a Je partirai _____.   b Elle était assise à _____.
3 a Je vais _____.   b _____ prêts à _____.
4 a Elle est _____.   b Glasgow est la ville la plus grande _____.

cent-quarante-cinq **145**

School and subjects

9.1 F La journée scolaire

Objectifs
Describing a day in school
Revision of the perfect tense of regular -er verbs
Describing physical properties

1 ⓥ Trouve un mot pour chaque catégorie. Les mots doivent commencer par la bonne lettre.

Find a word for each category. The words must start with the correct letter.

	B *Exemple:*	C	G	S	T
Une matière	la biologie				
Un objet trouvé dans la salle de classe	la boîte				
Un endroit au collège	la bibliothèque				

2 📖 Read about Henri's first day at secondary school. Are these sentences true (T), false (F) or not mentioned in the text (NM)?

Le premier jour d'école

Dimanche soir, mes parents m'ont aidé à préparer mes affaires. Le lendemain matin, mon père m'a emmené au collège en voiture parce que c'est assez loin. J'ai retrouvé mes copains quelque part dans la cour. Le principal nous a appelés chacun notre tour pour nous indiquer notre classe. Arthur et Thomas étaient dans la même classe que moi et j'ai sauté de joie. Dans la salle de classe, notre professeur principal avait notre emploi du temps et on a visité les bâtiments. Les cours ont commencé à huit heures trente. Moi, j'ai passé une heure dans le gymnase et une heure dans les labos. À la récréation, j'ai retrouvé mes copains et j'ai joué au foot avec eux dans la cour. Ensuite, j'ai rencontré mon prof d'anglais qui, lui, est très sympa. À midi, c'était l'heure de manger, maintenant ce n'est plus la cantine comme à l'école primaire mais le self. Moi, je préfère le self car il y a plusieurs choix de desserts et d'entrées. L'après-midi, j'ai accompagné mes copains aux cours de maths, d'histoire-géo et de musique. Enfin, ça a sonné à seize heures. Quelle journée fatigante! J'ai changé de salle de classe six fois, mon cartable était très lourd et mes professeurs, quant à eux, ne se sont pas rappelé mon prénom. Mais pour moi le collège est fabuleux! Cela me fait penser à une immense maison avec beaucoup d'habitants à l'intérieur.

1. Henri walked to school.
2. Henri was pleased that Arthur and Thomas were in the same class.
3. Their form teacher was quite young.
4. Henri had PE and science before the break.
5. He liked his English teacher.
6. He played football at lunchtime.
7. Lessons ended at five o'clock.
8. He found the day tiring but enjoyable.
9. He has homework to do in the evening.

3 Ⓖ Rewrite the following sentences in the perfect tense.

1. Je travaille dur au collège.
2. Mes copains mangent de la salade à la cantine.
3. Nous jouons au basket dans la cour.
4. Le professeur principal donne des instructions aux élèves.
5. 'Tu passes une bonne journée?' demande ma mère.

Revision of the perfect tense of regular -er verbs

To form the perfect tense of regular -er verbs, you need the correct form of *avoir* in the present tense, followed by the past participle of the verb: *manger* → *mangé*.

*J'**ai** joué au foot dans la cour.*
*On **a** visité le collège.*
*Nous **avons** mangé des desserts.*
*Ils **ont** rencontré les profs.*

Also learn about emphatic pronouns and adverbs of time and place. See page 154.

Grammaire — page 186

4 🔤 Translate these sentences into French.

1 I found the teacher very interesting.
2 She closed her book when the bell went.
3 The pupils played handball in the gym.
4 We ate chips in the canteen.
5 Yesterday, I bought a new exercise book.

5 🎧 Listen to Cécile's account of a school trip and answer the questions in English.

1 Where did Cécile go with her class?
2 How did they get there?
3 What did she do during the journey and why?
4 What was the first thing she saw?
5 What did she do at lunchtime? Give three details.
6 What did she think of the trip and why?

6 💬 Travail à deux. À tour de rôle, choisissez un mot dans la liste et donnez une définition sans utiliser le mot initial. Votre partenaire devine le mot.

Work with a partner. Take turns to choose one of the following words and describe it without using the French word. Your partner identifies the word.

un cours	la cantine	un cartable
la cour	un professeur	un trajet
l'emploi du temps	un / une élève	un arbre
un bâtiment	une voiture	un singe
un gymnase	un car	une banane
un laboratoire	une école primaire	un zoo

> **Stratégie**
>
> **Describing physical properties**
>
> When you want to refer to something whose name you have forgotten, you can describe the physical aspects of the object such as the size, shape, colour, material or position. For example, if you are describing a grapefruit you could say *c'est un fruit assez gros, c'est rond, c'est un fruit jaune, on mange ce fruit au petit déjeuner …*
>
> Try this out in activity 6.

7 💬 Travail à deux. À tour de rôle, posez et répondez aux questions. Une de tes réponses doit être fausse et ton / ta partenaire doit la trouver.

Work with a partner. Taking turns, ask and answer the questions. One of your replies should be untrue and your partner has to spot it.

- Qu'est-ce que tu as visité?
- Comment y es-tu allé?
- Qu'est-ce que tu as mangé à midi?
- Qu'est-ce que tu as trouvé d'intéressant pendant la visite?
- Qu'est-ce que tu as pensé de la visite?

8 ✏️ Décris ton premier jour à l'école. Il faut utiliser les cinq verbes suivants.

Describe your first day at school. You must use the following five verbs.

J'ai trouvé …   J'ai remarqué …   J'ai rencontré …
J'ai mangé …   J'ai aimé …

School and subjects

9.1 H Des écoles différentes

Objectifs
Describing school life in different countries
Revision of the perfect tense of -ir and -re verbs
Pointing and demonstration

1a 📖 Lis le texte et trouve les expressions en français.

Un nouveau collège au Togo

Voici le témoignage d'Arthur qui travaille pour une association caritative.

J'ai travaillé pour une association de solidarité internationale de l'université de Paris. Notre objectif était de promouvoir l'éducation au Togo. Pour cela, nous avons cherché à récolter des fonds pour construire des collèges au Togo. Depuis notre création, en 2014, quatre collèges ont été construits. Nous organisons les chantiers dans les villages où les collèges sont construits. C'est l'occasion pour les volontaires, pour la plupart des étudiants, de s'engager dans un projet humanitaire.

Cette année, comme objectif, nous avons décidé de finir la réalisation de notre cinquième collège, dans le village de Davedi. On a choisi de construire un bâtiment composé de quatre salles de classe, d'un bureau pour les professeurs et d'une bibliothèque. Le village, habité par environ 1 000 habitants, possédait une école primaire et un collège. Cependant, le collège était constitué de cabanes en bois et ne résistait pas au mauvais temps. Les élèves avaient du mal à travailler. Le nouveau collège accueillera près de 200 élèves, dont certains viennent de villages voisins. Les volontaires ont dû loger dans le village de Davedi pour aider bénévolement à la construction. Après la fin du chantier, le gouvernement togolais a pris en charge la gestion du collège et a envoyé des professeurs diplômés et un directeur.

J'ai trouvé la vie scolaire au Togo très différente. Souvent, il n'y a pas de cours l'après-midi car il fait trop chaud. Il y a environ cinquante élèves par classe. À midi, on mange dehors. À mon avis, les jeunes togolais travaillent plus dur que les élèves français. Ils connaissent vraiment l'importance de l'éducation.

1. to promote education
2. to raise money
3. for the most part / mostly students
4. wooden huts
5. the pupils had difficulty
6. qualified teachers

1b 📖 Relis le texte. Décide si les phrases suivantes sont vraies (V), fausses (F) ou si l'information n'est pas mentionnée (PM).

1. Arthur a travaillé pour l'association pendant trois ans.
2. L'association a recolté de l'argent pour réaliser ses objectifs.
3. Avant, le village de Davedi n'avait pas d'établissement scolaire.
4. L'éducation des collégiens était souvent touchée par le vent et la pluie.
5. Le nouveau collège va recevoir uniquement les jeunes qui habitent le village.
6. Les volontaires ont été payés pour leur travail.
7. Le collège a cinq professeurs diplômés.
8. L'association a nommé le nouveau directeur.
9. Au Togo il n'y a jamais de cours l'après-midi.
10. Arthur semble penser que les jeunes français n'apprécient pas toujours l'éducation.

2 🎧 Écoute Delphine qui parle d'une journée dans une école britannique. Réponds aux questions en français.

1. Comment est-elle allée au collège?
2. Qu'est-ce qu'elle a fait pendant la récréation et pourquoi était-elle énervée?
3. Pourquoi est-ce qu'elle n'a pas aimé le cours de maths?
4. Qu'est-ce qui s'est passé à la pause-déjeuner?
5. Qu'est-ce qui s'est passé l'après-midi?
6. Qu'est-ce que Delphine a aimé au collège?
7. Qu'est-ce qu'elle n'a pas aimé?

3 **G** **T** Translate the following sentences into French using the perfect tense.

1. In France, the lessons finished later.
2. In the French lesson, I answered a question.
3. One day, I waited for the bus because it rained.
4. My penfriend has lost her exercise book again and the teacher punished her.
5. The volunteers chose to build a new school.

> **Grammaire** page 186
>
> **Revision of the perfect tense of -ir and -re verbs**
>
> For the past participle
> - -*ir* verbs drop the -*r*: *J'ai déjà* **fini** *mes devoirs*.
> - -*re* verbs take off the -*re* and add -*u*: *J'ai* **répondu** *à la question*.
>
> Some common -*ir* verbs: *choisir* (to choose), *punir* (to punish), *réfléchir* (to think / reflect), *réussir à* (to succeed).
> Some common -*re* verbs: *attendre* (to wait for), *répondre* (to answer), *perdre* (to lose), *rendre* (to make).
>
> Also revise the perfect tense of irregular verbs and the perfect tense with *être*. See pages 154 and 155.

4 💬 Travail à deux. Imaginez que vous participez à un échange scolaire. La personne A, un(e) élève britannique, pose des questions sur les sujets suivants à la personne B, qui est un(e) élève français(e). Puis, changez de rôle.

- Description du collège.
- Les heures des cours.
- Combien d'heures de devoirs par soir?
- Son opinion des profs.
- Son opinion de l'uniforme.
- L'attitude des élèves.

5 ✏️ Imagine que tu es un(e) élève dans le collège au Togo. Raconte une journée au collège, au passé composé. Il faut utiliser les cinq verbes suivants: *comprendre, voir, répondre, choisir, faire.*

> **Stratégie**
>
> **Pointing and demonstration**
>
> Sometimes, when you can't remember the correct French word, you can use various strategies to make yourself understood.
> - You can point at something, using an appropriate phrase like *Je voudrais quelque chose comme ça* (I'd like something like that) or *Qu'est-ce que c'est?* (What's that?). If you have a sore throat, you can demonstrate it by pointing to your throat and say *Ça me fait mal ici.* (It hurts here).
> - You can also use an expression or other gesture to express attitudes and emotions, with an appropriate exclamation such as *Mais oui, Oh non!, Bien*.
> - Mime can be useful in keeping communication going. If you want to help do the washing up, you can say *Je peux vous aider à …?* (Can I help you … ?), then mime the action.
>
> Try using some of these strategies when taking on the role of the British student in activity 4.

9.1 Groundwork is available in the Foundation book.

Life at school and college

10.1 F Le règlement scolaire

Objectifs
Talking about school rules and uniform
Revision of *pouvoir*, *vouloir* and *devoir*
Using visual and verbal context in reading

1 📖 Est-ce que ces règles sont appropriées ou pas? Trouve les trois qui sont appropriées.

Are these school rules sensible or not? Find the three sensible ones.

1. Il faut parler en classe.
2. On ne peut pas porter de bijoux.
3. On doit être en retard.
4. Il ne faut pas manger en classe.
5. On doit respecter les autres.

2 📖 Lis ce texte sur le règlement scolaire d'il y a 60 ans. Est-ce que les phrases suivantes sont vraies (V), fausses (F) ou pas mentionnées (PM)?

Read this text about school rules sixty years ago. Are the following statements true (V), false (F) or not mentioned (PM)?

Le règlement scolaire

Les vêtements Tout le monde doit porter des blouses. Les filles doivent s'habiller d'une jupe, de chaussettes en laine, de souliers. Les garçons peuvent avoir des blouses grises ou noires. En ce qui concerne leur coiffure, ils doivent avoir la raie sur le côté ou les cheveux en arrière. Les cheveux longs pour les garçons sont officiellement interdits.

Les devoirs Les professeurs veulent corriger les devoirs régulièrement, donc les enfants doivent absolument faire des devoirs chaque soir à la maison. Ils sont obligés de les faire, sinon ils doivent écrire 100 lignes à faire signer par les parents.

La remise des prix Le principal aime distribuer des prix. À la fin de l'année, les trois premiers élèves peuvent avoir une récompense. Le premier aura un dictionnaire et le deuxième et le troisième auront des livres.

La politesse est de rigueur Quand les enfants arrivent à la salle de classe, ils doivent dire bonjour au professeur, autrement ils ne peuvent pas y entrer. Parfois, ils doivent aussi montrer leurs mains et leurs oreilles s'ils veulent entrer dans la salle de classe.

Les punitions Comme punitions, il faut faire tout le tour de la cour de récréation ou nettoyer la salle de classe à la fin des cours.

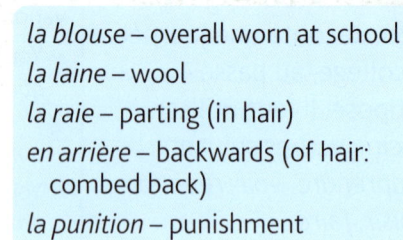

la blouse – overall worn at school
la laine – wool
la raie – parting (in hair)
en arrière – backwards (of hair: combed back)
la punition – punishment

1. Les filles doivent porter des blouses blanches.
2. Les garçons peuvent avoir des cheveux longs.
3. Les parents sont punis si les élèves ne font pas leurs devoirs.
4. Les prix sont distribués à la fin de l'année.
5. Tous les élèves reçoivent le même prix.
6. Avant de quitter la classe, les élèves doivent dire au revoir au professeur.
7. Les élèves doivent avoir les mains et les oreilles propres.
8. On fait des punitions uniquement à l'intérieur du bâtiment.

Life at school and college

3 **V** Qu'est-ce que les mots soulignés veulent dire?

Work out the meaning of the word underlined in these rules.

1. Il est interdit de porter <u>un couvre-chef</u> (casquette, chapeau etc.) à l'intérieur de l'établissement.
2. Toute détérioration des <u>meubles</u> (tables, chaises etc.) sera punie.
3. Le <u>comportement</u> violent n'est pas acceptable.
4. Il est interdit aux professeurs et aux élèves de dire des <u>gros mots</u>.

> **Stratégie**
>
> **Using visual and verbal context in reading**
>
> You can find many clues about the purpose and content of a text from a study of the layout (is it an advert, article, diary?), the title or headline, the length, the typeface and any related pictures or photos.
>
> When reading, you can learn to work out the meaning of new words from the verbal context. So, for example, if you did not know the word *souliers*, you might be able to work out from the context of the following sentence that it is something you wear: *Les garçons portaient des blouses grises, des chaussettes en laine, des souliers en cuir*. You can work this out from the verb *porter* (to wear), words you do know (*chaussettes*) and words that are similar to English (*blouses*).

4 **G** Complete each sentence with the correct form of the verb in brackets.

1. Je _____ aller voir mon prof de danse. (*vouloir*)
2. Tu ne _____ pas quitter l'école trop tôt. (*pouvoir*)
3. Elle _____ absolument réviser pour ses examens. (*devoir*)
4. Nous _____ vous aider si vous _____ (*pouvoir, vouloir*)
5. Les filles ne _____ pas se maquiller. (*pouvoir*)
6. Les garçons _____ travailler dur. (*vouloir*)
7. On ne _____ pas arriver en retard. (*devoir*)
8. Les élèves _____ réussir aux examens. (*devoir*)

> **Grammaire** page 190
>
> **Revision of *vouloir*, *pouvoir* and *devoir***
>
> *Vouloir*, *pouvoir* and *devoir* are called 'modal verbs'. *Vouloir* means 'to want', *pouvoir* means 'to be able' (can) and *devoir* means 'to have to' (must). They are all irregular in the present tense and are usually followed by the infinitive of another verb.
>
> *Je veux aller à la bibliothèque.*
> I want to go to the library.
> *Tu peux m'aider?*
> Can you help me?
> *Ils doivent voir le principal.*
> They must see the Head.
>
> To see the verbs in full, see pages 197–200.
>
> Also revise *il faut*. See page 155.

5 🎧 Listen to four French students talking about the advantages and disadvantages of school uniform. Answer the questions in English.

1. Why is Flora in favour of school uniform?
2. What two disadvantages of school uniform does Michel mention?
3. What does Eglantine say about school uniform? Give two details.
4. What does François say about school uniform? Give two details.

6 💬 Dans un groupe de quatre personnes, organisez un débat au sujet de l'uniforme scolaire. Deux personnes sont pour l'uniforme et les deux autres sont contre.

In a group of four, organise a debate on school uniform. Two people are in favour and two against.

7 ✏️ Écris dix règles pour un nouvel établissement scolaire.

Write ten rules for a new school.

Je suis contre parce que …	tout le monde se ressemble.
Je pense / trouve que …	c'est très injuste. ce n'est pas à la mode.
Je suis pour parce que …	c'est moins cher. c'est très pratique.
Je crois que …	les élèves ne peuvent pas se moquer des autres.

Exemple: Il faut absolument porter des baskets pour aller au collège.

Life at school and college

10.1 H Améliorer son école

Objectifs
- Talking about your ideal school
- Revision of the conditional
- Using more than one tense in the same sentence

1 ⓥ Complète les phrases suivantes et puis donne une raison pour expliquer ton choix.

Exemple: Si j'étais un animal, je voudrais être un chat parce qu'ils dorment beaucoup!

1 Si j'étais une voiture, je voudrais être …
2 Si j'étais une ville, je voudrais être …
3 Si j'étais un personnage historique, je voudrais être …
4 Si j'étais une boisson, je voudrais être …
5 Si j'étais un super-héros, je voudrais être …

2 📖 C'est qui? Lis les textes et choisis Camille, Lola ou Lucas.

Mon collège idéal

> Dans mon collège idéal, si j'étais la directrice, il y aurait une journée scolaire moins chargée. Trois cours par jour, ça suffirait. Et les cours dureraient 30 minutes. Les filles pourraient porter des bijoux et se maquiller. Si les téléphones portables n'étaient pas interdits en classe, je pourrais rester en contact avec toutes mes copines.

Camille

> Si c'était possible, j'abolirais tout de suite les examens et les tests. Il n'y aurait pas de bulletins scolaires. Il y aurait donc moins de travail pour les profs. Il y aurait un cinéma, une piscine olympique et un gymnase. La récréation durerait une heure. La cantine aurait deux étoiles Michelin et les sixièmes serviraient les élèves plus âgés.

Lola

> Si j'avais mon propre collège, j'introduirais un uniforme scolaire pour les profs. Je supprimerais les devoirs, sauf pour les profs. Les élèves donneraient des devoirs aux profs et les puniraient s'ils arrivaient en retard. En plus il n'y aurait que deux cours par jour. Et le lendemain on aurait une journée libre. Les cours ne seraient pas obligatoires. Ils commenceraient à dix heures et finiraient à midi. L'après-midi, on serait libre.

Lucas

1 Qui semble être sportif / sportive?
2 Qui veut appeler ses amies?
3 Qui aime bien manger?
4 Qui voudrait avoir l'après-midi libre?
5 Qui n'est pas gentil(le) envers les élèves plus jeunes?
6 Qui n'aime pas beaucoup les profs?
7 Qui n'aime pas le règlement scolaire actuel?
8 Qui n'aime pas les épreuves?

3 🎧 Écoute les trois élèves qui discutent de ce qu'ils feraient pour améliorer l'école. Que pensent les élèves des aspects suivants? Pour une opinion négative, écris N. Pour une opinion positive, écris P. Pour une opinion positive et négative, écris P+N.

Thomas
1 l'uniforme   2 les vêtements de marque

Élodie
3 l'uniforme   4 les devoirs   5 la cantine

Julien
6 les sorties   7 le gymnase   8 les professeurs

4 **G** Complete each sentence with the correct form of the verb (imperfect tense or conditional).

1. Si j'étais riche, je (*quitter*) _____ l'école.
2. S'il (*avoir*) _____ une voiture, il ne serait plus en retard.
3. Si mes frères travaillaient bien au lycée, ils (*aller*) _____ en fac.
4. Si le prof l'expliquait encore une fois, je le (*comprendre*) _____.
5. Si j'avais le temps, je (*réviser*) _____ plus souvent.
6. Si tu (*aider*) _____ les autres, tu serais plus content.
7. Si elle savait la bonne réponse, elle (*répondre*) _____ à la question.
8. Si nous (*avoir*) _____ le choix, nous porterions un jean.

5 **T** Julien has some other ideas to improve school. Translate these ideas into English.

Le collège serait meilleur si …

1. … tout le monde chantait des chansons de rap à la récréation.
2. … on passait des films d'horreur pendant la pause-déjeuner.
3. … les profs faisaient l'effort de sourire et de courir dans les couloirs pour être à l'heure.
4. … le directeur adoptait un nouveau look pour ressembler à un chanteur de musique rock.

6 Imagine qu'on t'interviewe pour le poste de nouveau principal. Réponds aux questions suivantes.

- Quelles matières introduiriez-vous et pourquoi?
- Quelles matières supprimeriez-vous et pourquoi?
- Quelles règles introduiriez-vous et pourquoi?
- Quelles règles aboliriez-vous et pourquoi?
- Y aurait-il un uniforme? Pourquoi / Pourquoi pas?
- Comment rendriez-vous la vie moins stressante pour les élèves?

J'introduirais … Je supprimerais …	parce que ce serait amusant / utile. parce que ça ne sert à rien / c'est monotone.
J'autoriserais J'interdirais	le chewing-gum / les portables. l'uniforme.
Les élèves auraient le droit	de quitter l'école / de se reposer / d'écouter de la musique.

Grammaire — page 189

Revision of the conditional

The conditional is used to talk about what **would** happen in the future, to say what you **would** do. To form the conditional, you take the future stem (the infinitive of regular verbs) and add the same endings as for the imperfect tense.
je finirais, tu finirais, il / elle / on finirait, nous finirions, vous finiriez, ils / elles finiraient.
Je jouerais au tennis.
I would play tennis.

Irregular verbs also take the future stem: *il y aurait* (there would be), *je serais* (I would be), *nous verrions* (we would see).

In sentences with 'if', use the imperfect tense after *si* and a conditional in the other clause:
Si c'était possible, j'abolirais les examens.
If it was possible, I would abolish exams.
Si j'étais la directrice, j'introduirais un nouvel uniforme.
If I was the head, I would bring in a new uniform.

Also learn about time phrases. See page 155.

Stratégie

Using more than one tense in the same sentence

In speaking and writing, you should try to use some complex sentences. A complex sentence contains at least one main clause and at least one subordinate clause.

S'il y avait une piscine au collège, je nagerais plus souvent.
If there was a swimming pool at school, I would swim more often.

Here there is an imperfect tense and a conditional.

Dans mon collège idéal, il y aurait une discothèque parce que j'adore danser.
In my ideal school, there would be a disco because I love dancing.

Here there is a conditional and a present tense.

Try using examples of both constructions in activity 6.

10.1 Groundwork is available in the Foundation book.

Grammar practice

My studies; Life at school and college

1 Complete the sentences with the correct pronoun.

1. J'étais assis entre Christophe et (*you*) _____, Sophie.
2. Nous allons partir avec (*them*) _____.
3. Je ne veux pas y aller avec (*him*) _____.
4. Viens avec (*me*) _____, s'il te plaît.
5. J'achète ce livre pour (*her*) _____.
6. Attention, les filles! Le professeur est derrière (*you*) _____!
7. Il est parti sans (*us*) _____.
8. Le tableau est en face de (*me*) _____.

2 Choose the correct adverb to complete each sentence.

1. J'ai perdu mon cahier. Je l'ai cherché **partout / nulle part / loin** en vain.
2. **Demain / Après demain / Avant-hier** j'ai bavardé avec mes amies.
3. **Hier / Il y a deux jours / Bientôt**, je vais commencer à réviser.
4. Je prends le bus car j'habite **dehors / loin / près** du collège.
5. C'est la récréation. Allez **partout / dessus / dehors**!
6. Je ne vais pas sortir ce weekend. Je ne vais **nulle part / quelque part / dehors**.
7. Aujourd'hui, je travaille dur mais **hier / maintenant / demain** je ne vais rien faire.
8. Je viens au collège avec Oscar parce qu'il habite **loin / dehors / près** de chez moi.

3 Complete the sentences with the correct past participle of the infinitive in brackets.

1. Ils sont allés au cinéma où ils ont _____ un film comique. (*voir*)
2. Pour rentrer chez moi, j'ai _____ le bus. (*prendre*)
3. Il a peur du prof parce qu'il n'a pas _____ ses devoirs. (*faire*)
4. Les filles avaient soif, donc elles ont _____ beaucoup d'eau. (*boire*)
5. Quand Sophie m'a parlé j'ai _____ surpris. (*être*)
6. Anaïs n'était pas contente car elle a _____ apprendre la grammaire. (*devoir*)

Emphatic pronouns

Moi, *toi*, *lui*, *elle*, *nous*, *vous*, *eux* and *elles* are called emphatic pronouns.
Moi, j'ai préféré le self. Qu'est-ce que tu aimes, **toi**?
*Ils étaient dans la même classe que **nous***.

These pronouns are used to emphasise the subject of the sentence: **Moi**, j'aime mieux l'espagnol. Qu'est-ce que tu fais après les cours, **toi**?

Emphatic pronouns are often used after *que*:
*Elle est plus grande que **lui**.* She is taller than him.
*Il travaille plus que **nous**.* He works more than us.
*Mes amis sont dans la même classe que **moi**.* My friends are in the same class as me.

Emphatic pronouns are also used after prepostions such as *pour*, *avec*, *sans*: *C'est pour **toi***. It's for you.
*Il veut aller avec **eux**.* He wants to go with them.

Grammaire page 183

Adverbs of time and place

There are some useful adverbs which you can use to describe time and place.

Adverbs of time: *aujourd'hui* (today), *demain* (tomorrow), *hier* (yesterday), *avant-hier* (the day before yesterday), *après-demain* (the day after tomorrow), *maintenant* (now), *bientôt* (soon), *longtemps* (a long time), *il y a* (ago), *récemment* (recently).

Les vacances commencent après-demain.
The holidays start the day after tomorrow.

J'ai décidé d'étudier les langues il y a longtemps.
I decided to study languages a long time ago.

Adverbs of place: *dehors* (outside), *dessus* (above), *dessous* (below), *partout* (everywhere), *près* (near), *loin* (far away), *quelque part* (somewhere), *nulle part* (nowhere).

Il y a des papiers partout. There's litter everywhere.
Mon ami habite loin de chez moi.
My friend lives a long way from my house.

Grammaire page 181

Revision of the perfect tense of irregular verbs

To form the perfect tense of irregular verbs, you need to learn the correct past participle of the verb. Here are some common irregular verbs with their past participles:

avoir – eu	faire – fait
boire – bu	pouvoir – pu
devoir – dû	prendre – pris
être – été	voir – vu

Grammaire page 187

4 Choose the correct past participle(s) for each sentence.

1. Elle est **arrivé / arrivée / parti / partie** en classe après moi.
2. Thomas avait trop de travail, il n'est pas **sorti / sortie / sortis / sorties**.
3. Quand le prof est **tombé / tombée / tombés**, nous sommes **mort / morte / morts** de rire.
4. Cette année, le travail est **devenu / devenue / devenus / devenues** plus difficile.
5. Quand ma sœur est **rentré / rentrée / resté / restée**, elle est **monté / montée / descendu / descendues** à sa chambre pour faire ses devoirs.
6. Les deux copines sont **allé / allés / allée / allées** à la bibliothèque et puis elles sont **retournée / retournées / sorties / sorties** en classe.

> **Revision of the perfect tense with *être***
>
> Some verbs use *être* and not *avoir* to form the perfect tense:
> *je suis né(e)* I was born
> *il est mort* he died
> *nous sommes venus* we came
>
> The past participle has to agree if the subject is feminine or plural.
> *Elle est partie, elles sont parties.*
>
> *Grammaire — page 187*

5 Add *il faut* or *il ne faut pas* to each of these sentences as appropriate.

1. … utiliser le portable pendant les cours.
2. … écouter en cours.
3. … respecter les autres.
4. … arriver en retard.
5. … quitter l'école sans permission.
6. … porter des bijoux.
7. … faire de son mieux.
8. … courir dans les couloirs.

> **Revision of *il faut***
>
> Remember that *il faut* is followed by an infinitve or a noun:
> *Il faut arriver à l'heure.*
> It's necessary to arrive on time.
>
> *Il ne faut pas manger en classe.*
> You must not eat in class.
>
> *Il faut de l'argent pour acheter du matériel scolaire.*
> You need money to buy school equipment.
>
> *Grammaire — page 191*

6 Choose the correct time expression to complete each sentence.

1. Je suis entré en classe après vous parce mon bus était **à l'heure / en avance / en retard**.
2. Je dois absolument finir ce travail le plus vite possible. Je vais le faire **tout de suite / le lendemain / dans deux jours**.
3. J'ai fini mes devoirs **dans une heure / dans un moment / la veille**.
4. Flora n'est pas là? Mais je l'ai vue **tout à l'heure / en une heure / dans un moment**.
5. J'aurai les résultats de mes examens **en avance / deux fois / le lendemain**.
6. C'était facile pour nous. Nous l'avons compris **dans une heure / en retard / tout de suite**.
7. C'est impressionnant! Vous avez fini le travail **en retard / dans une heure / en une heure**.
8. Attendez un petit peu. Je vous parlerai **tout de suite / en une heure / dans un moment**.

> **Time phrases**
>
> Try using some more complex time phrases to raise the level of your language:
>
> *à l'heure* (on time), *en avance* (early), *en retard* (late), *tout de suite* (immediately), *dans un moment* (in a moment), *en une heure* (within an hour), *dans une heure* (in an hour's time), *tout à l'heure* (a little while ago / in a while), *la veille* (the day before), *le lendemain* (the day after), *une fois* (once), *deux fois* (twice).
>
> You can also use adverbs of time and frequency.
>
> *Grammaire — page 181*

Vocabulaire

9.1 School and subjects

9.1 F La journée scolaire
➡ pages 146–147

	acheter	to buy
les	affaires (f)	belongings
l'	animal (m) en peluche	cuddly toy
	apprendre	to learn
l'	arbre (m)	tree
le	car	coach
le	cartable	school bag
	commencer	to start
	comprendre	to understand
	demander	to ask
	distribuer	to give out
l'	emploi (m) du temps	timetable
	énerver	to annoy
	finir	to finish
l'	ordinateur (m)	computer
la	poubelle	bin
le	professeur principal	form teacher
la	quatrième	year 9
	remarquer	to notice
le	sac	bag
la	seconde	year 11
le	singe	monkey
la	sixième	year 7
l'	élève de sixième	year 7 pupil
	sonner	to ring (of bell)
le	tableau	board
le	trajet	journey
	voyager	to travel

9.1 H Des écoles différentes
➡ pages 148–149

	annulé(e)	cancelled
	annuler	to cancel
	apprendre	to learn
l'	association (f) caritative	charity
le	bâtiment	building
	bénévolement	without being paid
les	bijoux (m)	jewellery
le	bois	wood
la	cabane	hut
le	chantier	work site / building site
	choisir	to choose
	comprendre	to understand
	connaître	to know
le / la	correspondant(e)	pen friend / exchange partner
le	diplôme	qualification
	diplômé(e)	qualified
l'	échange (m)	exchange
la	gestion	management
l'	incendie (m)	fire
	interdit(e)	forbidden
	manquer	to miss
se	maquiller	to put some make-up on
	participer	to take part
	perdre	to lose
	permettre	to allow
	porter	to wear
	promouvoir	to promote
	punir	to punish
	récolter des fonds	to raise funds
	réfléchir	to think, reflect
le	résultat	result
en	retard	late
la	retenue	detention
	réussir	to succeed, to pass
la	salle de classe	classroom

10.1 Life at school and college

10.1 F Le règlement scolaire
➡ *pages 150–151*

	absolument	absolutely
la	blouse	overall worn at school
la	coiffure	hairstyle
	contre	against
	corriger	to correct
le	côté	side
	devoir	to have to, must
le / la	directeur / directrice	headteacher
	distribuer	to give out
	écrire	to write
	en arrière	backwards
	en retard	late
	exprimer	to express
	falloir	to be necessary
s'	habiller	to wear, to get dressed
	il faut	it is necessary / you must
	interdit	not allowed, forbidden
la	laine	wool
la	mode	fashion
se	moquer de	to make fun of
	nettoyer	to clean
	obligé(e)	obliged, forced
	porter	to wear
	pour	for, in favour
	pouvoir	to be able, can
le	prix	prize
	propre	clean
la	punition	punishment
la	raie	parting (in hair)
la	récompense	reward
	respecter	to respect
	sale	dirty
les	vêtements (m) de marque	designer clothes
	vouloir	to want

10.1 H Améliorer son école
➡ *pages 152–153*

	abolir	to abolish
	améliorer	to improve
le	bulletin (scolaire)	school report
à	cause de	because of
	chargé(e)	full, busy (of timetable)
	compréhensif(-ve)	understanding
le	couloir	corridor
	courir	to run
	délabré(e)	dilapidated
	durer	to last
l'	étoile (f)	star
s'	exprimer	to express oneself
	grâce à	thanks to
l'	intimidation (f)	bullying
	introduire	to introduce
	inutile	useless
le	lendemain	the next day
	libre	free
	malgré	despite, in spite of
	meilleur(e)	better
	motivé	motivated
	obligatoire	compulsory
	permettre	to allow
	récompenser	to reward
	remplacer	to replace
	rendre	to make (+ adjective)
	ressembler	to look like
	réviser	to revise
	sauf	except
	servir	to serve
la	sortie	excursion, outing
	sourire	to smile
	suffir	to be enough
	supprimer	to get rid of
	tout de suite	immediately

University or work?

11.1 F L'orientation

Objectifs
- Talking about future options
- Revision of *si* clauses in the present tense
- Ignoring words which are not needed in listening tests

1a 📖 Read the article about choosing study options. Choose a heading for each paragraph.

A Il est important d'être réaliste mais il est aussi très important de rêver et d'avoir de l'ambition pour son orientation. Mais il est dommage de ne pas aller plus loin … alors visez haut! Si vous êtes motivé vous pouvez y arriver!

B Généralement il est utile de faire un bilan de votre personnalité. Si vous connaissez vos points forts et vos points faibles, vous choisirez la bonne filière, par exemple le bac général ou le bac professionnel.

C Il est très dur, à 16 ans, de savoir précisément quel job sera le job de votre vie … c'est normal … Si vous définissez des secteurs ou domaines d'activité que vous appréciez (médias, comptabilité, industrie, santé, tourisme etc.), plus vous aurez la chance de faire des études qui vont vous aider.

D Vous détestez les chiffres? Le travail d'équipe vous énerve? Il est intéressant de faire la liste des métiers, matières et secteurs que vous n'aimez pas. Si vous retirez certaines options, cela peut vous aider à choisir le bac qui vous correspond le mieux.

E Pendant toute la période de réflexion, allez vers les autres pour obtenir des renseignements et poser vos questions: conseillers d'orientation, anciens élèves, professeurs, parents. Ainsi, vous ferez plus probablement le bon choix.

F Renseignez-vous sur les secteurs qui embauchent et les nouveaux secteurs en expansion. Comme ça, quand vous finirez vos études, vous connaîtrez les métiers en vogue et vous trouverez plus facilement un emploi.

1. Know what you want
2. Know your own strengths
3. Seek others' advice
4. Know what you don't want
5. Aim high
6. Research the jobs market

1b 📖 **T** Translate paragraphs C and D of the article into English.

2a 🎧 Écoute ces professeurs qui parlent d'une élève, Morgane, pendant un conseil de classe. Pour une opinion négative, écris N. Pour une opinion positive, écris P. Pour une opinion positive et négative, écrivez P+N.

Listen to these teachers discussing a student, Morgane, at a *conseil de classe*. Are their comments positive (P), negative (N) or positive and negative (P+N)?

Matière	Opinion
1 maths	
2 anglais	
3 allemand	
4 histoire-géo	
5 français	

Stratégie

Ignoring words which are not needed in listening tests

In listening tasks, you hear words which are not essential to understand the main points. If the question asks about what the student is going to do next year you may hear:

Dans trois ans, j'aimerais aller à l'université. L'année prochaine, je vais prendre le bac.

If you understand *dans trois ans*, you can ignore the rest and concentrate on what is said after *l'année prochaine*.

What is important is often presented more than once: *Morgane travaille dur et elle a eu des notes très satisfaisantes. Elle mérite des félicitations.* Here there are several clues that Morgane is doing well.

Education post-16

2b 🎧 Listen again. Choose the three sentences which are true.

1. Morgane always does her homework.
2. She participates well in maths lessons.
3. She is well behaved in English.
4. She often comes to German lessons without the right equipment.
5. She is well motivated in history-geography.
6. She behaves well in French.
7. She has already repeated a school year.

3 Ⓖ Match the sentence halves.

1. Si elle veut m'aider …
2. Si j'ai de mauvaises notes …
3. S'il fait des efforts …
4. Si tu veux sortir ce soir …
5. Si je pense à mon avenir …
6. S'il ne revise pas …

a. tu dois faire tes devoirs avant.
b. je deviens très optimiste.
c. elle peut me donner la réponse.
d. il obtient des notes satisfaisantes.
e. je ne dis rien à mes parents.
f. il obtient des notes insuffisantes.

> **Grammaire** — page 188
>
> **Revision of *si* clauses in the present tense**
>
> You can use *si* followed by a verb in the present tense to talk about things which happen regularly.
>
> *Si je travaille bien, mes profs sont contents.*
> If I work well, my teachers are happy.
>
> *Si nous bavardons en classe, le prof se met en colère.*
> If we chat in class, the teacher gets angry.
>
> Also learn how to use *si* clauses with the future tense. See page 166.

4 💬 Travail à deux. Faites une interview entre un(e) étudiant(e) et un(e) conseiller(-ère) d'orientation. Puis changez de rôle.

Work with a partner. Do an interview between a student and a careers adviser. Then swap roles.

- Quels sont vos points forts?
- Quels sont vos points faibles?
- Quel métier vous intéresse?
- Voulez-vous continuer vos études? Si oui, qu'est-ce que vous voulez étudier? Si non, pourquoi pas?
- Où vous voyez-vous dans cinq ans?

Je suis fort(e) en / Je suis faible en Je crois que je suis Mais je ne suis pas	sciences / langues vivantes / maths. travailleur / travailleuse / organisé(e) / assez extraverti(e) / un peu timide. trop ambitieux / ambitieuse.
Je voudrais devenir Si possible, je veux travailler	comptable / professeur. dans un bureau / dans une banque.
Je veux passer le bac et je vais faire Je ne veux pas continuer mes études parce que	des sciences / les langues / les maths. je m'ennuie à l'école / j'en ai marre des examens.
Dans … ans je voudrais	étudier à l'université. devenir patron de ma propre entreprise. faire le tour du monde.

5 ✏️ Réponds à cette lettre.

Write a reply to this letter.

Si tes notes en sciences ne sont pas bonnes …	tu peux redoubler. tu peux choisir un autre métier.
Si tu es fort en langues Si tu aimes l'histoire …	tu peux étudier l'anglais en fac. tu peux peut-être devenir archéologue.
Si tu aimes la musique	as-tu pensé à une carrière artistique?
Si tu es sportif(-ve) …	tu peux toujours devenir prof d'EPS.

> *Aidez-moi! Je ne sais pas quoi faire l'année prochaine. Je voudrais devenir dentiste mais mes notes en sciences ne sont pas très bonnes. Je suis fort en langues et j'aime bien l'histoire. Je joue du piano et je suis assez sportif. Qu'est-ce que vous me conseillez de faire?*

University or work?

11.1 H Université ou apprentissage?

Objectifs
- Discussing university and apprenticeships
- Using *quand* clauses with the future tense
- Being aware of *faux amis* when translating into English

1 📖 Lis les textes et réponds aux questions en français.

'Si tu ne vas pas à l'université, c'est le salaire minimum qui t'attendra,' me disent toujours mes parents. En effet, j'ai lu que si on est diplômé, on gagnera un salaire 25% plus élevé par rapport à ceux qui ne vont pas en fac. Mais pour moi, ce n'est pas la chose la plus importante. Quand je quitterai le lycée, j'irai en fac pour devenir plus responsable. Cependant, la vie d'étudiant m'inquiète un peu. Si on ne comprend pas un truc, il n'y aura pas de professeurs qui pourront m'aider. Un autre inconvénient: on ne trouve pas forcément du travail avec un diplôme. J'ai aussi envie d'étudier à l'étranger. J'ai l'intention de perfectionner mon anglais car le marché du travail recherche de plus en plus de jeunes parlant couramment l'anglais. Quand je terminerai mes études, je prendrai une année sabbatique.

Arnaud, 17 ans

Quand j'aurai dix-huit ans, je trouverai un contrat d'apprentissage. L'avantage de préparer un diplôme par apprentissage, c'est d'être étudiante et salariée à la fois. L'apprentissage me donnera une formation à l'université et une immersion professionnelle dans une entreprise. On peut passer une année à l'université puis une année dans l'entreprise, ou on a le droit de partager sa semaine entre les deux. Moi, j'aime mieux la première possibilité. Mon frère m'a fait découvrir les avantages d'un apprentissage. Il est apprenti électricien. J'ai vu qu'il gagnait de l'argent et ça m'intéresse parce que quand je serai plus âgée, je pourrai avoir plus d'indépendance.

Océane, 16 ans

1. Pourquoi est-ce que les parents d'Arnaud l'encouragent à aller en fac?
2. Qu'est-ce qui est le plus important pour Arnaud?
3. Pourquoi est-ce qu'il se fait des soucis? Donnez deux renseignements.
4. Pourquoi est-ce qu'il veut étudier à l'étranger?
5. Pour Océane, quel est l'avantage de faire un apprentissage?
6. Comment veut-elle organiser son apprentissage?
7. Comment est-ce que l'exemple de son frère l'a influencée et pourquoi?

2 🎧 Écoute l'interview avec Alice, qui parle de son apprentissage. Choisis la bonne réponse pour compléter chaque phrase.

1. Alice travaille _____.
   A 11 heures par jour   **B** bénévolement   **C** très tôt le matin
2. Selon Alice _____ d'apprentis boulangers.
   A il n'y a pas assez   **B** il y a trop   **C** il y a assez
3. Selon Alice, les boulangers _____.
   A ont tous mal au dos   **B** restent souvent assis
   C doivent être à l'heure
4. Alice n'aime pas _____.
   A les horaires   **B** la température de la cuisine   **C** le salaire
5. Alice a l'intention de _____.
   A travailler dans un supermarché   **B** visiter Paris
   C travailler dans une boulangerie traditionnelle

Education post-16

3 **G** Complete the sentences with the correct form of the verb in brackets.

1. Quand je serai plus âgé, j'_____ (*aller*) en fac.
2. Quand tes parents insisteront, tu _____ (*travailler*) dur.
3. Quand leurs profs seront d'accord, ils _____ (*faire*) un stage en entreprise.
4. Quand nous quitterons le lycée, nous _____ (*chercher*) un apprentissage.
5. Qu'est-ce que vous _____ (*faire*) quand vous finirez vos examens?
6. Ils seront très tristes quand tu _____ (*terminer*) tes études.
7. Quand il _____ (*être*) plus âgé, il deviendra médecin.
8. Quand vous _____ (*passer*) un an en Grande-Bretagne, vous parlerez mieux anglais.

4 **T** Translate the following sentences into English.

1. J'ai reçu mes résultats. Quelle déception!
2. Hier, j'ai eu une mauvaise journée.
3. J'ai l'intention de rester à l'école.
4. Je vais passer mes examens en juin.
5. Actuellement, je ne sais pas ce que je vais faire.

5 Travail à deux. À tour de rôle, posez les questions et répondez-y.

- Si tu réussis à tes examens, qu'est-ce que tu feras l'année prochaine?
- Si tu ne réussis pas à tes examens, qu'est-ce que tu feras?
- Qu'est-ce que tu feras quand tu auras 18 ans?
- Tu feras un apprentissage? Pourquoi / Pourquoi pas?
- Tu feras une année sabbatique? Pourquoi / Pourquoi pas?

Si je réussis à mes examens Si je ne réussis pas à mes examens	je passerai le bac. je terminerai mes études. je trouverai un petit job.
Quand j'aurai 18 ans	j'irai en fac. je ferai un apprentissage.
Je (ne) ferai (pas) un apprentissage parce que	c'est utile / je veux faire une formation professionnelle. je veux faire des études universitaires.
Je (ne) ferai (pas) une année sabbatique parce que	j'ai envie de faire le tour du monde. j'ai l'intention de trouver un emploi.

6 Écris un article sur les avantages et les inconvénients …

- … d'une année sabbatique
- … du bac
- … d'un apprentissage
- … des études à l'université.

Grammaire — page 188

Using *quand* clauses with the future tense

When you use *quand* ('when') and the verb in the main clause is in the future, the verb following *quand* is also in the future (unlike in English where we use the present tense).

***Quand j'aurai** 16 ans, **je ferai** un apprentissage.*
When I am 16, **I'll do** an apprenticeship.

***Je voyagerai** autour du monde, **quand je terminerai** mes études.*
I'll travel around the world **when I finish** my studies.

Also learn how to use two-verb structures. See page 166.

Stratégie

Being aware of *faux amis* when translating into English

When translating from French into English, watch out for *faux amis* (false friends). These are words which look like English words but mean something different in French. Think carefully about the meaning of some of the words when you translate the sentences in activity 4.

11.1 Groundwork is available in the Foundation book.

Choice of career

12.1 F Comment obtenir un emploi

Objectifs
- Discussing how to get a job
- The passive voice in the present tense
- Using *qui* and *que* to help you refer to something

1 Mets les étapes suivantes dans le bon ordre.

Put the following stages into the correct order.

1. le premier jour sur le lieu de travail
2. une promotion
3. le premier salaire
4. une demande d'emploi
5. un entretien avec le patron
6. l'embauche
7. une petite annonce

2 Read the account and decide whether statements 1–8 are true (T), false (F) or not mentioned in the text (NM).

Cette semaine on parle du marché du travail. Voici le témoignage de Francis qui a récemment trouvé un travail.

Je suis handicapé physique. Mon handicap est causé par de l'arthrose et j'ai les genoux mal formés. Je marche avec une canne. Mes études étaient terminées et je commençais à douter de ma capacité à exercer un métier. Cependant, après avoir fini mon stage, il y a quelques mois, et avec mon diplôme en poche, je me suis retrouvé sur le marché du travail. C'est une étape qui est franchie par tout le monde mais qui n'est pas du tout facile. Et peut-être encore moins facile pour une personne handicapée. Je me voyais en train de passer beaucoup d'entretiens par téléphone ou sur le lieu de travail. Pas mal de stress est provoqué par tout ça. Bref, je dois vous l'avouer: pour la première fois de ma vie, j'étais effrayé par l'idée de travailler avec les autres. Surtout, si vous êtes comme moi, un grand timide. Au travail, on est obligé de parler, de répondre au téléphone ou de faire une présentation.

Comment j'ai fait pour trouver mon emploi? En fait, c'est plutôt lui qui m'a trouvé. Une entreprise m'a contacté sur un réseau social professionnel et elle m'a recruté. J'ai passé un entretien et le lendemain, on m'a confirmé mon embauche. J'ai été recruté par une entreprise qui fait de la publicité sur le web. J'écris des textes pour des sites Internet. L'ambiance est très amicale et agréable. Je suis accepté par mes collègues. On m'accorde une demi-journée par semaine pour poursuivre mes thérapies. J'ai eu de la chance. Mon travail est apprécié et je prends un peu plus confiance en moi.

1. Francis has had his disability since he was very young.
2. He has difficulty walking.
3. He has no qualifications.
4. He thought that finding a job would be straightforward.
5. He has a lot of self-confidence.
6. His job interview was over the phone.
7. He gets on well with his colleagues.
8. He needs no further treatment for his disability.

3a Listen to Anaïs being interviewed for a job. Put these sentences into the correct order.

1. Anaïs talks about her free time.
2. She talks about her qualifications.
3. She mentions her language abilities.
4. She describes her strengths.
5. She describes her weaknesses.

3b Listen again and answer the questions in English.

1. What work experience has Anaïs had? Give two details.
2. What two weaknesses does she mention?
3. What can playing sport teach you, according to Anaïs?
4. What would she like to do in the future?
5. What can she do in English?

Education post-16

4a 🕮 Translate these sentences into English.

1. Beaucoup de jeunes sont blessés au travail.
2. Mes études sont enfin terminées.
3. Ils sont bien payés par l'entreprise.
4. Les mails sont envoyés par mon collègue.
5. La petite annonce est publiée sur la page de recrutement.

4b Find six examples of the passive in the text in activity 2.

5 Travail à deux. À tour de rôle, définissez ces objets.

With a partner, take turns to describe these objects.

Exemple: Une canne: c'est un objet qui aide une personne à marcher.

| C'est un objet qui … |
| C'est une personne qui … |
| C'est un lieu où … |
| C'est quelque chose qu'on utilise pour … |

une canne	un entretien	un collègue
un CV	un patron	un mail
une usine	un bureau	un diplôme
une petite annonce		

> ### The passive voice in the present tense
> The passive is used to say what is done to someone or something. It is formed by using *être* in the present tense followed by the past participle. The preposition *par* (by) is often used in front of the agent (the person doing the action).
>
> *Tout le monde respecte le patron.*
> Everyone respects the boss.
> *Le patron **est respecté par** tous ses employés / collègues.*
> The boss **is respected by** all his employees / colleagues.
>
> The past participle is used as an adjective and must agree with the noun:
>
> *Les étudiants sont recruté**s** par l'entreprise.*
> The students are recruited by the company.
>
> Also revise how to use comparatives and superlatives. See page 167.
>
> **Grammaire** — page 189

> ### Using *qui* and *que* to help you refer to something
> If you cannot think of the correct word, try to give a description instead.
>
> For example, you can talk about the function of an object and the actions that can be performed with it. If you can't remember the word for a photocopier, you could say:
>
> *L'objet qu'on utilise pour photocopier les lettres.*
>
> Try out this strategy with a partner in activity 5.
>
> **Stratégie**

6 🗣 Tu as un entretien pour un emploi. Réponds aux questions.

You are having an interview for a job. Answer the questions.

- Parlez-moi de vous.
- Quelles sont vos qualités?
- Quels sont vos défauts?
- Quels sont vos loisirs?
- Qu'est-ce que vous voudriez faire dans cinq ans?

Je suis une personne	travailleuse / amusante / sportive.
J'ai étudié	les maths / les sciences / à l'université.
Je crois que je suis	organisé(e) / généreux(-se) / sympa.
On dit que je suis	un peu impatient(e) / paresseux(-se).
J'aime bien	faire du sport / lire / dessiner / chanter.
Dans cinq ans, j'aimerais	devenir patron / diriger ma propre entreprise / travailler à l'étranger.

7 ✏ Choisis un emploi imaginaire et écris une demande d'emploi.

Choose an imaginary job and write a letter of application.

Exemple: la personne qui peint la tour Eiffel

Comme loisirs,	j'aime le dessin.
Mes principales qualités?	Je n'ai pas le vertige. Je parle français.
Pourquoi avez-vous demandé ce poste?	J'adore Paris. Je m'intéresse aux monuments historiques.
Parlez-moi de vous.	Je suis courageux(-se). J'adore travailler en plein air.

cent-soixante-trois

Choice of career

12.1 H

Métiers: les avantages et les inconvénients

Objectifs
- Talking about the advantages and disadvantages of jobs
- Avoiding the passive
- Using French idioms

1 📖 Lis l'article sur les avantages et les inconvénients de certains métiers. Choisis la réponse correcte pour compléter chaque phrase.

Pour quels métiers êtes-vous fait?

1 Coiffeur / Coiffeuse
Les avantages du métier de coiffeur / coiffeuse sont de rencontrer des gens, développer des amitiés avec les clients. Les inconvénients? Il faut travailler tard le soir, tôt le matin. On vous demande de travailler le weekend et les récompenses ne sont pas toujours généreuses. En revanche, il est assez facile de trouver des postes. De plus, on est parfois exposé à des problèmes respiratoires causés par des produits chimiques.

2 Dentiste
Avantages: On a récemment négocié une augmentation de salaire et c'est un métier intellectuel qui permet un contact avec les patients. Inconvénients: il faut faire de longues études et on dit que c'est un travail éprouvant qui nécessite une endurance physique et psychologique. Il faut garder la tête froide. Vous vous sentirez souvent très fatigué. Un dentiste est obligé de travailler en équipe. Il lui faut au moins un assistant pour l'aider dans son travail et s'occuper des patients.

3 Maçon
L'avantage d'être maçon est principalement la créativité, la possibilité d'utiliser son imagination. On dit aussi que c'est un métier qui cause moins de pression. Il faut bien s'entendre avec les clients, vaincre sa timidité et être souriant face aux difficultés. Mais attention! Même si c'est un métier moins difficile que beaucoup d'autres, il faut travailler par tous les temps et de nombreux maçons ont été blessés par des chutes d'objets lourds comme des blocs de béton.

4 Chanteur / Chanteuse
Tout d'abord, il faut se rappeler qu'il n'y a pas de chemin tout à fait certain pour atteindre la gloire. La réussite est très rare. Mais si on réussit, c'est un métier très gratifiant et très lucratif. Vous aurez beaucoup de fans et une vie confortable. Les problèmes? Vous serez sans cesse suivi par des paparazzis, et on expose tous vos secrets au monde entier. Et la chute peut être brutale quand on n'est plus à la mode.

1 Un avantage d'être coiffeur est ___.
   A les horaires   B le contact avec le public   C le salaire
2 Un inconvénient est ___.
   A les clients   B le risque de chômage   C les allergies
3 Les dentistes sont actuellement ___.
   A mieux payés   B moins bien payés   C aussi bien payés
4 Mais on risque de se sentir ___.
   A épuisé   B seul   C impatient
5 Comme maçon, on devrait d'être ___.
   A inventif   B pressé   C timide
6 Selon l'article, le métier de maçon peut être ___ que d'autres métiers.
   A plus stressant   B plus dangereux   C plus difficile
7 Pour les chanteurs, devenir célèbre est ___.
   A facile   B presque impossible   C certain
8 Si on réussit, on aura ___.
   A plus d'accidents   B un avenir assuré   C une vie privée limitée

Jobs, career choices and ambitions

2 🎧 Écoute et réponds en français.

1. Combien de femme pilotes y a-t-il chez Air France?
2. Qu'est-ce que Danielle a dû faire pour obtenir son autorisation de vol?
3. Pourquoi est-ce que Danielle a décidé de devenir pilote?
4. Quel est le but de 'L'Aviation au féminin'?
5. Pourquoi est-ce qu'elle aime son métier?
6. Quelles sont les situations imprévues que les pilotes doivent maîtriser?
7. Quels sont les inconvénients d'être pilote, selon Danielle?
8. Pourquoi est-ce qu'elle ne peut pas devenir commandant de bord pour le moment?

Avoiding the passive

French often avoids using the passive voice by using the pronoun *on*. Doing this will make your French more natural.

*La petite annonce **est placée** dans le journal local.*
The advertisement is placed in the local newspaper.
***On place** la petite annonce dans le journal.*
You / They / We put the advertisement in the paper.

Not all verbs in French can be used to form the passive. *Demander* and *dire* have to be used with *on*:
On me dit que le chômage augmente.
I am told that unemployment is rising.
On demande aut aux élèves d'écrire une lettre.
Pupils are asked to write a letter.

Also learn how to recognise the passive in the past and the future. See page 167.

Grammaire page 189

3 Rewrite these sentences using *on*.

Exemple: **1** On punit les élèves impolis.

1. Les élèves impolis sont punis.
2. Tous les produits sont vendus.
3. Les jeunes sont embauchés.
4. L'usine est fermée.
5. Les employés sont récompensés.
6. Le salaire est augmenté.
7. Mon travail est apprécié.
8. Le bureau est transformé.

4 🗨 Faites un sondage dans la classe. Posez des questions à vos camarades de classe sur leurs projets pour l'avenir.

- Qu'est-ce que tu veux faire dans la vie?
- Pourquoi veux-tu faire ce métier?
- Quel métier ne t'intéresse pas? Pourquoi?

5 ✏️ Décris deux métiers, un métier qui t'intéresse et un autre qui ne t'intéresse pas du tout. Mentionne:

- pourquoi chaque métier t'intéresse ou ne t'intéresse pas
- les avantages du métier qui t'intéresse
- les inconvénients du métier qui ne t'intéresse pas.

Using French idioms

Make your work more interesting by using French idioms like these:

avoir les dents longues
to be very ambitious

avoir un chat dans la gorge
to have a frog in your throat

avoir un faim de loup
to be ravenously hungry

coûter les yeux de la tête
to cost a fortune

faire du lèche-vitrine
to go window shopping

faire la grasse matinée
to have a lie-in

garder la tête froide
to keep a cool head

quand les poules auront les dents
when pigs fly = pigs might fly!

Spot them in the text for activity 1 and the audio for activity 2. Discuss with a partner how they enhance the texts.

Stratégie

Je voudrais travailler Je veux / voudrais / j'ai envie de travailler	comme … dans un / une … à l'étranger. avec les …
J'ai choisi ce métier parce que c'est Je trouve que ce métier est	très / trop / assez …
Je ne veux pas exercer ce métier parce que Je ne veux pas devenir … parce que	c'est très / trop / assez … je le trouve …
Les avantages du métier de …?	On peut / Il faut / C'est / Il y a / J'aime / Je m'intéresse …
Les inconvénients du métier de …?	On doit / On ne peut pas / Ce n'est pas / Je n'aime pas …

12.1 Groundwork is available in the Foundation book.

cent-soixante-cinq

Grammar practice

Education post-16 / Jobs, career choices and ambitions

1 Choose the correct verb form to complete each sentence.
1. Si j'ai de la chance, **je suis allé** / **j'irai** / **j'allais** en fac.
2. Si tu veux gagner beaucoup d'argent, tu **as travaillé** / **travailleras** / **travaillez** dur.
3. Si leurs profs sont d'accord, ils **fait** / **fera** / **feront** un stage en entreprise.
4. Si tout va bien, nous **chercheront** / **avons cherché** / **chercherons** un apprentissage.
5. Qu'est-ce que vous ferez si vous ne **réussissez** / **réussirez** / **réussirons** pas à vos examens?
6. Ils seront très déçus si tu **termineras** / **termine** / **termines** tes études.
7. S'il **a** / **auras** / **avais** de la chance, il deviendra médecin.
8. Si vous **passé** / **passez** / **passerez** un an en Grande-Bretagne, vous parlerez mieux l'anglais.

> **Grammaire** — page 189
>
> ### *Si* clauses with the future tense
> The present and future construction is used for events that are likely to occur. The present tense follows *si*; it shows what needs to happen before the other action will take place.
>
> *Si j'ai le temps, je le ferai.*
> If I have time, I will do it.
>
> *Si tu étudies, tu réussiras à l'examen.*
> If you study, you will pass the exam.

2 Translate these sentences into English.
1. On a le droit d'aller en fac si on réussit au bac.
2. Elle a envie de faire une année sabbatique.
3. Avez-vous l'intention de chercher du travail?
4. Ils n'ont pas le droit de sortir, ils doivent réviser.
5. J'ai envie de faire un apprentissage au lieu de continuer mes études.

3 Translate these sentences into French.
1. They don't have the right to work. They are too young.
2. I don't feel like doing my homework today.
3. We intend to work abroad next year.
4. Do you feel like helping me?
5. My sister intends to study languages.

> **Grammaire** — page 185
>
> ### Two-verb structures
> You can make your sentences more complex by using structures which contain two verbs.
> *J'**ai** l'intention d'**aller** en fac.* I **intend to go** to university.
> *Il **a** envie de **voyager** autour du monde.* He **wants to go** around the world.
> *Les apprentis **ont** le droit de **recevoir** le salaire minimum.* Apprentices **have** the right **to receive** the minimum salary.
>
> The second verb (following *de*) is always in the infinitive.

Education post-16 / Jobs, career choices and ambitions

4 Translate the words in brackets into French to complete the sentences.

1. Chantal est (*more hardworking*) _____ _____ que moi.
2. Tu es (*as lazy*) _____ _____ que mon frère!
3. Mon bureau est (*bigger*) _____ _____ que ma maison.
4. Son salaire est (*better*) _____ maintenant.
5. Ils sont (*less motivated*) _____ _____ que toi.
6. Mes résultats sont (*the best*) _____ _____.
7. C'est l'idée (*the most interesting*) _____ _____ _____.
8. Le vendredi est (*the best*) _____ _____ jour de la semaine.

> **Grammaire — page 179**
>
> ### Revision of comparatives and superlatives
>
> To compare two things you can use *plus*, *moins* or *aussi* followed by *que*:
> *Laure est plus sportive que Robert.*
> Laure is more sporty than Robert.
> *Les clients sont aussi sympas que mes collègues.*
> The customers are as nice as my colleagues.
> *Le bus est moins cher que le train.*
> The bus is less expensive than the train.
>
> Superlatives state that something is the most (or least) + adjective of all. You use *le / la / les plus* or *le / la / les moins* followed by the adjective:
> *C'est le travail le plus intéressant du monde.*
> It's the most interesting job in the world.
> *Nous avons acheté la voiture la moins chère.*
> We bought the least expensive car.
>
> Note the irregular forms for the adjective *bon* (good): *meilleur* (better); *le / la / les meilleur(e)(s)* (the best).
> *Un emploi à temps partiel est meilleur pour moi.* A part-time job is better for me.
> *Franck est notre meilleur client.*
> Franck is our best customer.

5 Complete the sentences with the correct past participle. Then translate the sentences into English.

1. Elle était (*aimer*) _____ de tous ses collègues.
2. L'usine sera (*vendre*) _____ la semaine prochaine.
3. Mon père a été (*blesser*) _____ au travail.
4. Les portables étaient (*interdire*) _____ pendant le débat.
5. Elle serait (*surprendre*) _____ d'obtenir ce poste.

> **Grammaire — page 189**
>
> ### Recognising the passive voice in the past and future
>
> The passive is formed by the verb 'to be' (*être*) followed by the past participle. *Être* can be used in any tense. The past participle must agree with the subject.
> *Le patron **a été choqué** par son attitude.*
> The boss was shocked by his attitude.
> *L'usine **a été construite** il y a 100 ans.*
> The factory was built 100 years ago.
> *Les deux filles **seront embauchées** demain.*
> The two girls will be given a job tomorrow.

cent-soixante-sept

Vocabulaire

11.1 University or work?

11.1 F L'orientation
➡ *pages 158–159*

l'	amélioration (f)	improvement
	ancien(ne)	former, ex-
	bavarder	to chat
la	chance	luck
le	comportement	behaviour
la	comptabilité	accountancy
le	conseil de classe	class meeting (to discuss progress)
le / la	conseiller(-ère) d'orientation	careers adviser
	décevant(e)	disappointing
le	domaine	area
	dur(e)	hard
	embaucher	to take on, to employ
	faible en	weak at
	faire le bilan	to evaluate, to assess
	faire un stage	to do a work placement
les	félicitations (f)	congratulations
la	filière professionnelle	vocational course
	fort(e) en	good at
	mériter	to deserve
	motivé(e)	motivated
l'	orientation (f)	options
le	point faible	weakness
le	point fort	strength
le	poste	position, job
	ravi(e)	delighted
le	redoublement	repeating the school year
se	renseigner	to get information
le	stage	course
	suivre	to follow
le	travail d'équipe	team work
le	trimestre	term

11.1 H Université ou apprentissage?
➡ *pages 160–161*

l'	année (f) sabbatique	gap year
l'	apprenti / apprentie	apprentice
l'	apprentissage	apprenticeship
	avoir de la chance	to be lucky
	avoir envie de	to want to, feel like
	avoir le droit de	to have the right to
le	bac	baccalauréat (= A levels)
la	chaleur	heat
	chercher	to look for
	couramment	fluently
	debout	standing
	diplômé	qualified
	élevé(e)	high
à l'	étranger	abroad
la	fac(ulté)	university
	forcément	necessarily
la	formation	training
	former	to train
	gagner	to earn
les	horaires (m)	hours (of work)
l'	inconvénient	disadvantage
	inquiéter	to worry
	insupportable	unbearable
	libre	free
le	marché du travail	the job market
le	métier	job
	perfectionner	to perfect, improve
le	poste	job, position
	réussir	to succeed, pass
le	salaire minimum	minimum wage
	terminer	to end
le	truc	thing

12.1 Choice of career

12.1 F Comment obtenir un emploi
➡ *pages 162–163*

l'	ambiance	atmosphere
	avouer	to confess
le	bureau	office
le	cabinet	office
la	canne	walking stick
	compter sur	to rely on
la	confiance en soi	self confidence
se	débrouiller	to cope
la	demande d'emploi	job application
le	droit	law
	effrayé(e)	frightened
l'	embauche (f)	recruitment
l'	entreprise (f)	business, company
l'	entretien (m)	interview
l'	équipe (f)	team
	exercer	to carry out, to practise
	franchir une étape	to go to the next level
	gourmand(e)	greedy
	lancer	to launch
	manquer	to lack
le	métier	job
la	petite annonce	job advert
	poursuivre	to pursue
	provoquer	to cause
la	publicité	advertisement
le	recrutement	recruitment
	recruter	to recruit
le	réseau social	social network
le / la	serveur / serveuse	waiter / waitress
l'	usine (f)	factory

12.1 H Métiers: les avantages et les inconvénients
➡ *pages 164–165*

	atteindre	to reach
l'	augmentation (f)	increase
	augmenter	to increase
le	béton	concrete
	blessé(e)	injured
le / la	chanteur / chanteuse	singer
	chimique	chemical
la	chute	fall
le / la	client / cliente	customer
le / la	coiffeur / coiffeuse	hairdresser
le	concours	competition
le / la	dentiste	dentist
se	détendre	to relax
	embaucher	to employ
	éprouvant(e)	demanding
	épuisé(e)	exhausted
la	formation	training
les	horaires (m)	hours (of work)
	lourd(e)	heavy
le / la	maçon / maçonne	builder
	maîtriser	to master
à la	mode	fashionable
	négocier	to negotiate
s'	occuper de	to look after
le / la	pilote	pilot
le	poste	job, position
la	pression	pressure
la	récompense	reward
	respiratoire	breathing
la	réussite	success
le	salaire	salary
se	sentir	to feel
	souriant(e)	smiling, cheerful
	suivre	to follow
	vaincre	to overcome
	varié(e)	varied
	voler	to fly

Higher – Reading and listening

1 Read what Simon, Luc and Claire say about their jobs. Give an advantage and a disadvantage for each job. Copy and complete the grid in **English**.

> **Simon**
> Le weekend je travaille dans un stade. J'aide les automobilistes à se garer sur le parking. Après je regarde le match et c'est gratuit. C'est bien, mais je n'aime pas mon travail quand il fait mauvais.
>
> **Luc**
> Tous les matins je travaille dans une boulangerie. Je trouve que c'est un travail assez facile mais le problème, c'est que je n'aime pas me lever tôt.
>
> **Claire**
> J'ai un petit job comme vendeuse. Puisque j'espère faire ce métier à l'avenir, ça me donne l'expérience qu'il me faut. Malheureusement certains clients sont parfois désagréables.

Stratégie: Make sure when answering in English that you give as much information as you can.

	Advantage	Disadvantage
Simon		
Luc		
Claire		

[6 marks]

2 Lisez cette demande d'emploi, écrite par François, et répondez aux questions en **français**.

> Je me permets de vous proposer ma candidature au poste de serveur dans votre restaurant.
> En effet, je suis vivement intéressé par votre annonce qui décrit un profil me correspondant parfaitement. Je suis travailleur, sérieux et organisé, et c'est avec un grand optimisme que je voudrais travailler dans votre entreprise. J'aime le travail en équipe, je suis motivé et j'ai de l'humour.
> Pour me relaxer, j'aime faire du cheval et des randonnées à pied.
> Mon manque d'expérience professionnelle est peut-être un point faible mais j'espère que ma motivation est à la hauteur du challenge.
> Je reste à votre disposition pour toute information supplémentaire, ou pour vous rencontrer lors d'un entretien.

Stratégie: Sometimes when the question asks for two or three details, there could be more details given in the text. If you understand them all, write down as many as you can. For example, question 2 asks for three details but there are six possible answers. Any three of these are acceptable.

1. Quel emploi demande François? **[1 mark]**
2. Quelles qualités personnelles est-ce qu'il décrit? Donnez **trois** renseignements. **[3 marks]**
3. Qu'est-ce qu'il fait dans son temps libre? Donnez **deux** renseignements. **[2 marks]**
4. Selon François, quelle est sa faiblesse? **[1 mark]**
5. À la fin de la lettre, il dit qu'il est prêt à faire quoi? Donnez **deux** renseignements. **[2 marks]**

Test and revise: Units 9–12 171

3 📖 Lisez cet extrait d'un roman où Jean-Paul raconte ce qui se passe dans son collège. Répondez aux questions en **français**.

1. Pourquoi est-ce que Jean-Paul a peur? [1 mark]
2. Quelles sont les conséquences de la chaleur? Donnez **deux** renseignements. [2 marks]
3. Quelle matière est-ce que Jean-Paul doit réviser? [1 mark]
4. Qu'est-ce qu'il pense de cette matière? [1 mark]
5. Pourquoi est-ce que Fernand réussira aux examens, selon Jean-Paul? [1 mark]
6. Jean-Paul ne semble pas aimer Fernand. Pourquoi? Donnez **deux** renseignements. [2 marks]

> J'ai peur car il n'y a plus que quinze jours avant les examens! La chaleur nous accable; nous nous endormons dans les classes. Impossible de travailler ou de se concentrer! Et malgré la température il nous faut encore réviser et nous souvenir de la coagulation sanguine, de la diversité génétique et de l'évolution des organismes vivants. Quelle perte de temps! Ce qui m'énerve le plus, c'est d'être dans la même classe que le petit Fernand qui réussira sans doute aux examens grâce à sa très bonne mémoire (car il n'a pas beaucoup d'intelligence). Il est pénible, froid et il ne rit jamais.

4 📖 🌐 Translate the following passage into **English**.

> Le weekend je travaille au café près de chez moi parce que je veux acheter un nouveau vélo. Hier c'était triste car un de mes collègues a pris sa retraite. Il vient d'avoir 65 ans. À l'avenir, j'aimerais devenir propriétaire d'un restaurant. Mais d'abord, il faut que je termine mes études.

[10 marks]

5 🎧 Écoutez cinq jeunes qui parlent d'une visite scolaire à Londres. Pour une opinion négative, écrivez N. Pour une opinion positive, écrivez P. Pour une opinion positive et négative, écrivez P+N. [5 marks]

> **Stratégie**
> Listen out for words like *mais* and *cependant* which suggest the speaker is not completely positive or negative about something.

6 🎧 Marion parle de son travail. Choisissez les **quatre** phrases qui sont vraies.

1. Marion travaille toujours à la ferme.
2. Son travail comme vendeuse était bien payé.
3. Elle a aimé la réaction des enfants quand ils ont reçu les jouets.
4. Elle voulait devenir mécanicienne depuis un très jeune âge.
5. Elle trouve le métier facile.
6. Ses collègues l'ont tout de suite acceptée.
7. Maintenant elle s'entend bien avec ses collègues.
8. Ses vêtements sentent souvent mauvais.
9. Elle lave les vêtements de ses collègues.

[4 marks]

7 🎧 Écoutez Olivier qui parle de ses projets pour l'avenir. Répondez aux questions en **français**.

1. Quelle profession est-ce que la mère d'Olivier a choisie pour lui et pourquoi? [2 marks]
2. Pourquoi est-ce qu'Olivier n'est pas optimiste en ce qui concerne ses examens? [1 mark]
3. Qu'est-ce qu'il veut faire en septembre? [1 mark]
4. Quelle sorte de travail cherchera-t-il et pourquoi? [2 marks]
5. Quelle serait la réaction de ses parents? Donnez **deux** renseignements. [2 marks]

> **Stratégie**
> Take care in listening tasks to pick out negative expressions: they can change the whole meaning of the sentence you hear. You may understand the verb (e.g. *je réussis*) but can make a mistake if you don't notice a negative (*je **ne** réussis **pas***).

> Foundation test and revise tasks are available in the Foundation book.

Writing and translation

Higher – Writing and translation

Either:

1a Vous décrivez votre travail idéal pour votre blog.

Décrivez:
- le travail que vous voudriez faire et où
- pourquoi ce travail vous intéresse
- quelles qualités sont nécessaires pour faire ce travail
- un stage que vous avez fait.

Écrivez environ **90** mots en **français**. Répondez à chaque aspect de la question. **[16 marks]**

> **Stratégie**
>
> To make sure you have the right number of words, always try to develop and expand your answers. For example:
> - use adjectives with intensifiers (*très, trop, un peu*)
> - give opinions wherever possible (*à mon avis, c'est difficile*)
> - use connectives (*cependant, en plus, d'ailleurs*).

Or:

1b Vous décrivez une journée typique à l'école pour votre blog.

Décrivez:
- le trajet à l'école hier
- les activités que vous faites
- ce que vous mangez et buvez normalement
- ce que vous allez faire pendant les grandes vacances.

Écrivez environ **90** mots en **français**. Répondez à chaque aspect de la question. **[16 marks]**

Either:

2a Vous écrivez un article sur votre stage pratique.

Décrivez:
- les avantages et les inconvénients de ce stage
- un événement mémorable pendant le stage.

Écrivez environ **150** mots en **français**. Répondez aux deux aspects de la question. **[32 marks]**

> **Stratégie**
>
> It is important in this more extended task to include a good variety of tenses. Make sure you use perfect and imperfect, future and conditional (*je voudrais*) if possible. In the past tense section, narrative will help improve your answer. This means describing a series of incidents linked together. A simple way to do this is to use words such as *d'abord* (firstly), *puis* (then), *ensuite* (afterwards) or *enfin* (finally).

Or:

2b Vous écrivez une brochure pour promouvoir votre école.

Décrivez:
- ce que vous voudriez faire pour rendre votre collège encore meilleur
- un événement scolaire mémorable.

Écrivez environ **150** mots en **français**. Répondez aux deux aspects de la question. **[32 marks]**

3a Translate the following passage into **French**.

Two years ago, I went to France with my school. The journey by coach was very long and tiring. I liked the visit because France is a beautiful country. Next year in January I will go to Chamonix because I would like to go skiing.

[12 marks]

3b Translate the following passage into **French**.

Next year, I will study art and music. I would like to become an actor because it is an interesting job. I have already played a role in a play at school. It was a very funny comedy. My friends said that I was excellent.

[12 marks]

Stratégie

At this level, there are likely to be a variety of tenses to translate into French. Before starting to write, make notes about which tenses are needed and remind yourself of the rules for forming these accurately. Don't fall into the trap of using the first person (*je*) endings for third person verbs (*il / elle / on*). For example, 'I would like' is *je voudr**ais*** but 'she would like' is *elle voudr**ait***.

Foundation test and revise tasks are available in the Foundation book.

Speaking

Higher – Speaking

1 Role play

Your teacher or partner will play the part of your French friend and will speak first.

You should address your friend as *tu*.

When you see this – **!** – you will have to respond to something you have not prepared.

When you see this – **?** – you will have to ask a question.

> Tu parles avec ton ami(e) français(e) au sujet de l'école et de tes projets pour l'avenir.
> - Une journée au collège la semaine dernière (donne **deux** renseignements).
> - !
> - Un avantage et un inconvénient de l'uniforme scolaire.
> - ? Règlement scolaire en France.
> - Les études universitaires? Pourquoi (pas)?

[15 marks]

2 Role play

Your teacher or partner will play the part of your careers adviser and will speak first.

You should address the adviser as *vous*.

When you see this – **!** – you will have to respond to something you have not prepared.

When you see this – **?** – you will have to ask a question.

> Vous parlez à un conseiller / une conseillère d'orientation.
> - Projets pour l'année prochaine (donnez **deux** renseignements).
> - Quelle sorte de travail vous intéresse?
> - !
> - Expérience du travail. Pourquoi (pas)?
> - ? Prochain rendez-vous.

[15 marks]

> **Stratégie**
> - In a formal situation like this, make sure you use *vous* but also make it more authentic by saying *monsieur* / *madame* to the interviewer.
> - It also helps communication to use a few drama skills. When saying what your qualities are, sound as if you mean it.

Test and revise: Units 9–12 175

3 Photo card

- Look at the photo during the preparation period.
- Make any notes you wish to on an Additional Answer Sheet.
- Your teacher or partner will then ask you questions about the photo and about topics related to **Life at school and college**.

> **Stratégie**
> If you are asked to give an opinion on a subject, it is useful to think of one good point and one bad point in order to develop your answer. For example, if you are asked about your opinion of school uniform you could say: *Je pense que c'est pratique mais ce n'est pas très confortable.*

> **Stratégie**
> In a conversation, it is natural and acceptable to pause and hesitate while you think of your next answer. Make sure you have a few strategies to play for time, such as starting your answers with *eh bien, ah oui, c'est une question intéressante, je ne sais pas* or *mais*.

Your teacher or partner will ask you the following three questions and then **two more questions** which you have not prepared.

- Qu'est-ce qu'il y a sur la photo?
- Tu voudrais être professeur? Pourquoi / Pourquoi pas?
- Que penses-tu du règlement scolaire?   **[15 marks]**

4 Photo card

- Look at the photo during the preparation period.
- Make any notes you wish to on an Additional Answer Sheet.
- Your teacher or partner will then ask you questions about the photo and about topics related to **Jobs, career choices and ambitions**.

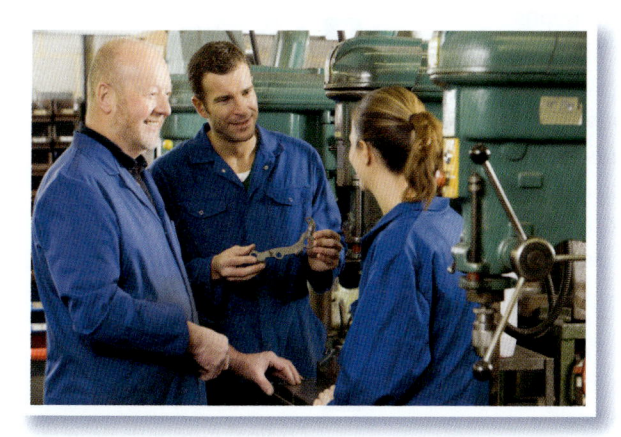

> **Stratégie**
> When preparing for the conversation part of the test, make sure you are able to do the following four things:
> - describe in detail (e.g. school, town, members of your family)
> - give opinions and reasons, e.g. *j'adore* le français *parce que* le prof est super
> - talk about the past, using the perfect tense, e.g. *j'ai fait* un stage dans un magasin
> - talk about the future using the future tense or *aller* + infinitive, e.g. *je vais* visiter …

Your teacher or partner will ask you the following three questions and then **two more questions** which you have not prepared.

- Qu'est-ce qu'il y a sur la photo?
- Quels sont les avantages du travail en usine?
- Quels sont les inconvénients du travail en usine?   **[15 marks]**

> Foundation test and revise tasks are available in the Foundation book.

cent-soixante-quinze 175

Grammaire

> **Info**
>
> **Key to colour coding on the grammar pages.**
> The grammar reference information is divided into four types, indicated by different colour coding:
>
> - Grammar to be learned and used by all GCSE students.
> - Grammar to be learned and used by students working at Higher level, and recognised by students working at Foundation level.
> - Grammar to be learned and used by Higher students only.
> - Grammar to be recognised, but not necessarily used, by Higher students only.

Contents

Glossary of terms   177

1 Nouns   177
Masculine and feminine nouns
Singular and plural forms

2 Articles   178
Definite articles: *le, la, les* – the
Indefinite articles: *un, une, des, de* – a, an, some
Partitive articles: *du, de la, de l', des* – some, any

3 Adjectives   178
Feminine and masculine, singular and plural adjectives
The position of adjectives
Adjectives of nationality
Comparative and superlative adjectives
Demonstrative adjectives: *ce, cet, cette, ces* – this, that, these, those
Indefinite adjectives
Possessive adjectives, one 'owner'
Possessive adjectives, several 'owners'
Interrogative adjectives: *quel, quelle, quels, quelles*

4 Adverbs   181
Comparative and superlative adverbs
Adverbs of time, frequency, place, etc.

5 Pronouns   182
Subject pronouns: *je, tu, il, elle, on, nous, vous, ils, elles*
Direct object pronouns: *me, te, le, la, nous, vous, les*
Indirect object pronouns: *me, te, lui, nous, vous, leur*
Indirect object pronouns: *en* – of it / them; *y* – there
Order of object pronouns
Emphatic pronouns: *moi, toi, lui, elle, nous, vous, eux, elles*
Possessive pronouns
Relative pronouns: *qui, que, qu', dont*
Demonstrative pronouns: *ce, cela, ça, celui-ci*, etc.
Indefinite pronouns: *quelqu'un, quelque chose, tout, tout le monde* and *personne*

6 Verbs   184
The infinitive
faire + infinitive
The perfect infinitive
The present tense
Reflexive verbs
The perfect tense
The imperfect tense
The pluperfect tense
The immediate future
The future tense
The imperative
Si clauses; the conditional
The subjunctive
The passive
en + present participle
Useful verbs
Modal verbs: *devoir, pouvoir, vouloir*
Impersonal verbs: *il neige, il pleut, il faut*

7 Negatives   191

8 Questions   191

9 Prepositions   192
à, au, à la, à l', aux
de
en, au, aux + countries
More prepositions
Expressions of time

10 Conjunctions   194

11 Numbers   194
Ordinal numbers: *premier, deuxième*, etc.

12 Verb tables   196

Grammaire

Glossary of terms

Adjectives *les adjectifs*
Words that describe somebody or something:
- *petit* small
- *timide* shy

Adverbs *les adverbes*
Words that complement (add meaning to) verbs, adjectives or other adverbs:
- *très* very
- *lentement* slowly

Articles *les articles*
Short words used before nouns:
- *un / une* a, an
- *des* some, any
- *le / la / les* the

The infinitive *l'infinitif*
The verb form given in the dictionary:
- *aller* to go
- *avoir* to have

Nouns *les noms*
Words that identify a person, a place or a thing:
- *mère* mother
- *maison* house

Prepositions *les prépositions*
Words used in front of nouns to give information about when, how, where, etc.:
- *à* at
- *avec* with
- *de* of, from
- *en* in

Pronouns *les pronoms*
Short words used to replace nouns:
- *je* I
- *tu* you
- *il* he
- *elle* she
- *moi* me
- *toi* you

Verbs *les verbes*
Words used to express an action or a state:
- *je* **parle** I speak
- *il* **est** he is

1 Nouns

Masculine and feminine nouns

All French nouns are either masculine or feminine.

In the singular, masculine nouns are introduced with *le*, *l'* or *un*:
- *le père* the father
- *un livre* a book
- *l'hôtel* the hotel

Feminine nouns are introduced with *la*, *l'* or *une*:
- *la mère* the mother
- *une table* a table
- *l'eau* the water

Some nouns have two different forms, masculine and feminine:
- *un copain* — a male friend
- *une copine* — a female friend
- *un coiffeur* — a male hairdresser
- *une coiffeuse* — a female hairdresser
- *un facteur* — a postman
- *une factrice* — a postwoman

Some nouns stay the same for masculine and feminine:
- *le prof* — the male teacher
- *la prof* — the female teacher
- *un enfant* — a male child
- *une enfant* — a female child

There are patterns to help you remember the correct gender of a noun.

- All words ending in *-isme* are masculine:
  l'alcoolisme, l'alpinisme, le racisme

- Words ending in *-tion* are usually feminine:
  la climatisation, la manifestation, la récréation, la station

There are many other patterns, e.g. nouns ending in *-age*, *-eau*, *-ment* (masculine); *-ie*, *-ière*, *-ité* (feminine). Look out for patterns when you are learning vocabulary, but make a note of exceptions.

Singular and plural forms

As in English, French nouns can be either singular (one) or plural (more than one).

Most plural nouns end in *-s*. Unlike English, the added *-s* is usually not pronounced.
- *un chat*, *deux chats* — one cat, two cats

As in English, there are some exceptions.

- With most nouns ending in *-al*, you change the ending to *-aux* in the plural:
  - *un animal* — an animal
  - *des animaux* — animals

- With many nouns ending in *-au* or *-eu*, you add an *-x*:
  - *un gâteau, des gâteaux* — a cake, cakes
  - *un jeu, des jeux* — a game, games

- Words already ending in *-s*, or in *-x* or *-z*, do not change:
  - *le bras, les bras* — arm, arms
  - *le nez, les nez* — nose, noses

- A few nouns change completely:
  - *un œil, des yeux* — an eye, eyes

cent-soixante-dix-sept

2 Articles

Definite articles: *le*, *la*, *les* – the

The word for 'the' depends on whether the noun it goes with is masculine (m), feminine (f), singular or plural.

m singular	f singular	m + f plural
le	la	les

le grand-père — the grandfather
la grand-mère — the grandmother
les grands-parents — the grandparents

When a singular noun starts with a vowel or a silent *h*, *le* and *la* are shortened to *l'*:

*l'*ami — the friend
*l'*histoire — the story

In French, you often need to use *le*, *la* and *les* even when we wouldn't say 'the' in English:

- when talking about likes and dislikes:
  *J'adore **le** poulet.* — I love chicken.
  *Elle déteste **les** maths.* — She hates maths.
- when referring to abstract things:
  ***La** musique est très importante.* — Music is very important.

Indefinite articles: *un*, *une*, *des*, *de* – a, an, some

Like the words for 'the' (*le / la / les*), the words for 'a / an' and 'some' depend on whether the noun they go with is masculine or feminine, singular or plural.

m singular	f singular	m + f plural
un	une	des

***un** vélo* — a bike
***une** moto* — a motorbike
***des** voitures* — (some) cars

When talking about jobs, *un* and *une* are not used in French where 'a' or 'an' is used in English.

Il est professeur. — He is **a** teacher.

In negative constructions, *de* replaces *un*, *une* or *des* after *pas*:

*J'ai un frère. – Je n'ai **pas de** frère.**
I don't have **any** brothers.
*Il y a une piscine. – Il n'y a **pas de** piscine.*
There is **no** swimming pool.
*J'ai des sœurs. – Je n'ai **pas de** sœur*.*
I don't have **any** sisters.

* Note that in French you use a singular noun after a negative construction, unlike English.

Change *de* to *d'* in front of a vowel or a silent *h*:

*Je n'ai pas **d'**animal.* — I don't have **any** pets.

Partitive articles: *du*, *de la*, *de l'*, *des* – some, any

masculine	feminine	words beginning with a vowel or silent h	plural
de + le = du	de + la = de la	de + l' = de l'	de + les = des

***du** café* — (some) coffee
***de la** limonade* — (some) lemonade
***de l'**aspirine* — (some) aspirin
***des** chocolats* — (some) chocolates

- *du* always replaces *de + le*
- *des* always replaces *de + les*

Use *du*, *de la*, *de l'*, *des* to mean 'some' or 'any':

*Je voudrais **du** poulet.* — I'd like **some** chicken.
*Elle prend **de la** limonade.* — She's having (**some**) lemonade.
*Elle boit **de l'**eau.* — She's drinking (**some**) water.
*Avez-vous **des** croissants?* — Do you have **any** croissants?

Also use *du*, *de la*, *de l'*, *des* to talk about activities someone is doing or musical instruments someone is playing:

*Je fais **du** judo.* — I do judo.
*Elle joue **de la** guitare.* — She is playing the guitar.
*Il fait **de l'**équitation.* — He goes horse riding.
*Ils font **des** excursions.* — They go on trips.

After a negative, *de* or *d'* replaces these forms:

*Je ne fais pas **de** judo.* — I don't do judo.

3 Adjectives

Feminine and masculine, singular and plural adjectives

In French, adjectives have different endings depending on whether they describe masculine, feminine, singular or plural nouns.

- The masculine singular form has no extra ending:
  Mon frère est petit. — My brother is small.
- Add *-e* if the noun is feminine singular:
  *Ma sœur est petit**e**.* — My sister is small.
- Add *-s* to the masculine singular form if the noun is masculine plural:
  *Mes frères sont petit**s**.* — My brothers are small.
- Add *-s* to the feminine singular form if the noun is feminine plural:
  *Mes sœurs sont petit**es**.* — My sisters are small.

- When an adjective describes a group of masculine and feminine people or things, it has to be the masculine plural form:
  Mes parents sont grand**s**.   My parents are tall.

There are many exceptions in the feminine forms.

- With adjectives that already end in -e, don't add another -e in the feminine:
  un vélo roug**e**   a red bike
  une moto roug**e**   a red motorbike

- But with adjectives that end in -é, do add another -e in the feminine:
  mon film préfér**é**   my favourite film
  ma chanson préfér**ée** my favourite song

- With some adjectives, you double the final consonant before the -e in the feminine:
  Il est italie**n**.   He is Italian.
  Elle est italie**nne**. She is Italian.

- Adjective endings -eux and -eur change to -euse in the feminine:
  un garçon paress**eux**   a lazy boy
  une fille paress**euse**   a lazy girl
  un garçon travaill**eur**   a hard-working boy
  une fille travaill**euse** a hard-working girl

- The adjective ending -eau changes to -elle in the feminine:
  un nouv**eau** vélo   a new bike
  une nouv**elle** voiture a new car

- The adjective ending -if changes to -ive in the feminine:
  un copain sport**if**   a sporty (boy)friend
  une copine sport**ive**   a sporty (girl)friend

- The feminine of blanc is blanche:
  Elle porte une robe blan**che**.
  She is wearing a white dress.

- The feminine of frais is fraîche:
  Je voudrais une boisson fraî**che**.
  I would like a cool drink.

- The feminine of gentil is gentille:
  Ma grand-mère est genti**lle**.
  My grandmother is kind.

- The feminine of sympa is sympa:
  Ma mère est **sympa**.   My mother is nice.

There are also some exceptions in the plural forms.

- Adjective endings -al and -eau change to -aux or -eaux in the masculine plural:
  J'ai des poissons tropic**aux**.
  I have got some tropical fish.
  J'ai de nouv**eaux** livres.
  I have got some new books.

- With adjectives that end in -s or -x, don't add an -s in the masculine plural:
  Mes frères sont paress**eux**.   My brothers are lazy.
  Les nuages sont gri**s**.   The clouds are grey.

Some adjectives, such as marron and super, do not change at all in the feminine or plural:
  Elle porte des bottes **marron**.
  She's wearing brown boots.

The position of adjectives

Most adjectives follow the noun they describe:
  un prof **sympa**   a nice teacher
  une copine **intelligente**   an intelligent friend
  des idées **intéressantes**   interesting ideas

However, a few adjectives, such as petit, grand, bon, mauvais, joli, beau, jeune and vieux, usually come in front of the noun:
  un **petit** garçon   a small boy
  une **jolie** ville   a pretty town

A few adjectives that come in front of the noun have a special masculine form before a vowel or a silent h:
  un **bel** endroit   a beautiful place
  un **vieil** homme   an old man
  un **nouvel** ami   a new friend

Adjectives of nationality

Adjectives of nationality do not begin with a capital letter:
  Nicolas est **f**rançais.   Nicolas is French.
  Laura est **g**alloise.   Laura is Welsh.

Like other adjectives, feminine adjectives of nationality have an -e at the end, unless there is one there already:
  Sophie est français**e**.   Sophie is French.
  Juliette est suiss**e**.   Juliette is Swiss.

Comparative and superlative adjectives

To make comparisons, use:

- plus … que   more … than / …er than
  La Loire est **plus** longue **que** la Tamise.
  The Loire is **longer than** the Thames.

- moins … que   less … than
  Les vélos sont **moins** rapides **que** les trains.
  Bicycles are **less** fast **than** trains.

- aussi … que   as … as
  Les tomates sont **aussi** chères **que** les pêches.
  Tomatoes are **as** expensive **as** peaches.

For superlatives (the most …), use:

- le / la / les plus …   the most … / the …est
  *C'est la chambre **la plus** chère.*
  It is **the most** expensive room.
  *C'est **le plus** petit vélo.*
  It is **the smallest** bicycle.
- le / la / les moins …   the least …
  *C'est le film **le moins** intéressant.*
  It is **the least** interesting film.

The adjective *bon* has an irregular comparative and superlative:
*Ce CD est **meilleur** que l'autre.*
This CD is **better** than the other one.
*Elle est la **meilleure**!*
She's the **best**!

> The adjective *mauvais* also has an irregular comparative and superlative:
> *Je suis **pire** que ma sœur.*
> I am **worse** than my sister.
> *Mon frère est **le pire**.*
> My brother is **the worst**.

Demonstrative adjectives: *ce, cet, cette, ces* – this, that, these, those

The French for 'this' or 'that' is *ce, cet* or *cette* and for 'these' or 'those' is *ces*.

masculine	feminine	masculine and feminine plural
ce	cette	ces

ce magasin	this / that shop
cette chemise	this / that shirt
ces baskets	these / those trainers

But *ce* changes to *cet* when the noun after it is masculine and begins with a vowel or a silent *h*:

cet ami	this / that friend
cet hôtel	this / that hotel

Indefinite adjectives

The most common indefinite adjectives are:

autre(s)	other
certain(e)(s)	certain / some
chaque	each
même(s)	same
plusieurs	several
quelque(s)	some
tout / toute / tous / toutes	all

Chaque is always singular and *plusieurs* is always plural:
*Il y a une télévision dans **chaque chambre**.*
There is a television in **each room**.
*Il a **plusieurs voitures**.*   He has **several cars**.

Possessive adjectives, one 'owner'

mon / ma / mes	my
ton / ta / tes	your
son / sa / ses	his / her / its

There are three different ways of saying 'my' in French, as it depends on whether the noun is masculine or feminine, singular or plural. It is the same for 'your' and 'his' / 'her' / 'its'.

masculine singular	feminine singular	masculine and feminine plural
mon, ton, son	ma, ta, sa	mes, tes, ses

mon père	**my** father
ma mère	**my** mother
ton* père	**your** father
ta* mère	**your** mother
son pied	**his / her / its** foot
sa porte	**his / her / its** door
mes parents	**my** parents
tes* parents	**your** parents
ses fenêtres	**his / her / its** windows

* to someone you normally say *tu* to

French doesn't have three different words for 'his', 'her' and 'its'. The word changes according to whether the noun it is used with is masculine, feminine, singular or plural.

Possessive adjectives, several 'owners'

notre / nos	our
votre / vos	your
leur / leurs	their

masculine and feminine singular	masculine and feminine plural
notre, votre, leur	nos, vos, leurs

notre père	**our** father
notre mère	**our** mother
votre* père	**your** father
votre* mère	**your** mother
leur frère	**their** brother
leur sœur	**their** sister
nos parents	**our** parents
vos* copains	**your** friends
leurs profs	**their** teachers

* to several people **or** to someone you normally say *vous* to

Interrogative adjectives: *quel, quelle, quels, quelles*

Quel (meaning 'which' or 'what') agrees with the noun it refers to.

m singular	f singular	m plural	f plural
quel	quelle	quels	quelles

> C'est **quel** dessin? — **Which** drawing is it?
> **Quelle** heure est-il? — **What** time is it?
> **Quelles** sont tes matières préférées?
> **What** are your favourite subjects?

4 Adverbs

Adverbs are used with a verb, an adjective or another adverb to express how, when, where or to what extent something happens.

Many French adverbs are formed by adding *-ment* (the equivalent of '-ly' in English) to the feminine form of the adjective.

m adjective	f adjective	adverb
doux	douce	doucement – gently
final	finale	finalement – finally
heureux	heureuse	heureusement – fortunately
probable	probable	probablement – probably

There are several exceptions, which are not formed from the feminine form of the adjective, including these:

m adjective		adverb
vrai	-	vraiment – really
évident	-	évidemment – obviously

Many common adverbs are completely irregular:

> bien   well   Elle joue **bien**.   She plays well.
> mal   badly   Il mange **mal**.   He eats badly.
> vite   fast   Tu parles **vite**.   You speak fast.

Comparative and superlative adverbs

As with adjectives, you can make comparisons using *plus, moins* and *aussi … que*:

> Tu parles **plus** lentement **que** moi.
> You speak **more** slowly **than** me.
> Je mange **moins** vite **que** ma sœur.
> I eat **less** quickly **than** my sister.
> Elle joue **aussi** bien **que** Paul.
> She plays **as** well **as** Paul.

You can also use adverbs as superlatives:

> Il a fini son travail **le plus vite**.
> He finished his work **the fastest**.

> The comparative of the adverb *bien* is an exception:
> Elle joue **mieux** que Paul.
> She plays **better** than Paul.
> Il joue **le mieux**.
> He plays **the best**.

Adverbs of time, frequency, place, etc.

Adverbs of time include:

aujourd'hui	today
demain	tomorrow
hier	yesterday
après-demain	the day after tomorrow
avant-hier	the day before yesterday
déjà	already

Adverbs of frequency include:

quelquefois	sometimes
souvent	often
toujours	always
une fois par semaine / mois	once a week / month
encore	again
généralement	generally / usually
rarement	rarely
régulièrement	regularly

Adverbs of place include:

dedans	inside
dehors	outside
ici	here
là-bas	(over) there
loin	far
partout	everywhere

Adverbs of intensity and quantity (qualifying words) include:

assez	enough
trop	too (much)
beaucoup	a lot
un peu	a little
très	very

Adverbs of sequence include:

d'abord	firstly
après	afterwards
ensuite	next
enfin	finally
puis	then

5 Pronouns

Subject pronouns: *je*, *tu*, *il*, *elle*, *on*, *nous*, *vous*, *ils*, *elles*

Subject pronouns usually come before the verb and express who or what performs the action.

singular	plural
je – I	*nous* – we
tu – you	*vous* – you
il – he / it	*ils* – they (m)
elle – she / it	*elles* – they (f)
on – we / you / they	

Je *parle français.*	**I** speak French.
Tu *as quel âge?*	How old are **you**?
Il *s'appelle Théo.*	**He** is called Théo.
Elle *s'appelle Aïcha.*	**She** is called Aïcha.
On *se retrouve où?*	Where shall **we** meet?
Nous *habitons en ville.*	**We** live in town.
Vous *avez une chambre?*	Do **you** have a room?
Ils *s'appellent Do et Mi.*	**They** are called Do and Mi.
Elles *sont marrantes.*	**They** are fun.

Je is shortened to *j'* if the word that follows begins with a silent *h* or a vowel:

J'aime les pommes.	I like apples.
J'habite en Écosse.	I live in Scotland.

There are two French words for 'you': *tu* and *vous*.

- Use *tu* when talking to someone (one person) of your own age or someone in your family.
- Use *vous* when talking to an adult not in your family (e.g. your teacher). The following phrases are useful to remember:

*Avez-**vous** … ?*	Have **you** got … ?
*Voulez-**vous** … ?*	Do **you** want … ?
*Voudriez-**vous** … ?*	Would **you** like … ?

- Also use *vous* when talking to more than one person – whatever their age and whether you know them well or not.

Il and *elle* can both also mean 'it', depending on the gender of the noun they replace.

*L'hôtel est bien? – Oui, **il** est très confortable.*
Is the hotel good? – Yes, **it** is very comfortable.
*Je déteste ma chambre: **elle** est trop petite.*
I hate my bedroom: **it** is too small.

On can mean 'we', 'you' or 'they', depending on the context:

On *s'entend bien.*
We get on well.
*Comment dit-**on** «pencil» en français?*
How do **you** say 'pencil' in French?
On *parle français au Canada.*
They speak French in Canada.

There are two French words for 'they': *ils* and *elles*.

- Use *ils* when all the people / things you are talking about are male, or it is a mixed group of males and females:

  *J'ai un frère et une sœur; **ils** s'appellent Nicolas et Aurélie.*
  I have a brother and a sister; **they** are called Nicolas and Aurélie.

- Use *elles* when all the people / things you are talking about are female:

  *J'ai deux copines espagnoles; **elles** habitent à Madrid.*
  I have two Spanish friends; **they** live in Madrid.

Direct object pronouns: *me*, *te*, *le*, *la*, *nous*, *vous*, *les*

Direct object pronouns replace a noun that is not the subject of the verb.

singular	plural
me / m' – me	*nous* – us
te / t' – you	*vous* – you
le / l' – him / it (m)	*les* – them
la / l' – her / it (f)	

Direct object pronouns come in front of the verb, unlike in English:

*Je **le** prends.*	I'll take **it**.
*Je peux **vous** aider?*	Can I help **you**?

Le and *la* are shortened to *l'* in front of a vowel or a silent *h*:

*Mon petit frère a deux ans. Je **l'**adore!*
My little brother is two. I love **him**!

Indirect object pronouns: *me*, *te*, *lui*, *nous*, *vous*, *leur*

Indirect object pronouns are used to replace a noun that would be introduced with the preposition *à*.

singular	plural
me / m' – (to) me	nous – (to) us
te / t' – (to) you	vous – (to) you
lui – (to) him / her / it	leur – (to) them

Je donne du café à mon père.
→ *Je lui donne du café.* I give **him** some coffee.
Je parle à ma mère.
→ *Je lui parle.* I speak to **her**.
J'écris à mes grands-parents.
→ *Je leur écris.* I write to **them**.

Beware! Some French verbs are followed by a preposition when their English equivalents are not:
Je téléphone à mon père. I ring my father.
Je lui téléphone. I ring **him**.

Indirect object pronouns: *en* – of it / them; *y* – there

Use *en* to avoid repeating a noun that is introduced with *du*, *de la*, *de l'* or *des*:
Tu as des chiens? Have you got any dogs?
Oui, j'en ai trois. Yes, I've got three (**of them**).
Tu manges de la viande? Do you eat meat?
Oui, j'en mange. Yes, I do.

Y usually means 'there'. You can use *y* to avoid repeating the name of a place:
Tu vas à Paris? Are you going to Paris?
Oui, j'y vais demain. Yes, I'm going **there** tomorrow.

Order of object pronouns

When two object pronouns are used together in the same sentence, follow this sequence:

me te nous vous	come before	le la l' les	come before	leur lui	come before	y en

Je te les donne maintenant.
I'm giving **them** to **you** now.
Il nous en a parlé.
He has talked to **us** about **it**.

Emphatic pronouns: *moi*, *toi*, *lui*, *elle*, *nous*, *vous*, *eux*, *elles*

Emphatic pronouns are also called disjunctive pronouns. Use them:

- for emphasis:
  Moi, j'adore les fraises. I love strawberries.
  Toi, tu as quel âge? How old are **you**?
- after *c'est*:
  C'est moi. It's **me**.
- after a preposition:
  avec moi with **me**
  avec nous with **us**
  pour toi for **you**
  pour vous for **you**
  chez lui at **his** house
  chez eux at **their** house
  à côté d'elle next to **her**
  à côté d'elles next to **them**
- after a comparative:
  Elle est plus sympa que toi.
  She is nicer than **you**.
- with *à*, to express possession:
  Il est à toi, ce CD?
  Does this CD **belong to you**?

Possessive pronouns

m singular	f singular	m plural	f plural	
le mien	la mienne	les miens	les miennes	mine
le tien	la tienne	les tiens	les tiennes	yours
le sien	la sienne	les siens	les siennes	his / hers / its
le nôtre	la nôtre	les nôtres	les nôtres	ours
le vôtre	la vôtre	les vôtres	les vôtres	yours
le leur	la leur	les leurs	les leurs	theirs

C'est le mien ou le tien? Is it **mine** or **yours**?

Relative pronouns: *qui*, *que*, *qu'*, *dont*

Relative pronouns are used to link phrases together.

Use *qui* as the subject of the relative clause. It can refer to people and things, and means 'who', 'that' or 'which':
le copain qui habite à Lyon
the friend **who** lives in Lyon
le livre qui est sur la chaise
the book **that** is on the table

Use *que* (*qu'* before a vowel or a silent *h*) as the object of the relative clause. It means 'whom' or 'that':

*le copain **que** j'ai vu*
the friend (**that / whom**) I saw
*le livre **qu'**il a acheté*
the book (**that**) he bought

- Remember that *que* is not optional. Although it is often not translated in English, you cannot leave it out in French.

- If you cannot decide between *qui* and *que*, remember that *qui* is subject and *que* is object. If the relative clause already has a subject, then the pronoun you need must be *que*.

*J'ai trouvé un job **qui** me va.*
I have found a job **that** suits me.
– The subject of *va* is *qui*.
*C'est une couleur **que** je déteste.*
It's a colour (**that**) I hate.
– The subject of *déteste* is *je*, and *que* is object.

You will need to understand sentences containing the word *dont*. It is usually translated as 'whose' or 'of which'.

*J'ai un ami **dont** le père est espagnol.*
I have a friend **whose** father is Spanish.
*J'ai cinq robes **dont** trois sont rouges.*
I've got five dresses **of which** three are red.

Demonstrative pronouns: *ce, cela, ça, celui-ci*, etc.

Ce (shortened to *c'* before a vowel) means 'it', 'that' or 'those' and is usually followed with a form of *être*:

Ce sont mes parents.   Those are my parents.
C'est facile.   It's easy.

Cela means 'that' and is often shortened to *ça*:

Cela m'étonne.   That surprises me.
Tu aimes ça?   Do you like that?

Ça is also used in various phrases:

Ça va?   Are you OK?
Ça ne fait rien.   It doesn't matter.
C'est ça.   That's right.

Celui (masculine), *celle* (feminine), *ceux* (masculine plural) and *celles* (feminine plural) are used with *-ci* or *-là* for emphasis or contrast, meaning 'this one', 'that one', 'these ones' or 'those ones':

*Tu veux **celui-ci** ou **celui-là**?*
Do you want **this one** or **that one**?
*J'hésite entre **celles-ci** et **celles-là**.*
I'm hesitating between **these** and **those**.

Indefinite pronouns: *quelqu'un, quelque chose, tout, tout le monde* and *personne*

The French for 'someone' is *quelqu'un*:
*Il y a **quelqu'un** à la maison.*
There's **someone** at home.

The French for 'something' is *quelque chose*:
*Vous avez perdu **quelque chose**?*
Have you lost **something**?

The French for 'all' is *tout / toute / tous / toutes*:
*C'est **tout**.*   That's **all**.
*Je les aime **tous**.*   I love them **all**.

The French for 'everybody' is *tout le monde*:
***Tout le monde** aime le chocolat.*
Everybody likes chocolate.

The French for 'nobody' is *personne*. In a sentence, it is followed by *ne* in front a verb or *n'* before a vowel, and it doesn't need *pas*:
***Personne ne** veut danser.*
Nobody wants to dance.

6 Verbs

French verbs have different endings depending on who is doing the action and whether the action takes place in the past, the present or the future. The verb tables on pages 196–200 set out the patterns of endings for several useful verbs.

When using a name or a singular noun, use the same form of the verb as for *il / elle*:
*Martin **parle** espagnol.*   Martin **speaks** Spanish.

When using two names or a plural noun, use the same form of the verb as for *ils / elles*:
*Thomas et Lola **jouent** au basket.*
Thomas and Lola **are playing** basketball.
*Mes frères **écoutent** de la musique.*
My brothers **are listening** to music.

The infinitive

The infinitive is the form of the verb you find in a dictionary, e.g. *jouer, finir, être*. It never changes.

When two verbs follow each other, the second one is always in the infinitive.

- All verbs of liking, disliking and preferring (such as *aimer, adorer, préférer, détester*) are followed by the infinitive:

*J'aime **jouer** de la guitare.*
I like **playing** the guitar.
*Je préfère **écouter** des CD.*
I prefer **listening** to CDs.

- Modal verbs *vouloir*, *pouvoir* and *devoir* and the verb *savoir* are also followed by the infinitive:
  *Tu veux **aller** au cinéma?*
  Do you want **to go** to the cinema?
  *On peut **faire** du shopping.*
  You can **go** shopping.
  *Je dois **faire** mes devoirs.*
  I must **do** my homework.
  *Je sais **conduire**.*
  I know how **to drive**.
- Verbs expressing a future wish or intention are followed by the infinitive:
  *J'espère **partir** en vacances.*
  I hope **to go** on holiday.
  *Je voudrais **aller** en Italie.*
  I'd like **to go** to Italy.

The infinitive is used after *avant de* to mean 'before doing something':
  *Je me lave les mains avant de **manger**.*
  I wash my hands before **eating**.

Some verbs always need *à* between them and the infinitive:

*aider quelqu'un **à***	to help someone **to**
*apprendre **à***	to learn **to**
*arriver **à***	to manage **to**
*commencer **à***	to start **to**
*continuer **à***	to continue **to**
*s'intéresser **à***	to be interested **in**
*inviter quelqu'un **à***	to invite someone **to**
*réussir **à***	to succeed **in**
*Il **apprend à** nager.*	He is **learning to** swim.

Some verbs always need *de* between them and the infinitive:

*arrêter **de***	to stop
*décider **de***	to decide **to**
*essayer **de***	to try **to**
*être obligé(e) **de***	to be forced **to**
*oublier **de***	to forget **to**
*permettre **de***	to allow **to**
*refuser **de***	to refuse **to**

*J'ai **oublié de** fermer la porte.*
I **forgot to** close the door.

faire + infinitive

Part of the verb *faire* + infinitive is used to say that someone is having something done:
  *Je **fais réparer** ma voiture.*
  I **have** my car **repaired**.
  *Il **se fait couper** les cheveux.*
  He **is having** his hair **cut**.
  *Ils **font construire** une maison.*
  They **are having** a house **built**.

The perfect infinitive

The perfect infinitive is the infinitive of *avoir* or *être* (depending on which one the verb normally uses to form the perfect tense), plus the past participle of the verb. It is used after *après* to mean 'after doing something':
  ***Après avoir regardé** l'heure, il est parti.*
  After looking at the time, he left.
  *Il a lu le livre **après être allé** là-bas.*
  He read the book **after going** there.
  *Elle a mangé **après s'être levée**.*
  She ate **after getting up**.

The present tense

Use the present tense to describe:
- something that is taking place now:
  J'écoute un CD.
  I **am listening** to a CD.
- something that happens regularly:
  J'ai maths le lundi.
  I **have** maths on Mondays.

Present tense verb endings change depending on who is doing the action:
  Je parle à ma grand-mère.
  I speak to my grandmother.
  Nous lavons la voiture.
  We wash the car.

Most verbs follow a regular pattern.

Regular *-er* verbs

To form the present tense of *-er* verbs, remove the *-er* from the infinitive to form the stem, e.g. *parl-* from *parler*. Then add the endings shown below.

parler – to speak / to talk	
je parle	*nous parlons*
tu parles	*vous parlez*
il / elle / on parle	*ils / elles parlent*

Some other regular *-er* verbs:

adorer	to love	*habiter*	to live
aimer	to like	*jouer*	to play
détester	to hate	*regarder*	to watch
écouter	to listen	*rester*	to stay

Regular -ir verbs

To form the present tense of -ir verbs, remove the -ir from the infinitive to form the stem, e.g. *fin-* from *finir*. Then add the endings shown below.

finir – to finish	
je fin**is**	nous fin**issons**
tu fin**is**	vous fin**issez**
il / elle / on fin**it**	ils / elles fin**issent**

Other regular -ir verbs:
- *choisir* — to choose
- *remplir* — to fill

Regular -re verbs

To form the present tense of -re verbs, remove the -re from the infinitive to form the stem, e.g. *attend-* from *attendre*. Then add the endings shown below.

attendre – to wait	
j'attend**s**	nous attend**ons**
tu attend**s**	vous attend**ez**
il / elle / on attend	ils / elles attend**ent**

Other regular -re verbs:
- *descendre* — to go down
- *répondre* — to reply
- *vendre* — to sell

Irregular verbs

Some verbs are irregular and do not follow these patterns. Turn to pages 197–200 for details of the most common ones.

Reflexive verbs

Reflexive verbs have an extra pronoun in front of the verb:

me	je **me** réveille	I wake up
te	tu **te** lèves	you get up
se	il / elle **s'**appelle	he / she is called
	on **se** lave	we have a wash
nous	nous **nous** amusons	we have fun
vous	vous **vous** couchez	you go to bed
se	ils / elles **s'**excusent	they apologise

Note that *me, te* and *se* are shortened to *m', t'* and *s'* in front of a vowel or a silent *h*.

Common reflexive verbs are:
- *s'amuser* — to have fun
- *s'habiller* — to get dressed
- *s'appeler* — to be called
- *se laver* — to have a wash
- *s'asseoir* — to sit down
- *se lever* — to get up
- *se coucher* — to go to bed
- *se passer* — to happen
- *s'ennuyer* — to be bored
- *se promener* — to go for a walk
- *s'excuser* — to apologise
- *se réveiller* — to wake up

The perfect tense

Use the perfect tense to talk about what somebody did or has done.

*Il **a mangé** un sandwich.*
He **ate** a sandwich. / He **has eaten** a sandwich.

To make the perfect tense of most verbs, use the present tense of *avoir* + past participle:

parler – to speak / to talk	
j'**ai** parlé	nous **avons** parlé
tu **as** parlé	vous **avez** parlé
il / elle / on **a** parlé	ils / elles **ont** parlé

Some verbs use the present tense of *être* instead of *avoir*:

aller – to go	
je **suis** allé(e)	nous **sommes** allé(e)s
tu **es** allé(e)	vous **êtes** allé(e)(s)
il **est** allé	ils **sont** allés
elle **est** allée	elles **sont** allées
on **est** allé(e)(s)	

Verbs that use *être* to form the perfect tense include:
- *aller* — to go
- *arriver* — to arrive
- *descendre* — to go down
- *entrer* — to enter
- *monter* — to go up
- *mourir* — to die
- *naître* — to be born
- *partir* — to leave
- *rentrer* — to come back
- *rester* — to stay
- *retourner* — to return / to go back
- *sortir* — to go out
- *tomber* — to fall
- *venir* — to come

All reflexive verbs use *être* to form the perfect tense. Don't forget the extra pronoun that comes before the part of *être*:

se lever – to get up	
je **me suis levé(e)**	nous **nous sommes levé(e)s**
tu **t'es levé(e)**	vous **vous êtes levé(e)(s)**
il **s'est levé**	ils **se sont levés**
elle **s'est levée**	elles **se sont levées**
on **s'est levé(e)(s)**	

When using *être*:
- add -e to the past participle if the subject is female:
  *Elle est parti**e** en Écosse.*
  She went off to Scotland.
- add -s to the past participle if the subject is masculine plural:
  *Ils sont arrivé**s** en retard.*   They arrived late.
- add -es to the past participle if the subject is feminine plural:
  *Elles sont arrivé**es** en retard.*
  They arrived late.

When making a negative statement in the perfect tense, *ne* comes before *avoir / être* and *pas* comes after it:
*Je **n'**ai **pas** mangé.*   I **haven't** eaten.
*Elle **n'**est **pas** sortie.*   She **didn't** go out.

Past participles

The past participle of *-er* verbs ends in *-é*:
  *aller – all**é*** gone
  *donner – donn**é*** given
  *parler – parl**é*** spoken

The past participle of regular *-ir* verbs ends in *-i*:
  *choisir – chois**i*** chosen
  *finir – fin**i*** finished

The past participle of regular *-re* verbs ends in *-u*:
  *attendre – attend**u*** waited
  *vendre – vend**u*** sold

Many common verbs have an irregular past participle:
  *avoir – **eu*** had
  *boire – **bu*** drunk
  *devoir – **dû*** had to
  *dire – **dit*** said
  *écrire – **écrit*** written
  *être – **été*** been
  *faire – **fait*** done / made
  *lire – **lu*** read
  *mettre – **mis*** put
  *pouvoir – **pu*** been able to
  *prendre – **pris*** taken
  *venir – **venu*** come
  *voir – **vu*** seen
  *vouloir – **voulu*** wanted

The imperfect tense

Use the imperfect tense:
- to describe what something or someone was like in the past:
  *Il y **avait** une grande piscine.*
  There **was** a big pool.
  *C'**était** délicieux.*   It **was** delicious.
  *J'**étais** triste.*   I **was** sad.
- to say what was happening at a certain time in the past:
  *Je **regardais** la télé quand il a téléphoné.*
  I **was watching** TV when he rang.
- to describe something that used to happen regularly in the past:
  *Je **faisais** de la natation tous les matins.*
  I **used to swim** every morning.
- after *si* to make a suggestion:
  *Si on **faisait** de l'équitation?*
  Shall we **go** horse riding?

To form the imperfect tense, take the *nous* form of the verb in the present tense, remove *-ons* to form the stem, then add the correct endings:

finir – to finish	
(present tense: nous **finiss**ons)	
je finiss**ais**	nous finiss**ions**
tu finiss**ais**	vous finiss**iez**
il / elle / on finiss**ait**	ils / elles finiss**aient**

The verb *être* is the only exception. The endings are as above, but they are added to the stem *ét-*:

être – to be	
j'étais	nous étions
tu étais	vous étiez
il / elle / on était	ils / elles étaient

Perfect or imperfect?

To help you decide between the perfect and the imperfect, remember that:

- the perfect tense usually describes single events in the past:
  *Hier, je **me suis levée** à six heures.*
  Yesterday, I **got up** at six.
- the imperfect describes what used to happen:
  *Je **me levais** à huit heures.*
  I **used to get up** at eight.

The pluperfect tense

This tense is used to refer to something further back in the past than the perfect or the imperfect, to say what someone had done or had been doing. You use the imperfect of *avoir* or *être*, plus a past participle:

*J'**avais parlé**.*	I **had spoken**.
*Il **était parti**.*	He **had left**.
*Vous **vous étiez habillés**.*	You **had got dressed**.
*Je savais qu'il **était allé** en Égypte.*	
I knew that he **had gone** to Egypt.	

The immediate future

Use the present tense of *aller* followed by an infinitive to say what you are going to do or what is going to happen:

*je **vais** pleurer*	I am going to cry
*nous **allons** manger*	we are going to eat
*tu **vas** partir*	you are going to leave
*vous **allez** boire*	you are going to drink
*elle **va** chanter*	she is going to sing
*ils **vont** dormir*	they are going to sleep

The future tense

The future tense expresses what will happen or will be happening in the future:

*Qu'est-ce que vous **ferez** après l'école?*
What **will you do** after school?
*Vous **travaillerez** dans l'informatique?*
Will you work in computing?

It is used for predictions such as weather forecasts:

*Il **fera** beau / froid / chaud.*
It **will be** fine / cold / hot.
*Le temps **sera** pluvieux / nuageux.*
The weather **will be** rainy / cloudy.

*Il **neigera**.*	It **will snow**.
*Il **pleuvra**.*	It **will rain**.
*Il **gèlera**.*	It **will freeze**.

To form the future tense, add the correct ending to the infinitive of the verb:

parler – to speak / to talk	
je parler**ai**	nous parler**ons**
tu parler**as**	vous parler**ez**
il / elle / on parler**a**	ils / elles parler**ont**

With some verbs, you add the same set of endings to an irregular stem instead of the infinitive:

aller – j'**ir**ai	pouvoir – je **pourr**ai
avoir – j'**aur**ai	savoir – je **saur**ai
être – je **ser**ai	venir – je **viendr**ai
faire – je **fer**ai	voir – je **verr**ai
falloir – il **faudr**a	vouloir – je **voudr**ai

The imperative

Use the imperative to give advice or instructions.

Use the *tu* form with a person your own age or a person you know very well:

Continue tout droit.	**Go** straight on.
Prends la première rue.	**Take** the first street.
Tourne à gauche.	**Turn** left.

Use the *vous* form with a person you don't know very well or to more than one person:

Continuez tout droit.	**Go** straight on.
Prenez la première rue.	**Take** the first street.
Tournez à gauche.	**Turn** left.

The imperative is the same as the *tu* or the *vous* form of the present tense, but without using a word for 'you' first. In the case of *-er* verbs, you miss off the *-s* of the *tu* form (unless the verb is followed by *y* or *en*):

Va au lit!	**Go** to bed!
Achète des pommes.	**Buy** some apples.
Vas-y!	**Go** on!
Achètes-en un kilo.	**Buy** a kilo (of them).

Note that all *vous* form imperatives end in *-ez* except for *faire*:

Faites vos devoirs! **Do** your homework!

Reflexive verbs in the imperative are hyphenated with their reflexive pronouns:

Lève-toi.	Stand up.
Asseyez-vous.	Sit down.

Si clauses; the conditional

You can talk about the consequences of an action by using *si* with the present tense.

*Si on **recycle** plus de déchets, on peut protéger l'environnement.*

To express what *will* happen in the future as a result of something else, use *si* + present + future tense.

Si on recycle plus de déchets, il y aura moins de pollution.

Si is followed by the imperfect when the situation described is not 'real', and the consequence is something that would happen.

*Si j'**étais** riche, j'**achèterais** un piano.*
If I **were** rich, I **would buy** a piano.

The conditional is used in French where we say 'would' in English. It is useful for talking about what you *would like* or *would do*.

*Je **voudrais** te voir.*   I **would like** to see you.

The conditional has the same stem as the future tense and the same endings as the imperfect:

aimer – to like, love	
j'aim**erais**	nous aim**erions**
tu aim**erais**	vous aim**eriez**
il / elle / on aim**erait**	ils / elles aim**eraient**

The subjunctive

The following expressions are followed by a form of the verb called the subjunctive:

avant que	before
bien que	although
à condition que	provided that
il faut que	we / you / one must / it is necessary that

The most commonly used of these phrases is *il faut que*.

The subjunctive form is usually the same as, or similar to, the present tense, so it is easy to recognise.

*Il faut que vous **parliez** avec le patron.*
You must **speak** to the owner.

Some exceptions are *faire, aller, avoir* and *être* – these are different, and you need to be able to recognise them.

*Il faut qu'on **fasse** un effort.*
We must **make** an effort.
*Bien qu'il **ait** 25 ans, il habite toujours chez ses parents.*
Although he **is** 25, he still lives with his parents.
*Avant qu'elle **aille** à l'université, nous allons passer une semaine en Espagne.*
Before she **goes** to university, we're going to spend a week in Spain.
*Mon père m'a promis un nouveau vélo, à condition que mes résultats **soient** bons.*
My father has promised me a new bicycle, provided that my results **are** good.

parler (regular -er verb)	faire	aller
que je parle	que je fasse	que j'aille
que tu parles	que tu fasses	que tu ailles
qu'il / elle / on parle	qu'il / elle / on fasse	qu'il / elle / on aille
que nous parlions	que nous fassions	que nous allions
que vous parliez	que vous fassiez	que vous alliez
qu'ils / elles parlent	qu'ils / elles fassent	qu'ils / elles aillent

avoir	être
que j'aie	que je sois
que tu aies	que tu sois
qu'il / elle / on ait	qu'il / elle / on soit
que nous ayons	que nous soyons
que vous ayez	que vous soyez
qu'ils / elles aient	qu'ils / elles soient

The passive

The passive is used to say what is done to someone or something. It is formed from a part of *être* and a past participle. The past participle must agree with the noun:

active form: *Il lave la pomme.*
              He washes the apple.
passive form: *La pomme **est lavée**.*
              The apple **is washed**.

The passive can be used in different tenses:

present: *Les lits **sont faits**.*
           The beds **are made**.
imperfect: *Les murs **étaient peints**.*
           The walls **were painted**.
perfect: *J'**ai été invité**.*
           I'**ve been invited**.
future: *La maison **sera vendue**.*
           The house **will be sold**.

The passive is used less often in French than in English, as most sentences can be turned round:

- either by using *on*:
  ***On parle** français au Québec.*
  French **is spoken** in Quebec.
- or by using a reflexive verb:
  *Les tickets **se vendent** par carnets de 10.*
  Tickets **are sold** in books of 10.

en + present participle

The English present participle ends in '-ing', and the French present participle ends in -ant. Take the nous form of the present tense, remove -ons and replace it with -ant:
arriver → arrivons → arrivant.

En + present participle can be used when two actions happen together:
*Il fait ses devoirs **en chantant**.*
He does his homework **while singing**.
***En travaillant** le soir, je gagne de l'argent.*
By working in the evening, I earn money.

Useful verbs

avoir – to have

Use avoir to say how old someone is:
*J'**ai** 15 ans.*   I **am** 15 years old.

Use avoir mal to talk about a pain or an ache:
*J'**ai mal** à la tête.*   I **have** a head**ache**.

Use avoir envie to talk about feeling like or wanting to do something:
*J'**ai envie** de courir.*   I **feel like** running.

Use en avoir marre to talk about being fed up with something:
*J'**en ai marre** des examens.*
I'**m fed up** with the exams.

Some more useful expressions with avoir:

avoir chaud	to be hot
avoir faim	to be hungry
avoir froid	to be cold
avoir mal au cœur	to feel sick
avoir peur	to be afraid
avoir raison	to be right
avoir soif	to be thirsty
avoir tort	to be wrong

il y a – there is, there are

Il y a une banque.	**There is** a bank.
Il y a beaucoup de cafés.	**There are** lots of cafés.
Il n'y a pas de piscine.	**There isn't** a swimming pool.

faire – to do

This verb can mean 'to do', 'to make' or 'to go' (when talking about activities):

faire du judo	**to do** judo
faire la vaisselle	**to do** the washing up
faire le lit	**to make** the bed
faire de la natation	**to go** swimming

This verb is also used with *il* to talk about the weather:
*Il **fait** beau.*   The weather is nice.
*Il **fait** mauvais.*   The weather is bad.

jouer à and jouer de – to play

To talk about playing games and sports, use jouer + au / à la / à l' / aux:
*Je **joue au** basket.*   I play basketball.

To talk about playing a musical instrument, use jouer + du / de la / de l' / des:
*Je **joue des** percussions.*
I play percussion instruments.

se trouver – to be found, être situé(e) – to be situated

These verbs can be used in place of être to talk about where things are located:
*La gare **se trouve** au centre-ville.*
The station **can be found** in the town centre.

Make sure that situé agrees with the gender of the subject.
*La ville **est située** au bord de la mer.*
The town is **situated** by the sea.

Modal verbs: devoir, pouvoir, vouloir

Modal verbs are usually followed by an infinitive.

Use devoir (to have to) + infinitive to say what you must / mustn't do:
*Je **dois porter** un uniforme.*
I **have to wear** a uniform.
*On **ne doit pas jeter** de papiers par terre.*
You **mustn't drop** litter on the ground.

Use pouvoir (to be able to) + infinitive to say what you can / can't do:
*On **peut faire** des randonnées.*
You **can go** hiking.
*Elle **ne peut pas sortir** pendant la semaine.*
She **can't go out** during the week.

Use vouloir (to want to) + infinitive to say what you want and don't want to do. Adding bien changes the meaning:
*Je **veux partir**.*   I **want to leave**.
*Je **veux bien partir**.*   I **am quite happy to leave**.

The conditional of vouloir (je voudrais) means 'I would like':
*Je **voudrais** partir en vacances.*
I **would like** to go on holiday.

Note that j'aimerais, the conditional form of aimer, means the same as je voudrais:
*J'**aimerais** faire de la planche à voile.*
I **would like** to go windsurfing.

Impersonal verbs: *il neige, il pleut, il faut*

These verbs are only used with *il*:

Il neige.   **It**'s snowing.
Il pleut.   **It**'s raining.

Il faut can have different meanings depending on the context:

*Il **faut** boire beaucoup d'eau.*
You must drink a lot of water.

*Il **ne faut pas** fumer.*
You mustn't smoke.

*Il **me faut** un kilo de tomates.*
I need a kilo of tomatoes.

*Il **faut** trois heures pour aller là-bas.*
It takes three hours to get there.

7 Negatives

To make a sentence negative, you normally put *ne* before the verb and *pas* after it:

Je parle espagnol. → *Je **ne** parle **pas** espagnol.*
I **don't** speak Spanish.

Shorten *ne* to *n'* if the word that follows begins with *h* or a vowel:

C'est difficile. → *Ce **n'**est **pas** difficile.*
It's **not** difficult.

In negative sentences, use *de* instead of *un*, *une* or *des*:

Il y a un cinéma. → *Il **n'**y a **pas de** cinéma.*
There is **no** cinema.

J'ai des frères. → *Je **n'**ai **pas de** frère.*
I **don't** have **any** brothers.

Other common negative phrases:

ne … plus – no more	*Il **n'**y a **plus de** savon.*
	There is **no more** soap.
ne … jamais – never	*Je **ne** fume **jamais**.*
	I **never** smoke.
ne … rien – nothing / not anything	*Il **ne** fait **rien**.*
	He does**n't** do **anything**.
ne … personne not anybody	*Je **ne** vois **personne**.*
	I do**n't** see **anybody**.
ne … que – only	*Je **n'**ai **qu'**une sœur.*
	I **only** have one sister.
ne … ni … ni – neither … nor	*Il **ne** parle **ni** français **ni** espagnol.*
	He speaks **neither** French **nor** Spanish.

Negatives in the perfect tense

In most negative phrases in the perfect tense, the phrase goes around the part of *avoir* or *être*.

*Je **n'**ai **pas** dormi.*   I **didn't** sleep.

But the negative phrases *ne … que* and *ne … ni … ni* go around *avoir* / *être* and also the past participle:

*Je **n'**ai mangé **que** du pain.*
I **only** ate some bread.

Direct and indirect object pronouns are included within the negative phrase:

*Je ne **l'**ai pas vu.*   I didn't see **it**.
*Il ne **me** parle plus.*   He no longer speaks to **me**.

With reflexive verbs, the *ne* goes before the reflexive pronoun (*me, te*, etc.):

*Il **ne** s'est **pas** lavé.*   He **didn't** have a wash.

8 Questions

You can turn statements into questions by adding a question mark and making your voice go up at the end:

Tu joues au tennis. → *Tu joues au tennis?*
Do you play tennis?

You can also add *est-ce que …* at the beginning of the question:

Je peux vous aider. → ***Est-ce que** je peux vous aider?*
Can I help you?

In more formal situations, you can change the word order so that the verb comes first:

Vous pouvez m'aider. → ***Pouvez**-vous m'aider?*
Can you help me?

In the perfect tense, the auxiliary verb comes first:

Vous avez aidé la dame. → ***Avez-vous** aidé la dame?*
Did you help the lady?

Many questions start with *qu'est-ce que …*

***Qu'est-ce que** c'est?*
What is it?

***Qu'est-ce qu'**il y a à manger?*
What is there to eat?

***Qu'est-ce que** vous avez comme journaux?*
What kind of newspapers have you got?

Other question words

combien (de)	how much / how many	Tu as **combien** de chats? **How many** cats have you got?
comment	how	**Comment** vas-tu? **How** are you?
où	where	**Où** habites-tu? **Where** do you live?
pourquoi	why	**Pourquoi** est-ce que tu n'aimes pas ça? **Why** don't you like it?
quand	when	Il vient **quand**? **When** is he coming? **Quand** a-t-il commencé? **When** did he start?
quel / quelle / quels / quelles	which / what	Ça commence à **quelle** heure? **What** time does it start?
que / qu'	what	**Que** veux-tu? **What** do you want?
qui	who	C'est **qui**? **Who** is it?
quoi	what	Elle fait **quoi**? **What** is she doing?

9 Prepositions

à, au, à la, à l', aux

À can mean:

in	J'habite **à** Nice.	I live **in** Nice.
at	Je me lève **à** sept heures.	I get up **at** seven.
to	Je vais **à** l'école.	I go **to** school.

Some special expressions with à:

à pied	**on** foot
à vélo	**by** bike
à gauche	**on** the left
à droite	**on** the right
aller **à** la pêche	to go fishing

masculine	feminine	nouns which start with a vowel or silent h	plural
à + le = au	à + la = à la	à + l' = à l'	à + les = aux

au théâtre	**at / to the** theatre
à la piscine	**at / to the** pool
à l' hôtel	**at / to the** hotel
aux États-Unis	**in / to the** USA

Use au, à la, à l', aux to talk about flavours and fillings:

un sandwich **au** jambon	a **ham** sandwich
une glace **à la** vanille	a **vanilla** ice cream
un gâteau **à l'**orange	an **orange** cake

Use with avoir mal to talk about a part of the body that hurts:

J'**ai mal à l'**oreille.	I've got ear ache.
Il **a mal aux** genoux.	His knees hurt.

de

De is shortened to d' before a vowel or a silent h.
De can mean 'of':
   la mère **de** ma copine (the mother of my friend)
   my friend's mother
   le prof **d'**histoire (the teacher of history)
   the history teacher

Note that the word order can be different from English:

un jus **d'**orange	an orange juice
un match **de** foot	a football match
la maison **de** mes grands-parents	my grandparents' house

De can also mean 'from':
   Elle vient **d'**Écosse.   She comes **from** Scotland.

De is sometimes part of an expression:

près de	near
Il habite **près de** Lyon.	He lives **near** Lyon.
de … à …	from … to …
de neuf heures **à** cinq heures	**from** nine **to** five

De is used for expressing contents and quantities. Some examples are:

beaucoup de	a lot of
une boîte de	a jar / tin of
une bouteille de	a bottle of
cent grammes de	100 grammes of
un kilo de	a kilo of
un peu de	a little / a bit of
une **bouteille** d'eau	a **bottle of** water
un **kilo de** poires	a **kilo of** pears
un **peu de** sucre	a **little** sugar

In a different context, venir de can mean 'to have just …'
   Il **vient de** retourner de vacances.
   He **has just** returned from his holidays.

en, au, aux + countries

En is used to introduce most names of countries. It means both 'to' and 'in':

> *Je vais **en** Allemagne.*
> I am going **to** Germany.
> *Il habite **en** France.*
> He lives **in** France.
> *Elle part **en** Angleterre.*
> She's going **to** England.

A few names of countries are masculine. These are introduced with *au* or *aux*:

> *Il va **au** Portugal.*
> He's going **to** Portugal.
> *Elle habite **au** pays de Galles.*
> She lives **in** Wales.
> *Nous partons **aux** États-Unis.*
> We're going **to** the USA.

More prepositions

à côté de	next to	**à côté de** la salle de bains **next to** the bathroom
avec	with	*Je me dispute **avec** ma sœur.* I argue **with** my sister.
chez	at / to someone's house	*Je suis **chez** ma copine.* I'm **at** my friend's house. *Je vais **chez** mon copain.* I'm going **to** my friend's house.
dans	in	*Il est **dans** sa chambre.* He is **in** his bedroom.
derrière	behind	**derrière** l'hôtel **behind** the hotel
devant	in front of	*On se retrouve **devant** le théâtre?* Shall we meet **in front of** the theatre?
en face de	opposite	**en face du** parking **opposite** the car park
entre	between	**entre** la salle à manger et l'ascenseur **between** the dining room and the lift
pendant	during	*Qu'est-ce que tu fais **pendant** les vacances?* What are you doing **during** the holidays?
près de	near	*Mon chien est **près de** moi.* My dog is **near** me.
pour	for	*C'est super **pour** les jeunes.* It's great **for** young people.
sans	without	**sans** mes copains **without** my friends
sous	under	*Le chat est **sous** le lit.* The cat is **under** the bed.
sur	on	*Il y a des livres **sur** les étagères.* There are books **on** the shelves.

Expressions of time

depuis – for / since

To say how long you've been doing something, use the present tense with *depuis*:

> *J'apprends le français **depuis** quatre ans.*
> I have been learning French **for** four years.
> *J'ai mal à la gorge **depuis** hier.*
> I have had a sore throat **since** yesterday.

> To say how long you had been doing something, use the imperfect tense with *depuis*:
>
> *J'attendais **depuis** une heure.*
> I had been waiting **for** an hour.

pendant – for / during

To talk about a completed activity in the past and to say how long it went on for, use the perfect tense and *pendant*:

> *J'ai joué au squash **pendant** deux ans.*
> I played squash **for** two years.

il y a

You can use *il y a* with the perfect tense to mean 'ago'; not to be confused with *il y a* meaning 'there is' or 'there are'.

> *Il a commencé à travailler **il y a** trois mois.*
> He started working three months **ago**.

10 Conjunctions

Conjunctions are words used to link parts of sentences together:

alors	so	*Je suis fatiguée,* **alors** *je me repose.* I am tired, **so** I'm having a rest.
car	because / as	*J'ai faim,* **car** *je n'ai pas mangé à midi.* I'm hungry **as** I didn't eat at lunchtime.
donc	therefore	*Je pense,* **donc** *je suis.* I think, **therefore** I am.
et	and	*J'ai 15 ans* **et** *j'habite en France.* I am 15 **and** I live in France.
et puis	and then	*Je me lève* **et puis** *je prends mon petit déjeuner.* I get up **and then** I have breakfast.
lorsque	when	***Lorsqu'****il pleut, je reste à la maison.* **When** it's raining, I stay in.
mais	but	*J'ai deux frères,* **mais** *je n'ai pas de sœur.* I've got two brothers, **but** I haven't got a sister.
ou	or	*Je joue au foot* **ou** *je vais à la patinoire.* I play football **or** I go to the ice-rink.
parce que	because	*J'aime la géographie* **parce que** *c'est intéressant.* I like geography **because** it's interesting.
quand	when	*Je prends le bus* **quand** *il pleut.* I take the bus **when** it rains. ***Quand*** *j'irai au Canada, je ferai de l'escalade.* **When** I go to Canada, I will go rock climbing.
si	if	*Samedi, je vais à la plage,* **s'il** *fait chaud.* On Saturday, I am going to go to the beach **if** it is hot.

11 Numbers

1	un		16	seize
2	deux		17	dix-sept
3	trois		18	dix-huit
4	quatre		19	dix-neuf
5	cinq		20	vingt
6	six		21	vingt-et-un
7	sept		22	vingt-deux
8	huit		23	vingt-trois
9	neuf		24	vingt-quatre
10	dix		25	vingt-cinq
11	onze		26	vingt-six
12	douze		27	vingt-sept
13	treize		28	vingt-huit
14	quatorze		29	vingt-neuf
15	quinze		30	trente
40	quarante		70	soixante-dix
41	quarante-et-un		71	soixante-et-onze
42	quarante-deux		72	soixante-douze
50	cinquante		80	quatre-vingts
51	cinquante-et-un		81	quatre-vingt-un
52	cinquante-deux		82	quatre-vingt-deux
60	soixante		90	quatre-vingt-dix
61	soixante-et-un		91	quatre-vingt-onze
62	soixante-deux		92	quatre-vingt-douze
100	cent		1000	mille
101	cent-un		1001	mille-un
102	cent-deux		1002	mille-deux
200	deux-cents		2000	deux-mille
201	deux-cent-un		2001	deux-mille-un
202	deux-cent-deux		2002	deux-mille-deux
300	trois-cents			
301	trois-cent-un			
302	trois-cent-deux			

80, *quatre-vingts,* loses the final *s* before another digit or to give a page number or a date:

quatre-vingt-sept	eighty-seven
page quatre-vingt	page eighty
l'an mille neuf cent quatre-vingt	the year 1980

The same applies to 200, *deux cents,* and other multiples of *cent*:

deux cent dix	two hundred and ten
page trois cent	page three hundred

Ordinal numbers: *premier*, *deuxième*, etc.

The French for 'first' is *premier* in the masculine and *première* in the feminine:

mon **premier** cours	my **first** lesson
mes **premières** vacances	my **first** holiday

To write 'second', 'third', etc., simply add *-ième* to the original number:

deuxième	second
troisième	third

To write 'fifth', add a *u* before *-ième*:

cinquième	fifth

For 'ninth', change the *f* of *neuf* to a *v*:

neuvième	ninth

If the original number ends with an *-e*, drop the *-e* before adding *-ième*:

quatrième	fourth
onzième	eleventh

To revise how numbers are used in dates and telling the time, see the Key Stage 3 revision section, page 15.

Verb tables

12 Verb tables

Regular -er verbs

infinitive	present	perfect	imperfect	future
parler to speak	je parle tu parles il / elle / on parle nous parlons vous parlez ils / elles parlent	j'ai parlé tu as parlé il / elle / on a parlé nous avons parlé vous avez parlé ils / elles ont parlé	je parlais tu parlais il / elle / on parlait nous parlions vous parliez ils / elles parlaient	je parlerai tu parleras il / elle / on parlera nous parlerons vous parlerez ils / elles parleront

Regular -ir verbs

infinitive	present	perfect	imperfect	future
finir to finish	je finis tu finis il / elle / on finit nous finissons vous finissez ils / elles finissent	j'ai fini tu as fini il / elle / on a fini nous avons fini vous avez fini ils / elles ont fini	je finissais tu finissais il / elle / on finissait nous finissions vous finissiez ils / elles finissaient	je finirai tu finiras il / elle / on finira nous finirons vous finirez ils / elles finiront

Regular -re verbs

infinitive	present	perfect	imperfect	future
vendre to sell	je vends tu vends il / elle / on vend nous vendons vous vendez ils / elles vendent	j'ai vendu tu as vendu il / elle / on a vendu nous avons vendu vous avez vendu ils / elles ont vendu	je vendais tu vendais il / elle / on vendait nous vendions vous vendiez ils / elles vendaient	je vendrai tu vendras il / elle / on vendra nous vendrons vous vendrez ils / elles vendront

Reflexive verbs

infinitive	present	perfect	imperfect	future
se laver to have a wash	je me lave tu te laves il se lave elle se lave on se lave nous nous lavons vous vous lavez ils se lavent elles se lavent	je me suis lavé(e) tu t'es lavé(e) il s'est lavé elle s'est lavée on s'est lavé(e)(s) nous nous sommes lavé(e)s vous vous êtes lavé(e)(s) ils se sont lavés elles se sont lavées	je me lavais tu te lavais il se lavait elle se lavait on se lavait nous nous lavions vous vous laviez ils se lavaient elles se lavaient	je me laverai tu te laveras il se lavera elle se lavera on se lavera nous nous laverons vous vous laverez ils se laveront elles se laveront

Verb tables

infinitive	present	perfect	imperfect	future
aller to go	je vais tu vas il va elle va on va nous allons vous allez ils vont elles vont	je suis allé(e) tu es allé(e) il est allé elle est allée on est allé(e)(s) nous sommes allé(e)s vous êtes allé(e)(s) ils sont allés elles sont allées	j'allais tu allais il allait elle allait on allait nous allions vous alliez ils allaient elles allaient	j'irai tu iras il ira elle ira on ira nous irons vous irez ils iront elles iront
avoir to have	j'ai tu as il / elle / on a nous avons vous avez ils / elles ont	j'ai eu tu as eu il / elle / on a eu nous avons eu vous avez eu ils / elles ont eu	j'avais tu avais il / elle / on avait nous avions vous aviez ils / elles avaient	j'aurai tu auras il / elle / on aura nous aurons vous aurez ils / elles auront
boire to drink	je bois tu bois il / elle / on boit nous buvons vous buvez ils / elles boivent	j'ai bu tu as bu il / elle / on a bu nous avons bu vous avez bu ils / elles ont bu	je buvais tu buvais il / elle / on buvait nous buvions vous buviez ils / elles buvaient	je boirai tu boiras il / elle / on boira nous boirons vous boirez ils / elles boiront
connaître to know	je connais tu connais il / elle / on connaît nous connaissons vous connaissez ils / elles connaissent	j'ai connu tu as connu il / elle / on a connu nous avons connu vous avez connu ils / elles ont connu	je connaissais tu connaissais il / elle / on connaissait nous connaissions vous connaissiez ils / elles connaissaient	je connaîtrai tu connaîtras il / elle / on connaîtra nous connaîtrons vous connaîtrez ils / elles connaîtront
croire to believe	je crois tu crois il / elle / on croit nous croyons vous croyez ils / elles croient	j'ai cru tu as cru il / elle / on a cru nous avons cru vous avez cru ils / elles ont cru	je croyais tu croyais il / elle / on croyait nous croyions vous croyiez ils / elles croyaient	je croirai tu croiras il / elle / on croira nous croirons vous croirez ils / elles croiront
devoir to have to	je dois tu dois il / elle / on doit nous devons vous devez ils / elles doivent	j'ai dû tu as dû il / elle / on a dû nous avons dû vous avez dû ils / elles ont dû	je devais tu devais il / elle / on devait nous devions vous deviez ils / elles devaient	je devrai tu devras il / elle / on devra nous devrons vous devrez ils / elles devront

infinitive	present	perfect	imperfect	future
dire to say	je dis tu dis il / elle / on dit nous disons vous dites ils / elles disent	j'ai dit tu as dit il / elle / on a dit nous avons dit vous avez dit ils / elles ont dit	je disais tu disais il / elle / on disait nous disions vous disiez ils / elles disaient	je dirai tu diras il / elle / on dira nous dirons vous direz ils / elles diront
dormir to sleep	je dors tu dors il / elle / on dort nous dormons vous dormez ils / elles dorment	j'ai dormi tu as dormi il / elle / on a dormi nous avons dormi vous avez dormi ils / elles ont dormi	je dormais tu dormais il / elle / on dormait nous dormions vous dormiez ils / elles dormaient	je dormirai tu dormiras il / elle / on dormira nous dormirons vous dormirez ils / elles dormiront
écrire to write	j'écris tu écris il / elle / on écrit nous écrivons vous écrivez ils / elles écrivent	j'ai écrit tu as écrit il / elle / on a écrit nous avons écrit vous avez écrit ils / elles ont écrit	j'écrivais tu écrivais il / elle / on écrivait nous écrivions vous écriviez ils / elles écrivaient	j'écrirai tu écriras il / elle / on écrira nous écrirons vous écrirez ils / elles écriront
être to be	je suis tu es il / elle / on est nous sommes vous êtes ils / elles sont	j'ai été tu as été il / elle / on a été nous avons été vous avez été ils / elles ont été	j'étais tu étais il / elle / on était nous étions vous étiez ils / elles étaient	je serai tu seras il / elle / on sera nous serons vous serez ils / elles seront
faire to do / to make	je fais tu fais il / elle / on fait nous faisons vous faites ils / elles font	j'ai fait tu as fait il / elle / on a fait nous avons fait vous avez fait ils / elles ont fait	je faisais tu faisais il / elle / on faisait nous faisions vous faisiez ils / elles faisaient	je ferai tu feras il / elle / on fera nous ferons vous ferez ils / elles feront
lire to read	je lis tu lis il / elle / on lit nous lisons vous lisez ils / elles lisent	j'ai lu tu as lu il / elle / on a lu nous avons lu vous avez lu ils / elles ont lu	je lisais tu lisais il / elle / on lisait nous lisions vous lisiez ils / elles lisaient	je lirai tu liras il / elle / on lira nous lirons vous lirez ils / elles liront
mettre to put	je mets tu mets il / elle / on met nous mettons vous mettez ils / elles mettent	j'ai mis tu as mis il / elle / on a mis nous avons mis vous avez mis ils / elles ont mis	je mettais tu mettais il / elle / on mettait nous mettions vous mettiez ils / elles mettaient	je mettrai tu mettras il / elle / on mettra nous mettrons vous mettrez ils / elles mettront

Verb tables

infinitive	present	perfect	imperfect	future
partir to leave	je pars tu pars il part elle part on part nous partons vous partez ils partent elles partent	je suis parti(e) tu es parti(e) il est parti elle est partie on est parti(e)(s) nous sommes parti(e)s vous êtes parti(e)(s) ils sont partis elles sont parties	je partais tu partais il partait elle partait on partait nous partions vous partiez ils partaient elles partaient	je partirai tu partiras il partira elle partira on partira nous partirons vous partirez ils partiront elles partiront
pouvoir to be able to	je peux tu peux il / elle / on peut nous pouvons vous pouvez ils / elles peuvent	j'ai pu tu as pu il / elle / on a pu nous avons pu vous avez pu ils / elles ont pu	je pouvais tu pouvais il / elle / on pouvait nous pouvions vous pouviez ils / elles pouvaient	je pourrai tu pourras il / elle / on pourra nous pourrons vous pourrez ils / elles pourront
prendre to take	je prends tu prends il / elle / on prend nous prenons vous prenez ils / elles prennent	j'ai pris tu as pris il / elle / on a pris nous avons pris vous avez pris ils / elles ont pris	je prenais tu prenais il / elle / on prenait nous prenions vous preniez ils / elles prenaient	je prendrai tu prendras il / elle / on prendra nous prendrons vous prendrez ils / elles prendront
recevoir to receive	je reçois tu reçois il / elle / on reçoit nous recevons vous recevez ils / elles reçoivent	j'ai reçu tu as reçu il / elle / on a reçu nous avons reçu vous avez reçu ils / elles ont reçu	je recevais tu recevais il / elle / on recevait nous recevions vous receviez ils / elles recevaient	je recevrai tu recevras il / elle / on recevra nous recevrons vous recevrez ils / elles recevront
savoir to know	je sais tu sais il / elle / on sait nous savons vous savez ils / elles savent	j'ai su tu as su il / elle / on a su nous avons su vous avez su ils / elles ont su	je savais tu savais il / elle / on savait nous savions vous saviez ils / elles savaient	je saurai tu sauras il / elle / on saura nous saurons vous saurez ils / elles sauront
sortir to go out	je sors tu sors il sort elle sort on sort nous sortons vous sortez ils sortent elles sortent	je suis sorti(e) tu es sorti(e) il est sorti elle est sortie on est sorti(e)(s) nous sommes sorti(e)s vous êtes sorti(e)(s) ils sont sortis elles sont sorties	je sortais tu sortais il sortait elle sortait on sortait nous sortions vous sortiez ils sortaient elles sortaient	je sortirai tu sortiras il sortira elle sortira on sortira nous sortirons vous sortirez ils sortiront elles sortiront

infinitive	present	perfect	imperfect	future
venir to come	je viens tu viens il vient elle vient on vient nous venons vous venez ils viennent elles viennent	je suis venu(e) tu es venu(e) il est venu elle est venue on est venu(e)(s) nous sommes venu(e)s vous êtes venu(e)(s) ils sont venus elles sont venues	je venais tu venais il venait elle venait on venait nous venions vous veniez ils venaient elles venaient	je viendrai tu viendras il viendra elle viendra on viendra nous viendrons vous viendrez ils viendront elles viendront
vivre to live	je vis tu vis il / elle / on vit nous vivons vous vivez ils / elles vivent	j'ai vécu tu as vécu il / elle / on a vécu nous avons vécu vous avez vécu ils / elles ont vécu	je vivais tu vivais il / elle / on vivait nous vivions vous viviez ils / elles vivaient	je vivrai tu vivras il / elle / on vivra nous vivrons vous vivrez ils / elles vivront
voir to see	je vois tu vois il / elle / on voit nous voyons vous voyez ils / elles voient	j'ai vu tu as vu il / elle / on a vu nous avons vu vous avez vu ils / elles ont vu	je voyais tu voyais il / elle / on voyait nous voyions vous voyiez ils / elles voyaient	je verrai tu verras il / elle / on verra nous verrons vous verrez ils / elles verront
vouloir to want	je veux tu veux il / elle / on veut nous voulons vous voulez ils / elles veulent	j'ai voulu tu as voulu il / elle / on a voulu nous avons voulu vous avez voulu ils / elles ont voulu	je voulais tu voulais il / elle / on voulait nous voulions vous vouliez ils / elles voulaient	je voudrai tu voudras il / elle / on voudra nous voudrons vous voudrez ils / elles voudront

Glossaire

A

- à cause de — because of
- à domicile — at home
- à mon avis — in my opinion
- à partir de — (as) from
- abolir — to abolish
- aborder — to tackle
- absolument — absolutely
- accro — addicted / hooked
- accrocher — to hang
- l' accroissement (m) — growth
- accueillir — to welcome
- acheter — to buy
- s' adapter à — to adapt to
- l' addition (f) — the bill
- adopter — to adopt
- les affaires (f) — belongings
- agaçant(e) — annoying
- l' agenda (m) — diary
- agir — to act
- l' agneau (m) — lamb
- agréable — nice
- aider — to help
- aider à la maison — to help at home
- l' alcoolique (m / f) — alcoholic
- alimentaire — dietary / food
- alors — so, therefore
- l' ambiance — atmosphere
- l' amélioration (f) — improvement
- améliorer — to improve
- amener — to bring
- l' ami(e) — friend
- l' amitié — friendship
- l' amour — love
- amusant(e) — funny
- s' amuser — to have fun
- ancien(ne) — former, ex-
- l' animal (m) en peluche — a cuddly toy
- l' année (f) sabbatique — gap year
- l' anniversaire (m) — birthday
- annulé(e) — cancelled
- annuler — to cancel
- anonyme — anonymous
- les Antilles (f) — West Indies
- appartenir — to belong
- l' application (f) — application
- apporter — to bring
- apprendre — to learn
- l' apprenti(e) — apprentice
- l' apprentissage (m) — apprenticeship
- aquatique — water (adjective)
- l' arbre (m) — tree
- s' arrêter — to stop
- arrêter — to stop / quit
- artisanal — hand-made
- assez — quite, enough
- l' assiette (f) — plate
- assister — to attend
- l' association (f) caritative — charity
- atteindre — to reach
- attendre — to wait, to expect
- attirant(e) — attractive
- attirer — to attract
- l' auberge de jeunesse (f) — youth hostel
- l' augmentation (f) — increase
- augmenter — to increase
- auparavant — in the past, formerly
- l' automne (m) — autumn
- autour — around
- avertir — to warn
- l' aviron (m) — rowing
- avoir / faire confiance en / à — to trust
- avoir besoin de — to need
- avoir confiance en soi — to be confident
- avoir de la chance — to be lucky
- avoir envie de — to want to, to feel like
- avoir hâte de — to be eager / anxious to
- avoir l'habitude de — to be used to
- avoir le droit de — to have the right to
- avoir les moyens de (m) — to be able to afford
- avoir lieu — to take place
- avoir peur de — to be scared of
- avoir raison — to be right
- avoir sommeil — to be tired
- avoir tort — to be wrong
- avouer — to confess

B

- le bac — baccalauréat (= A levels)
- la balade — walk, ride
- le baladeur MP3 — MP3 player
- banaliser — to become the norm
- barbant(e) — boring
- basculer — to turn for the worse
- le bateau — ship / boat
- le bâtiment — building
- bavarder — to chat
- le beau-père — step-father, father-in-law
- la belle-mère — step-mother, mother-in-law
- bénévolement — without being paid
- le béton — concrete
- bien sûr — of course
- le bienfait — benefit
- le bifteck — beef steak
- les bijoux (m) — jewellery
- la blague — joke
- blessé(e) — injured
- blogger — to blog
- bloquer — to block
- la blouse — overall worn at school
- le bœuf — beef
- le bois — wood
- la boisson — drink
- bon marché — cheap
- les bons côtés (m) — the good sides, the pros
- la boucherie — butcher's shop
- la boue — mud
- la boulangerie — baker's shop
- la boule de Noël — bauble
- le bricolage — DIY
- le bruit — noise
- bruyant(e) — noisy
- la bûche de Noël — Christmas log
- le bulletin (scolaire) — school report
- le bureau — office / study
- le but — aim

C

ça dépend — it depends
ça me convient — it suits me
ça me suffit — that's enough for me
la cabane — hut
le cabinet — office
cacher — to hide
le cadeau — present, gift
le café au lait — milky coffee
le camion — lorry
le canard — duck
la canne — walking stick
le car — coach
la carrière — career
le cartable — school bag
la carte — map
le carton — cardboard
le casque — helmet / headphones
le casse-croûte — snack
à cause de — because of
la cave — cellar
célèbre — famous
célibataire — single, unmarried
des centaines (f) — hundreds
le centre commercial — shopping centre
le cercle vicieux — vicious circle
le cerveau — brain
la chaleur — heat
la chambre — bedroom
le champignon — mushroom
la chance — luck
la Chandeleur — pancake day
le changement climatique — climate change
le / la chanteur / chanteuse — singer
le chantier — work site / building site
la charcuterie — delicatessen
chargé(e) — full, busy (of timetable)
charmant(e) — charming
le château — castle
cher / chère — expensive
chercher — to look for
le / la chercheur(-se) — researcher
chez — at the house of
chimique — chemical
chinois(e) — Chinese
choisir — to choose

le choix — choice
le chômeur — unemployed person
les choses indispensables (f) — necessities
la chute — fall
le cirque — circus
citer — to quote
le / la client / cliente — customer
le cœur — heart
le / la coiffeur / coiffeuse — hairdresser
la coiffure — hairstyle
le coin — area
la collecte (d'argent) — collection (money)
collecter — to collect
la colline — hill
la combinaison — suit
commencer — to start
commercial — commercial
le commissariat — police station
la communauté — community
communiquer — to communicate
compenser — to compensate
le comportement — behaviour
compréhensif(-ve) — understanding
comprendre — to understand
la comptabilité — accountancy
le compte bancaire — bank account
compter sur — to rely on, to count (upon)
le concours — competition
la confiance — trust
la confiance en soi — self confidence
connaître — to know (a person)
connu(e) pour — known for
le conseil de classe — class meeting (to discuss progress)
le conseiller d'orientation — careers adviser
conserver — to keep
la consommation — consumption, usage
consommer — to consume
contacter — to contact
continuer ses études — to continue one's studies

contre — against
le / la copain / copine — pal, mate
le corps — body
le / la correspondant(e) — pen friend / exchange partner
corriger — to correct
la côte — coast
le côté — side
le couloir — corridor
couramment — fluently
courir — to run
courir un risque — to run a risk
coûter — to cost
la couverture — blanket
la crêpe — pancake
la crise cardiaque — heart attack
critiquer — to criticise
croire — to believe
croître — to grow
cru(e) — raw
la cuisine — kitchen
le cuisinier(-ière) — cook
cuit(e) — cooked
la cyber intimidation — cyber bullying

D

d'abord — firstly
d'accord — OK
d'ailleurs — moreover, besides
d'habitude — usually
d'outre-mer — overseas
davantage — more
debout — standing
se débrouiller — to cope
décevant(e) — disappointing
décorer — to decorate
découvrir — to discover
déçu(e) — disappointed
le défi — challenge
dégoûtant(e) — disgusting
déguster — to taste (wine)
dehors — outside
délabré(e) — dilapidated
la demande d'emploi — job application
demander — to ask
déménager — to move house
démuni(e) — in need
le / la dentiste — dentist
se dépêcher — to hurry

Glossaire

dépendant(e) dependent, addicted
se déplacer to move around
déprimé(e) depressed
depuis since, for
désagréable unpleasant
le déséquilibre imbalance
désespéré(e) desperate
désintoxiquer to detox
se détendre to relax
la dette debt
devenir to become
devoir to have to, must
les devoirs (m) homework
difficile difficult
la dinde turkey
le dioxyde de carbone carbon dioxide
le diplôme qualification
diplômé(e) qualified
dire to say, to tell
le / la directeur / directrice headteacher
discuter to discuss
se disputer to argue
les distractions (f) things to do, recreational activities
se distraire to have fun
distribuer to give out
divertir to entertain
le divorce divorce
divorcé(e) divorced
le domaine area
dormir to sleep
douillet(te) cosy
la drogue drug
se droguer to take drugs
le droit law
drôle funny
dur(e) hard
durer to last

E

l' eau potable (f) drinking water
l' échange (m) exchange
écrire to write
éduquer to teach
l' effet de serre (m) greenhouse effect
effrayé(e) frightened
égal(e) equal
également equally, also
s' égarer to get lost, wander off
l' église church
égoïste selfish
élevé(e) high
élever to raise
éliminer to eliminate
l' embauche recruitment
embaucher to take on, to employ
l' embouteillage (m) traffic jam
l' emploi (m) du temps timetable
en / de plus moreover
en arrière backwards
en cas d'urgence in case of emergency
en commun in common
en fait in fact
en retard late
en train de in the process of
l' endroit (m) place
énerver to annoy
enfin finally, at last
s' engager à to commit to
s' enivrer to get drunk
l' enquête (f) enquiry, survey
ensemble together
ensoleillé(e) sunny
ensuite next
s' entendre to get on
bien s' entendre avec to get on well with
entier(-ière) whole
l' entreprise (f) business, company
entretenir to maintain
l' entretien (m) interview
l' envie (f) desire
environ around, approximately
envoyer to send
épicé(e) spicy
éprouvant(e) demanding
épuisé(e) exhausted
épuiser to exhaust
équilibré(e) balanced
l' équipe (f) team
l' escalade (f) rock climbing
l' escalier (m) staircase
espérer to hope
l' espoir hope
essayer to try (on)
essoufflé(e) breathless
établir to establish
l' étage (m) floor, storey
l' été (m) summer
l' étoile (f) star
à l' étranger (m) abroad
être à l' aise (f) to be comfortable
être croyant(e) to be a believer
être d'accord avec to agree with
être en train de to be in the act / process of
être passionné(e) de to be passionate about
l' étudiant (m) student
évidemment obviously
éviter to avoid
exercer to carry out, to practise
expliquer to explain
exprimer to express
s' exprimer to express oneself

F

la fac(ulté) university
faciliter to facilitate
une façon de a way to
la facture bill
faible en weak at
la faim hunger
faire attention to take care, to be careful of
faire confiance à to trust
se faire connaître to get oneself known
faire de la publicité to advertise
faire des courses to do some shopping
faire face à to face up to
faire la vaisselle to do the washing-up
faire le bilan to evaluate, assess
faire le ménage to do the cleaning
faire les lits to make the beds

	faire partie de to belong to	
	faire un piquenique to have a picnic	
	faire un régime to go on a diet	
	faire un stage to do a work placement	
	faire une fête to go to a party	
	falloir to be necessary	
la	**famille homoparentale** single-sex family	
la	**famille nombreuse** large family	
	fatigué(e) tired	
les	**félicitations (f)** congratulations	
la	**fenêtre** window	
	fermé closed	
les	**festivités (f)** celebrations	
la	**fête** party, festival, celebration	
la	**fête des Mères** Mother's day	
les	**fiançailles (f)** engagement	
le / la	**fiancé(e)** fiancé(e)	
	fidèle faithful	
	fier / fière proud	
la	**filière professionnelle** vocational course	
le / la	**fils / fille unique** only son / daughter	
la	**fin** end	
	finir to finish	
le	**foie** liver	
la	**fonctionnalité** functionality	
	fonctionner to work	
	fondre to melt	
	fondu(e) melted	
	forcément necessarily	
la	**formation** training	
	former to train	
	fort(e) en good at	
le	**forum de discussion** Internet forum	
le	**four** oven	
les	**frais (m pl)** expenses	
	franchir une étape to go to the next level	
la	**fraude** fraud	
le	**fruit de la passion** passion fruit	
les	**fruits de mer (m)** seafood	
	fumer to smoke	

G

	gagner to earn
	garantir to guarantee
la	**garde-robe** wardrobe
	garder to keep
	généreux(-se) generous
	génial(e) great
le	**genou** knee
les	**gens (m)** people
	gentil(le) kind
la	**gestion** management
	glisser to slide, skid
	gourmand(e) greedy
le	**goût** taste, interest
	goûter to taste
le	**GPS** satnav
	grâce à thanks to
la	**grande surface** superstore
	gratuit free (of charge)
	grave serious
le	**grenier** attic

H

s'	**habiller** to wear, get dressed
l'	**habitant(e)** inhabitant
l'	**habitude (f)** habit
	heureusement fortunately
	heureux(-se) happy
l'	**hiver (m)** winter
le	**hockey sur glace** ice hockey
l'	**homme (m)** man
les	**horaires (m)** hours (of work)
	hors d'haleine out of breath
l'	**huître (f)** oyster

I

	il fait beau it is nice weather
	il fait chaud it is hot
	il faut you / one must, it is necessary
	il / elle m'énerve he / she gets on my nerves
	il / elle me fait rire he / she makes me laugh
	il y a + [amount of time] [amount of time] + ago
l'	**île (f)** island
	illégalement illegally
l'	**illettrisme (m)** illiteracy
	immangeable uneatable, inedible
l'	**incendie (m)** fire
	incontournable unmissable
l'	**inconvénient (m)** disadvantage
	incroyable incredible
	indien(ne) Indian
l'	**inégalité (f)** inequality
	informatif(-ve) informative
s'	**informer** to get information
l'	**inondation (f)** flood
	inquiéter to worry (someone)
s'	**inquiéter de** to worry about
s'	**inscrire** to sign up for
s'	**installer** to settle (in)
	insupportable unbearable
	intelligent(e) intelligent
	interdit(e) forbidden / banned
l'	**intimidation (f)** bullying
	introduire to introduce
	inutile useless
	isolé(e) isolated

J

	j'aimerais I would like
	jaloux(-se) jealous
le	**jardin** garden
	jeter to throw
	jeune young
les	**jeunes (m)** young people
le	**jonglage** juggling
le / la	**joueur(-euse)** player
le	**jour férié** public holiday
le	**journal** newspaper / the news

L

	là-bas over there
la	**laine** wool
	laisser to let
	lancer to launch
la	**lecture** reading
les	**légumes (m)** vegetables
le	**lendemain** the next day
la	**liberté** freedom
	libre free
	lier to link
	livrer to deliver
le	**logement** accommodation
	loger to stay
	loin (de) far (from)

Glossaire 205

les **loisirs (m)** free time (activities)
lourd(e) heavy
loyal(e) loyal
le **loyer** rent
la **lumière** light

M

le / la **maçon / maçonne** builder
le **mail** email
la **maison (individuelle / jumelée / mitoyenne)** house (detached / semi-detached / terraced)
la **maison de plain-pied** bungalow
maîtriser to master
le **malade** patient
malgré despite, in spite of
malheureusement unfortunately
la **mangue** mango
la **manifestation** demonstration
manquer to lack, to miss
se **maquiller** to put some make-up on
le **marché du travail** the job market
le **mari** husband
marocain(e) Moroccan
la **marque** brand
marrant funny
les **mauvais côtés (m)** the bad sides, the cons
méchant(e) naughty, nasty
meilleur(e) best, better
même even, same
même si even if
menacer to threaten
mener to lead
mériter to deserve
la **messe de minuit** midnight mass
la **météo** the weather forecast
le **métier** job
le **métro** tube, underground
se **mettre en couple** to get together
mettre en marche to start, to switch on
mettre la table to lay the table

à **mi-temps** part-time
mignon(ne) cute
le **milliard** billion
minable pathetic
la **mode** fashion
à la **mode** fashionable
le **mode de vie** way of life, lifestyle
moins less
le **monde** world
le **monde réel** the real world
le / la **moniteur(-trice)** coach, teacher
la **monnaie** currency, change
monter to go up, to rise
montrer to show
se **moquer de** to make fun of
motivé(e) motivated
le **mur** wall
musulman(e) Muslim

N

n' importe quel(le) any
le **navire** ship
ne ... jamais never
négocier negociate
nettoyer to clean
le **niveau** level
le **nombre** number
notamment notably
les **nouilles (f)** noodles
la **nourriture** food
la **nourriture bio** organic food
le **numéro de cirque** circus act

O

obligatoire compulsory
obligé(e) obliged, forced
obliger to force
s' **occuper de** to look after / to deal with
l' **odeur (f)** smell
l' **œuvre (f) caritative** charity work
offrir to offer
l' **oiseau (m)** bird
l' **ordinateur (m)** computer
l' **organisation caritative (f)** charity, charitable organisation
l' **orientation (f)** options
oublier to forget

ouvert(e) open
ouvrir to open

P

les **papiers (m)** litter
par contre on the other hand
paresseux(-se) lazy
parfois sometimes
parler to speak
se **parler** to talk to each other
partager to share
participer to take part
pas grand-chose not much
passer to spend (time), to pass (on)
passer des commentaires (f) to make comments
passer l'aspirateur to vacuum
se **passer** to take place
la **pâte** dough
la **patinoire** ice rink
pauvre poor
la **pauvreté** poverty
payer to pay for
le **pays** country
la **peau** skin
la **pelouse** grass, lawn
perdre to lose
perdre du poids to lose weight
perdre le contrôle to lose control
perfectionner to perfect, improve
permettre to allow
se **permettre de** to afford to
la **personnalité** personality
les **personnes défavorisées (f)** disadvantaged people
le **petit ami** boyfriend
le **petit copain** boyfriend
le **petit déjeuner** breakfast
la **petite amie** girlfriend
la **petite annonce** job advert
la **petite copine** girlfriend
la **peur** fear
le **phoque** seal
la **pièce** room
pieds nus barefoot
le / la **pilote** pilot

deux-cent-cinq 205

	pire	worse
le	pire	worst
	plaire	to please
la	planche	board
le	plat	dish
	plein(e) de vie	full of life
à	plein-temps	full-time
il	pleut	it is raining
	pleuvoir	to rain
la	plongée	diving
la	pluie	rain
	plus tard	later
	plusieurs	several
	plutôt	rather
	pluvieux(-euse)	rainy
la	poche	pocket
le	point faible	weakness
le	point fort	strength
le	porc	pork
le	portable	mobile (phone)
le	porte-monnaie	purse
	porter	to wear
le	poste	job, position
la	poubelle	bin
le	poulet	chicken
le	poumon	lung
	pour	for, in favour
	poursuivre	to pursue
	pouvoir	to be able, can
	pouvoir supporter	to be able to stand
	pratique	practical
	prendre un café	to have a coffee
	pressé(e)	squeezed
la	pression	pressure
	principal(e)	main
le	printemps	spring
le	prix	prize
	proche	near
le	professeur principal	form teacher
	profond	profound, deep
la	promenade	walk
	promouvoir	to promote
	propager	to spread
	propre	own, clean
ma	propre chambre	my own room
le	propriétaire	owner
	provoquer	to cause
la	publicité	advertisement, advertising
	puis	then
	puisque	since
	punir	to punish
la	punition	punishment

Q

	quand	when
le	quartier	quarter, part of town
le	quartier défavorisé	deprived area
la	quatrième	year 9
	Quel cauchemar!	What a nightmare!
	Quel dommage!	What a pity!
	Quelle barbe!	How boring!
	quelquefois	sometimes

R

la	raie	parting (in hair)
	ralentir	to slow down
la	randonnée	hike
	ranger	to tidy
	râpé(e)	grated
	rappeler	to remind
le	rapport	report
les	rapports	relationship
	ravi(e)	delighted
la	réalité	reality
	recevoir	to receive
le	réchauffement de la Terre	global warming
la	recherche	research
	récolter des fonds	to raise funds
la	récompense	reward
	récompenser	to reward
le	recrutement	recruitment
	recruter	to recruit
le	redoublement	repeating the school year
	réduire	to reduce
	réfléchir	to think, to reflect
la	relation amoureuse	a love / romantic relationship
les	relations (f)	relationship
se	relaxer	to relax
	religieux(-se)	religious
	remarquer	to notice
	remplacer	to replace
	remplir un formulaire	to fill in a form
	remporter	to win
	rendre	to make (+ adjective)
	renoncer	to give (something) up
se	renseigner	to get information
le	repas	meal
se	reposer	to relax
	reprocher	to reproach
le	réseau social	social network
	réserver	to book, to reserve
	résoudre	to resolve
	respecter	to respect
la	respiration	breathing
	respiratoire	breathing
	respirer	to breathe
	ressembler	to look like
le	résultat	result
en	retard	late
la	retenue	detention
	retrouver	to meet
se	retrouver	to meet
la	réunion	meeting
	réunir	to gather
	réussir	to succeed, to pass
la	réussite	success
le	rêve	dream
le	réveillon de Noël	Christmas Eve
	rêver	to dream
	réviser	to revise
le	rez-de-chaussée	ground floor
	riche en	rich in
	rigoler	to have a laugh
	rigolo(te)	funny
	risquer	to take risks
la	robe blanche	white dress
le	roman	novel
	rouler	to travel

S

	s'entraîner	to train
le	sac	bag
le	sac de couchage	sleeping bag
le	sac en plastique	plastic bag
	sain(e)	healthy
le	salaire	salary

Glossaire

le	**salaire minimum**	minimum wage
	sale	dirty
	salé(e)	salty
la	**salle à manger**	dining room
la	**salle d'eau**	wet room
la	**salle de bains**	bathroom
la	**salle de classe**	classroom
le	**salon**	lounge, living room
	sans	without
le	**sans-abri**	homeless person
le	**sapin**	Christmas tree
	sauf	except
le	**saut à l'élastique**	bungee jumping
	sauter	to jump
	savoir	to know (a fact)
le	**savon**	soap
la	**scène**	stage
le / la	**SDF**	homeless person
	sec / sèche	dry
la	**seconde**	year 11
la	**sécurité**	security, safety
	séduire	to seduce
le	**séjour**	lounge, living room
le	**séjour**	stay, visit
	selon	according to
	sensibiliser	to increase someone's awareness
se	**sentir**	to feel
	séparé	separated
le / la	**serveur / serveuse**	waiter / waitress
	servir	to serve
se	**servir de**	to use
le	**seuil de pauvreté**	poverty line
	seul(e)	only, alone
	seulement	only
	sévère	strict
le	**SIDA**	AIDS
le	**singe**	monkey
	sinon	if not
le	**sirop d'érable**	maple syrup
la	**sixième**	year 7
le	**smartphone**	smartphone
la	**société**	society
la	**société de consommation**	consumer society
	soi-disant(e)	supposed(ly)
	soigner	to treat / to care for
	sombre	dark
le	**sommeil**	sleep
le	**sondage**	survey
	sonner	to ring (of bell)
la	**sortie**	excursion, outing
	sortir	to go out
	sortir en boîte	to go to a club
le	**souci**	worry
le	**souffle**	breath
	souffrir	to suffer
	souriant(e)	smiling, cheerful
	sourire	to smile
le	**sous-sol**	basement
le	**soutien**	support
	souvent	often
le	**spectacle de rue**	street show
le	**sport de combat**	combat sport
le	**sport de défense**	defensive sport
le	**sport extrême**	extreme sport
les	**sports d'hiver (m)**	winter sports
les	**sports nautiques (m)**	watersports
le	**stage**	course
	stressé(e)	stressed
	sucré(e)	sweet / sugary
	suffir	to be enough
	suivre	to follow
le	**sujet**	topic
	supprimer	to get rid of
	surtout	especially
	sympa	nice

T

le	**tabac**	smoking / tobacco
le	**tabagisme**	(addiction to) smoking
le	**tableau**	board
de	**taille moyenne**	medium-sized
	tard	late
la	**tartine**	slice of bread
	télécharger	to download
	tenter	to tempt
	terminer	to end
un	**texto**	text (message)
le	**tiers**	third
	timide	shy
les	**toilettes (f)**	WC
	tomber	to fall
	tôt	early
	toujours	always
	tousser	to cough
	tout de suite	immediately
	tout le monde	everyone
le / la	**toxicomane**	drug addict
les	**toxines nocives (f)**	harmful toxins
	tracté(e) par	pulled / towed by
	traditionnel(le)	traditional
se	**traiter**	to treat each other
le	**trajet**	journey
le	**travail**	work, job
le	**travail d'équipe**	team work
	travailler	to work
	travailleur(-se)	hardworking
	tricoter	to knit
le	**trimestre**	term
	triste	sad
	trop de	too many
	trop de monde	too many people
se	**trouver**	to be situated
le	**truc**	thing
	tuer	to kill

U

	une fois	once
l'	**usine (f)**	factory
	utiliser	to use

V

la	**vague**	wave
	vaincre	to overcome
la	**vapeur**	steam
	varié(e)	varied
	végétarien(ne)	vegetarian
	vendre	to sell
	venir de	to have just
	venteux(-se)	windy
le	**verre**	glass
les	**vêtements (m) de marque**	designer clothes
la	**viande**	meat
le	**vide**	void
la	**vie**	life
la	**ville jumelée**	twin city / town
	virtuel(le)	virtual

	viser	to aim
la	**vitesse**	speed
	vivre	to live
	vivre en concubinage	to cohabit
la	**voile**	sailing
	voir	to see
le / la	**voisin(e)**	neighbour
le	**vol d'identité**	identity theft
le	**volcan**	volcano
	voler	to fly
le / la	**volontaire**	volunteer
	vouloir	to want
	vouloir dire	to mean
	voyager	to travel
	vraiment	really

Z

la	**zone piétonne**	pedestrian zone